大旗出版
BANNER PUBLISHING

大旗出版
BANNER PUBLISHING

最後的帝國

The Last Empire

大清龍旗飄落與民國崛起的始末

金滿樓 著

英皇特使 文化差異下的不歡而散 008
鴉片禁令 走私與貿易利益下的中英之戰 020
太平天國 內亂下，各派內部的再分裂 037
咸豐之困 朝臣與皇權的制衡隱憂 047
發動政變 辛酉年八大臣與兩宮太后的勝負之分 058
中法新約 法國打開了中國西南的商業之路 075
戊戌變法 慈禧的嚴密掌權與光緒的無力抗衡 084
廢立之事 己亥建儲與「大阿哥黨」 098
教案不斷 宗教禮儀下的中西方摩擦 109

假面和平 各國間的友誼、疙瘩和敵意 120

外交僵局 公使施壓與清廷發布上諭的多方牽扯 131

攪亂北京 西摩爾聯軍進京遇襲與公使遭戕 142

對外宣戰 清廷圍攻使館的真相與招撫義和團 158

中俄之戰 入侵東三省與血染黑龍江 170

正義失控 極度仇洋、傷及無辜的義和團 179

八國聯軍 人民是這場浩劫中的最大犧牲品 196

辛丑條約 列強的清算與中方揹黑鍋的官員 207

鉅額勒索 庚子賠款後各國退賠與否的態度 219

軍功起家 棄科舉投軍營的袁世凱 225
清末新政 多方改革之難與財政整頓困境 233
廢除科舉 新學制的上路與舊體系的汰換 247
結構變革 屏除陋習、整併六部與法律新修 256
立憲與否 暗殺考察大臣與極端分子的抗議 266
實際出訪 各國制度給中方帶來的震撼教育 276
守舊派勝 廢軍機處、行責任內閣制的失敗 287
內鬨升級 利益損害下的「丁位政潮」之鬥 296
撒手人寰 光緒皇帝與慈禧太后的逝世陰謀論 306

死因推敲　後人探討光緒遭砒霜謀殺的分析　318
孰是孰非　從喪夫少婦到掌權太后的慈禧　321
政壇震盪　戴灃和奕劻、袁世凱的勢力之爭　329
憲政困境　速開國會之願與皇族內閣之憤　340
保路運動　鐵路國有政策引起的強烈反彈　349
武昌起義　革命開始與即將落幕的大清王朝　358
龍旗落下　東南互保的影響與中華民國的誕生　366
後　記　378

英皇特使

文化差異下的不歡而散

在中西方的海上新航路開闢之前，世界上的大國都是孤獨的，它們在彼此的勢力範圍中享受著傲視群雄的榮耀，孤傲而不喜歡被打攪，古老的中國便是其中之一。但歷史終究是歷史，它並不會為哪個國家或者民族而停留……你想要的，未必能得到；你不想要的，它未必不會來。

一七九二年九月二十六日，當法國大革命正進行得如火如荼時，樸茨茅斯港卻一片歡騰。英國的「獅子號」、「印度斯坦號」戰艦和一艘小型護衛艦「豺狼號」，在早潮時起錨了，它們的目標，不是法國，而是遙遠的中國。

在擁有六十四門火炮的「獅子號」船頭，艦隊的首領馬戛爾尼望著茫茫大海，深深地呼吸著海上的空氣。此時的他，肩負著英王賦予的神聖使命——為英國商業打開中國的大門。這個使團規模龐大，光正式人員就有近百人，包括外交官、青年貴族、學者、醫師、畫家、樂師、技師和僕役等，如果算上水手和士兵，整個艦隊有將近七百人。令人嘆為觀止的是，英國從來沒有派出過如此龐大的使團，整個歐洲也從來沒有。

在世界的另一端，英國東印度公司的特派員早已提前把一封預約函交給了駐廣州的兩廣總督。英國人在信中提示：「英王陛下為了增進兩個朝廷間的友好往來，為了發展有利於兩國的貿易關係，決定派遣馬戛爾尼勳爵為全權特使赴北京訪問。」當中國方面接到這封信時，也幾乎是在馬戛爾尼使團出發的時候。

商業拉近了世界的距離，產業的革新汰換更是讓地球日漸縮小，原本支離破碎的地區版圖，在歐洲探險家、傳教士和商人數百年的努力下，最終在商業利益和權力欲望的整合下產生了強勁的紐帶聯結。

十八世紀歐洲工業革命開始後，在重商主義的思潮影響下，各國對通商貿易都寄予厚望。在對中國的貿易中，英國雖然已經迅速超過葡萄牙而位居首位，但英國國王對當時的中英關係並不滿意，此次派馬戛爾尼前往中國，就是希望跟中國建立新的外交關係，並達成下列協議：

一、英國派遣駐中國使節。
二、准許英國在舟山和天津進行貿易，並仿效澳門先例，在舟山附近指定一個小島，供商人居留和存放貨物。
三、允許駐澳門的英國商人到廣州居住。
四、英國商品在中國內河運送時，爭取免稅或減稅。

準確地說，馬戛爾尼是當時英國派往中國並常駐北京的首位大使。但很可惜的是，英國人的這個願望，直到第二次鴉片戰爭，由英法聯軍打敗清朝後才得以實現，這離馬戛爾尼訪華已經是近七十年後的事情了。

馬戛爾尼絕非等閒之輩。一七五七年秋，二十歲的馬戛爾尼到倫敦完成律師實習。一七六四年，他被封為貴族，隨即被派到俄國談判貿易條約。出發前，當外交大臣葛蘭維爾建議他帶上一六五一年航海條例的複本時，他驕傲地回答道：「為了避免增加負擔，我把它全背下來了。」就這樣，他當上了談判特使。

一七七五年，馬戛爾尼成了英屬加勒比地區的總督。同年，美國獨立戰爭爆發，法國人站在美國人那邊，共同打擊英國人。一七七九年六月，當法國海軍上將德斯坦率領二十五艘戰列艦、十二艘三桅戰艦和六千五百名士兵出現在格林伍德的海面上時，馬戛爾尼只有可憐的二十四門炮和三百名志願兵迎戰。剛一交戰，馬戛爾尼的兵力就死傷過半，他自己也當了法國人的俘虜。

還算幸運的是，一七七九年十一月英法兩國交換戰俘，馬戛爾尼便回到了倫敦，隨後又被派到印度擔任馬德拉斯總督。任職六年後，馬戛爾尼以為印度總督非他莫屬，但由於他當時只是愛爾蘭的男爵，在大臣們眼裡，印度總督的要求對馬戛爾尼來說似乎過高了，因此他最終未能如願。

不過，馬戛爾尼隨後又有了新任務，國王喬治三世把他派往遙遠的中國，去為大英帝國開闢新的市場。馬戛爾尼的助手喬治・斯當東（George Leonard Staunton），也是長年跟隨他的外交老手，如果馬戛爾尼發生意外的話，將由斯當東領導使團去繼續完成。值得一提的是，斯當東的十三歲兒子，湯瑪斯・斯當東（George Thomas Staunton），也跟隨使團前往中國，並在後來的外交活動中發揮了重要作用，這也算是此次遠航的意外收穫吧。

當時船上還有四名中國傳教士，李神父、周神父、安神父與王神父，他們在義大利教廷完成學習後搭順風船回國。因此，小斯當東有了很好的機會學習中文，後來的很多照會檔還都是出自於這位小朋友之手呢。成年後的湯瑪斯．斯當東作為東印度公司的專員長駐在廣州（一七九八至一八一六年），並用十年的時間翻譯了《大清律例》，這也是第一本直接從中文譯成英文的著作。後來，湯瑪斯．斯當東不僅成了當時中英關係的專家，而且還是一位知名的漢學家。

面對浩瀚的大海，馬戛爾尼意氣風發。在伊莉莎白一世時代，沃爾特．雷利爵士就曾說過：「左右商業的人左右世界的財富，因此也就控制了世界。」當時，所有的英國人像下面的歌詞一樣夢想飛揚：「統治吧，英國，英國，英國，統治那浩浩的浪波。」

八百萬英國人既然「統治了大海」，他們也就相信，這次前往中國一定會有不小的收穫。不過，東印度公司駐廣州的代理人卻不這麼認為：「中國政府對外國人一概蔑視，它對外國實力的無知使它過分地相信自己的強大。它認為派遣使團只是一種效忠的表示。」

長途的航行也沒有想像中的那麼順利，在快到好望角之前，氣候變得極為惡劣，「豺狼號」一度失去聯繫，一直到進入亞洲海域，艦隊才得以重新會合。更要命的是，船上疾病的流行導致不少船員中途喪命，他們的屍體和靈

十八世紀末的英國軍艦。

魂也都只能永遠地沉入途經的深藍大海。

這個龐大的使團帶來了眾多的禮品。英國人想把他們最新的發明介紹給中國，如蒸汽機、棉紡機、梳理機、織布機，並猜想一定會讓中國人感到驚奇而高興。英王還特意贈送了當時英國規模最大並裝備有一百一十門大口徑火炮的「君主號」戰艦模型。也許，他們想暗示六十四門火炮的「獅子號」在英國強大的海軍艦隊裡是那麼地微不足道。

英國人在禮單中還專門提及了「榴彈炮」、「迫擊炮」以及手提武器如卡賓槍、步槍、連發手槍，他們想：這些東西可能會引起中國軍官們的興趣。但後來讓英國人大失所望的是，天朝絕大多數的大臣都是文人出身，他們對此不感興趣。在他們看來，這些洋人的東西，不過是些無用的奇技淫巧罷了。

英國使團還帶了一些精美儀器，如當時天文學和機械學的最佳結合產品——天體運行儀。這個儀器代表了整個宇宙，它能夠準確地模仿太陽與天體的各種運動，如月球繞地球的運行、太陽的軌道、帶四顆衛星的木星、帶光圈及衛星的土星等。另外，還有一個地球儀，上面標有各大洲、海洋和島嶼，可以看到各國的國土、首都以及大的山脈，並畫出了所有這些遠航的航海路線。

由於語言不通，解釋這些儀器的名稱很傷腦筋。所有的照會檔和禮品，必須符合天朝的語言，以便中國的皇帝能夠理解。譬如天體運行儀，就巧妙地寫成了「天文地理音樂鐘」。幸虧當時還有個小斯當東，經過半年多的中文速成訓練，他已能湊合著寫漢字了。當時照會檔的翻譯與謄寫，實在是出奇的複雜：羅神父不懂英文，必須先從英文譯成拉丁文，然後再譯成普通中文，並改為天朝的官方語言，而最後的謄寫工作，往往就靠這個孩子來完成了。

問題還不僅僅是語言，二十年之後，湯瑪斯．斯當東這樣總結英國使團的不妙處境：「這個龐大的帝國過分相信自己的智慧與資源，所以不願和歐洲各國建立關係，它幅員遼闊，別人無法強制它，它從不容許與西方發生任何關係。」

中國人並非一貫封閉，他們也喜歡貿易，特別是沿海居民，他們從海上貿易中討生活，無非是謀求提高生活水準。但歷代統治者不這麼認為，稍有風吹草動，往往就禁海鎖國。譬如元世祖忽必烈在消滅南宋後不久，便於一二九二年下令「禁兩浙、廣東、福建商賈航海者」，明清兩朝的大多數時間裡也是堅持類似的禁令。

但禁令有時候也未必能壓抑人的本性，事實上，一些廣東和福建人很早便僑居東南亞，也可以說是中國人最早的殖民主義事蹟，譬如鄭和下西洋的時候，就遇到有不少的中國人在海外謀生（其中還有一部分的人，是在元末與朱元璋爭雄失敗的豪強們）。當英國使團經過巴達維亞（雅加達）的時候，發現中國人已經在這個荷蘭的殖民地從事著各種職業，如辦事員、經紀人、零售商、佃農、耕種者或僕人等，甚至連種植甘蔗這種給黑奴的活都做，他們之中也有許多人靠著做大買賣發了財。

中國人數量的劇增和取得的成功讓荷蘭人感到恐懼。一七四〇年，荷蘭東印度公司聽到反叛的傳聞後對中國人進行了一場大屠殺，大約有二萬到三萬中國人因此喪生。荷蘭害怕中國皇帝會對其在廣州的荷蘭人進行報復，於是派了使團前往中國說明事由，並為此道歉。

令他們意想不到的是，中國皇帝竟然毫不介意地答覆說：「我對於這些遠離祖國貪圖發財，捨棄自己祖宗墳墓的不肖臣民，並無絲毫的關懷！」這個皇帝就是乾隆。

馬戛爾尼來中國的那年，乾隆帝已經八十歲了，中國的官員都認為英國人是給皇上賀壽來了。一七九三年六月十九日，在出發九個月之後，英國人終於來到了中國的海面。他們在澳門停泊數日後，便北上天津，前往覲見中國的皇帝。但讓英國人不愉快的是，剛一上岸，他們的隊伍便被中國官員不由分說地插上幾面彩旗，上面用中文寫著幾個大字：「英吉利貢使」。無論在旗上還是禮品清單上，中國官員都把「禮物」改成「貢物」。在天朝，給皇帝送禮從來都叫作「貢」。

馬戛爾尼並不認為自己是臨時的貢使，他是作為英國首任常駐大使派往中國的。但中國人從一開始就不接受這種區分，和對其他國家的使團一樣，他們對英國人採用的是同樣的措詞和禮儀。

問題很快又來了，中國的接待官員發現英國人不肯向皇帝下跪叩頭，要知道，其他國家的貢使和傳教士以前都是下跪的。但這次是馬戛爾尼，無論是他本國的禮節習俗，還是他的資歷性格，都決定了他不會向中國的皇帝下跪叩頭。要知道，即使在英國國王面前，馬戛爾尼也只是行單膝下跪禮，只有在上帝的面前，他才會雙膝下跪。他聲稱，自己絕不對別國君主施高過於自己國君的禮節。

乾隆帝聽到後很不高興，但英國人不遠萬里前來，他還是格外恩准了馬戛爾尼只單膝下跪的要求。在形式上，馬戛爾尼好像取得了勝利，但也為這次外交失敗埋下了伏筆，雖然他似乎沒有意識到這點。英國人認為特使單腿下跪是對大國皇帝表示尊重的合適方法，但在中國人眼裡，這是一種表示臣服的粗野方式。西方文化和天朝文明的衝突，在禮節問題上展現無遺。

英國人被安排在大喜日子去謁見皇帝，不過，這個慶典不是為他們，而是為乾隆帝準備的，英國人和其他貢使一樣，不過是給節目增加點異國風味罷了。那天的拂曉三點鐘，在清朝接待官員的催促下，馬戛爾尼和他的隨行人員身著禮服向皇宮出發。英國人在一片漆黑中走了四公里多的路，據當時隨行人員的描述：「隊伍亂成一片，一些狗、豬和驢竟混入到我們的隊伍中來了──中國的動物都是夜中之王。」

四點左右，英國人終於來到燈火輝煌的宮殿前，但他們的隊伍已亂成一團。上千名的天朝官員、各國貢使和僕役，在無邊的黑暗中等待皇帝的到來。英國人第一次見識到中國的早朝制度，幸好周圍看不太清楚，倒沒有太多的人注意到英國人的狼狽。在燈籠的微弱燈光下，英國人趕忙整理自己的衣服，免得自己過於失態。

在靜靜地等待中，天色漸亮，曙光出現，皇帝來了！全體人員一致跪下，英國人也照樣做了，但只是單腿下跪。當大家在叩頭時，英國人只是低下頭；大家抬起身子，英國人也抬起了頭。當大家又重新趴下時，英國人又低頭；大家站起來時，他們也就站了起來。

瞧，多麼醒目的一群人！在皇帝的眼中，這群人是多麼的無禮，大家下跪叩頭的時候，他們居然比周圍的人高出許多！

隨後，馬戛爾尼向天朝的皇帝呈遞了英王的信，並送了幾只西洋錶作為禮品。皇帝回贈了大使一件雕刻得十分精緻的蛇紋石禮品。接著，斯當東父子上前向皇帝致禮，乾隆帝也贈給斯當東先生一塊與大使一樣的玉石。皇帝對小斯當東很感興趣，於是把小朋友召了過去，並解下自己身上的一只黃色荷包，送給了這可愛的小朋友。

想必乾隆帝已經知道小斯當東會講中文，很想親耳聽聽，於是小斯當東用中文感謝了皇帝送的禮品。看來，在乾隆帝的眼中，小斯當東比那些討厭的英國大人懂禮貌多了。

覲見後，乾隆帝命大臣陪英國使團參觀行宮。英國人看到園內的樓裡都放著西洋的玩具、掛鐘和地球儀，感到十分掃興，因為這些東西讓他們的禮品頓時黯然失色。陪同馬戛爾尼遊覽的官員還告訴他，比起圓明園內西洋珍寶館收藏的東西，這些都算不了什麼。英國人一陣尷尬的沉默，中國居然到處是英國人引以為榮的禮品物件。

不過英國人隨後也扳回了一局。馬戛爾尼發現了一些英國製造的音樂盒，一些考克斯博物館的藏品。福康安見馬戛爾尼對此興趣盎然，以為他從未見過這類東西。福大人於是傲慢地問，英國是否也有這些東西，但當他聽說這些東西就是從英國運入的時候，也感到十分掃興。

由於福康安的顯赫地位，馬戛爾尼想獲得他的好感，於是邀請他觀看英國使團警衛準備已久的操練，但被福康安拒絕了，他對此毫無興趣。馬戛爾尼在當天的筆記裡記道：「真蠢！他一生中從未見過連發槍，中國軍隊還在用火繩引爆的槍。」後來馬戛爾尼穿越中國本土前往廣州時，他看出那些寬衣大袖的國防軍，並沒有受過嚴格的軍事訓練，使用的又都是西洋早已拋棄了的刀槍弓箭之類落伍的武器。

半個世紀之後，鴉片戰爭爆發了，天朝的武器設備看來並沒有什麼大的改觀。英國人其他引以為傲的軍事技術也沒有得到展示的機會，回北京後，英國人曾想表演試射炮彈，但他們的炮兵很快被打發回來了，中國人告訴英國人，他們懂得發射技術。一八六〇年，英法聯軍火燒圓明園的時候，英國人驚奇地發現，這些大炮與炮彈都完好無損地擺放在那裡，從未被使用過。於是這些「英國製」物件在被冷落了半個多世紀後，又被重新運回了它們的故鄉。

在中國期間，天朝並沒有對英國使團進行特別優待，相反，因為禮節問題「英國人竟然不給皇上叩頭」增加了乾隆帝對英國人的惡感。英國人根本沒有受到他們想像中的歡迎，相反，卻是天朝接待官員在熱情和禮貌下的極度厭煩和戒備，因為有人還因為禮節問題丟了官。清朝最終取消外國使節的叩拜禮，那已是一八七三年的事了。

馬戛爾尼後來再也沒有機會和乾隆帝見面，他們的外交請求也只得到了皇帝黃色詔書的回應，僅此而已。正如馬戛爾尼的隨員安德遜所說的：「我們的整個故事只有三句話：我們進入北京時像乞丐，在那裡居留時像囚犯，離開時則像小偷。」

這些狀況的形成，是當時天朝文化的必然體現。用乾隆帝的話來說就是：「天朝物產豐盈，無所不有，原不藉外夷貨物以通有無。特因天朝所產茶葉、瓷器、絲綢，為西洋各國及爾國必需之物，是以加恩體恤……。」但這並不是乾隆爺的發明，明代已經有此說法：「中國之物自足於用，而外國不可無中國之物。」

狂妄的英國人在傲慢的天朝人面前碰了一鼻子灰。懊喪之餘，英國人只好灰溜溜地離開北京前往廣州，他們的艦隊在那裡等待多時了。乾隆帝為了讓英國人見識一下天朝的地大物博，特安排馬戛爾尼一行人由陸路返回廣州。但臨走之前，乾隆帝有點不放心，於是他下了一道密詔給沿途接待的官員：「英吉利夷性狡詐，此時未遂所欲，或至尋釁滋事，固宜先事防範。但該國遠隔重洋，即使妄滋事端，尚在二十三年之後。況該貢使等目覩天朝法制森嚴，營伍整肅，亦斷不敢遽萌他意。此時惟當於各海口留心督飭，嚴密巡防。」

英國人一路南行都有天朝的官員陪同，在經過艱難的跋涉並領略了天朝的人文地理後，他們終於見到了等待已久的「獅子號」與「印度斯坦號」，戰艦鳴十九響禮炮，迎接他們的歸來。

對馬戛爾尼來說，這實在是一次極其失敗的出使。但他在南下的過程中，卻發現清政府的貪汙腐敗已是病入膏肓。譬如乾隆帝批准給使團的招待費，當時算是一個驚人的鉅款（每天五千兩白銀），但大多數已被經手的官員克扣中飽。在馬戛爾尼來看來，大清帝國只不過是一艘外強中乾的「破船」罷了。

英國人還不甘心，但後來的遭遇還更糟糕。一八一六年六月底，阿美士德勳爵再次率領使團來到中國。這次，我們前面提到的小斯當東已經長大，並和他的父親一樣，當上了使團的副使，但他們遇到的，卻是與父輩們相同的問題。

覲見前，中國的大臣勸阿美士德屈從同意叩頭，但被阿美士德拒絕了。隨後發生了一場混亂，中國人和英國人展開了一場混戰，有人推，有人拽，到處喊成一片，要把英國人拉去見皇上。阿美士德等人抵擋著，抗議對使節動武。他的抵抗被彙報上去，結果嘉慶皇帝龍顏大怒，命令英國人立刻滾出北京。

也許，阿美士德被趕走的遭遇使英國意識到，靠談判的方法，無法改變天朝的外交方式和加到英國商人身上不平等的待遇，除了談判，其他的方法也必須試一下。

後來，倒是當時已經成為聖赫勒拿島「長住居民」的拿破崙說了幾句公道話。拿破崙聽說英國使團要來島上順訪，責怪了英國內閣為什麼不讓阿美士德服從中國的習俗，他說：「在義大利，您吻教皇的騾子，但這並不視為卑躬屈膝。阿美士德像中國最高官員一樣對皇帝施禮，一點也不會有損名譽。」他還憤憤不平地說：「你說他準備像對自己的英國國王那樣向中國皇帝行禮，但你怎麼能要求中國人服從英國的禮節呢！」拿破崙畢竟是做過皇帝的人，他十分瞭解乾隆皇帝的不快。

柏楊在《中國人史綱》裡指出：「要感知同一世界，必須屬於同一世界，也就是說要具備同樣的心理結構。英國人和中國人之間的狀況並非如此：兩者在對方眼裡都是精神病患者，互相平等的儀式在清朝皇帝眼裡純屬荒誕可笑的不可思議之舉，但英國人何嘗又不是這樣認為呢？」

時間不會因為誰而停留，歷史也是一樣。該來的，它遲早會來，並不會因為古老帝國的孤傲和拒絕而改變歷史的進程。面對這一切即將發生的可能，老祖宗們，他們準備好了嗎？

鴉片禁令

走私與貿易利益下的中英之戰

毫無疑問，鴉片是一種讓人意志消沉、身心俱敗的罪惡消費品。但令人嘆息的是，在一八四〇年，也就是鴉片戰爭爆發前，國內鴉片消費市場已經頗具規模，各地煙館林立，煙民遍地。據當時人稱，京官中吸食鴉片的達百分之一百二十，而地方衙門裡，據林則徐說：「絕無食鴉片者，甚屬寥寥。」就連一貫勤儉的道光帝，也曾一度吸食鴉片，足見煙毒之氾濫。

鑒於鴉片的危害，雍正皇帝在一七二九年曾下令禁止鴉片在國內種植、生產和買賣，但他留了一個漏洞，那就是沒有限制鴉片的進口，當時甚至還對鴉片進口徵稅一直到一七九六年。到十八世紀末，鴉片的危害開始顯露。一七九九年，嘉慶皇帝再次頒布鴉片禁令，禁止進口、銷售鴉片和種植罌粟。但是，由於清廷各級政府的腐敗，這些禁令非但沒有禁絕鴉片，反而給了那些徇私舞弊的官員提供了發財的機會，即與日俱增的走私鴉片。

道光十八年（一八三八年）四月，鴻臚寺卿黃爵滋上奏道光帝稱：「近年各省漕賦疲累，官吏虧空，商民交困，都是因為銀價飛漲，錢價急跌所導致的。從前市場上紋銀每兩可兌銅錢一千文，現在兌銀一兩要一千六百文。而銀少價升的原因，主要是因為廣東洋船帶來的鴉片煙盛行，導致紋銀大量流出，有去無返，一天比一天厲害。鴉片煙本來自英吉利，洋人嚴禁自己國家的人吸食，卻專門引誘他國，如今鴉片蔓延中國，實在是自古以來沒有過的大患，這個禍害比洪水猛獸還要厲害得多。」

馬克思曾說過：「資本如果有百分之五十的利潤，它就會鋌而走險；如果有百分之百的利潤，它就敢踐踏人間一切法律；如果有百分之三百的利潤，它就敢犯下任何罪行，甚至冒著被絞死的危險。」在暴利的吸引下，加上當地官員的腐敗（緝私官員也參與走私），鴉片之災不但沒有被禁止，反而在鴉片戰爭前的五十年裡愈演愈烈：從國外來的進口數，在一八九〇年是四千箱，一八三五年到一八三九年間，已經劇增到每年近四萬箱。

鴉片屢禁不止，除了吸食者難以戒除外，當時政府官員甚至是緝毒人員的腐敗瀆職、徇私舞弊行為也是其中的重要原因。據魏源追述：「當時廣東水師的緝毒巡船，竟每月公然受賄銀三萬六千兩，然後放行走私商進來。水師副將韓肇慶，甚至專門護送走私，鴉片由水師包辦運輸。更可恨的是，韓

英國人所繪的《奪取定海》圖。在那場實力懸殊的戰爭中，清軍遭到了慘重的失敗。

肇慶居然從每萬箱裡抽出數百箱，作為截查的戰利品拿去報功，還由此保擢總兵，賞戴孔雀翎，風光無限。福建水師和浙江官軍也不甘落後，在鴉片走私中同樣大肆收取賄賂，然後睜一眼，閉一眼，任由鴉片大量進入。」

多年前，馬戛爾尼等人想擴大中英貿易，但失敗了。令他們沒有想到的是，這些走私商人卻勝利了。走私導致鴉片市場急劇擴張，東印度公司甚至不得不趕緊擴大印度的罌粟種植面積，增加鴉片產量，以滿足中國「消費者」的需求。根據《劍橋中國晚清史》的統計，在鴉片戰爭前，鴉片貿易占到中英貿易的一半以上，而且是整個十九世紀中世界上最重要的單宗商品貿易。在這十九世紀的前四十年裡，中國的對外貿易已經悄然發生了變化，由出超變成入超，大量的白銀開始嘩嘩地外流了。

在十九世紀初，清政府曾頒布禁令，禁止紋銀出洋。當時在中西正常的貿易中，進出口基本持平，如一八一三年中國進口額約一千兩百六十萬兩，出口額約一千兩百九十萬兩。但在隨後的時間裡，中國開始呈現入超狀態，白銀外流，鴉片走私在其中作用不小。一八三五到一八三八年，走私進中國的鴉片大約四萬箱（英國約三萬九千箱，美國每年從土耳其販賣約一千箱），每箱平均耗銀約四百兩，以此推算，中國光鴉片一項就外流近一千六百萬兩白銀。而這些走私貿易導致的白銀外流情況，並不出現在官方的貿易資料上，危害隱蔽又巨大。

鴉片走私導致白銀大量外流，進而致使國內流通市場白銀供不應求，銀價上揚，錢價下跌，物價的上升遠遠跟不上銀價上漲的速度，這加重了老百姓的納稅負擔。從鴉片戰爭前的四十年來看，一八〇〇年左右白銀兌錢一千文不到，而到了一八二一年至一八三八年間，白銀兌錢從一千二百文升至一千六百餘文，而田賦仍舊按銅錢數繳納的話，實際上變相增加了老百姓的稅負。

不過，黃爵滋的奏摺裡說洋人嚴禁其本國國民吸食鴉片，卻專誘他國，禍害別國百姓，事實是否真的如此呢？

樊美平先生在二〇〇一年《書屋》第三期發表《天朝的崩潰與意識的困守》一文，裡面提到一個被國內學界一直有意或無意忽視的問題，即英國政府對鴉片貿易的態度。樊先生在查閱了大量鴉片戰爭前的英國檔案後發現，英國政府承認清政府完全有權制止鴉片走私，對清政府所採取的禁煙措施，也並不企圖干預。一八三八年六月十五日，當時的英國外務大臣巴麥尊給駐華商務監督義律的訓令中寫道：

「關於鴉片走私貿易，英國臣民破壞他們前去貿易的那個國家的法律，女王陛下政府不能夠為此進行干預。因此，這些人由於中國關於此問題的法律而可能遭受的損失，必須由那些因他們自己的行動造成該損失的人來承擔。」

即使在英國政府決定派艦隊前往中國的時候，巴麥尊在給義律的指示中仍舊強調：「女王陛下政府絕不懷疑中國政府有權禁止將鴉片輸入中國，並且有權查獲和沒收那些外國人或中國臣民不顧適當制訂的禁令而輸入中國領土內的任何鴉片。」

很有諷刺意義的是，一直被我們教科書認為是「鴉片販子保護人」的英國駐華商務監督義律，他本人卻是一個鴉片貿易的反對者。在被林則徐驅逐到海上後，義律寫給巴麥尊的信裡還說，他對英國臣民進行鴉片走私貿易「感到恥辱和罪惡感，並懷有深刻的厭惡態度」。

戰爭爆發之前，義律甚至想主動承擔起制止鴉片走私貿易的責任。也許他認識到，從長期來看，鴉片走私將危害到英國擴大其在華的合法貿易，而合法貿易才是真正的長久之計。但義律也知道，英國鴉片販子並不把中國緝私官員放在眼裡，這些人已經熟知了那些中國官場的潛規則，而他卻一度天真地認為，他的出現將使得英國鴉片販子有所收斂。

在林則徐發起嚴厲的禁煙行動後，義律代表英國政府發表了大量措辭嚴厲的通告：「本首席監督進一步發布通知，警告所有那些擁有這種帆船、快艇或用其他方式裝配的小船在虎門以內從事該非法鴉片貿易的英國臣民：如果中國政府認為適於捕獲並沒收那些船隻，女王陛下政府將絕不進行干涉。」

筆者無意否認鴉片貿易的罪惡性和清政府打擊鴉片貿易的正義性，但這裡引發一個問題就是，既然英國政府並不支持鴉片走私貿易，那林則徐的禁煙運動何以引發一場戰爭？

對於鴉片貿易的爭論，不論是中國還是英國，從來就沒有平息過。早在十八世紀八〇年代，英國許多有識之士就一直在譴責並呼籲取締鴉片貿易，如沙夫茨伯裡伯爵就曾說過：「這個國家慫恿這種罪惡的交易是極壞的，也許比慫恿奴隸貿易更歹毒。」就連東印度公司鴉片代理處經理賽蒙也深有感觸地說：「鴉片產品摧垮了人民的健康，使其道德淪喪。」

英國以貿易立國，很多英國人更加看中資本的逐利性，既然鴉片能帶來這麼巨大的利益，且鴉片在英國本土又沒有市場，英國議會長期不通過禁止鴉片的法案也就理所當然了。（當然從某種意義上講，雖然英政府不贊成甚至反對在華的鴉片貿易，但是由於某些利益的趨勢，英政府並沒有拿出切實有效的方法來消除甚至減弱這種罪惡的貿易，只是站在那裡唱唱高調，也從側面體現了帝國主義虛偽的嘴臉。）

對於受害國的中國來說，鴉片走私貿易可能沒有英國議會裡紳士們辯論得那麼輕鬆了。禦使袁玉麟說過，百姓要是仍舊沉迷於鴉片的話，那麼「夫無以訓妻，主無以使僕，師無以教學子」，民心將毀於一旦。面對越來越猖獗的毒品入侵，清政府內部也展開了一場激烈的辯論。

黃爵滋主張制定新的法律，對吸食鴉片者限期一年戒煙，爾後查獲再吸食就殺頭。但當時大多數督撫都不同意這個辦法，由於牽涉到當時複雜的死刑上報流程，撲殺癮君子只會給各地督撫帶來無盡的麻煩。他們大都贊同去海口查禁，正如矛海建先生在《天朝的崩潰》裡指出的：「禁煙責任推給海口，內地官員即可擺脫關係；能夠推到廣東最妙，禁煙成了廣東一省官員的事務，其餘省份當然樂得輕鬆。」

林則徐支持了黃爵滋的建議，他說：「死刑是對吸煙者非常嚴酷的懲罰。但是用死刑威脅他、恫嚇他除去這種惡習是對的。吸煙之輩陷溺已深，會因戒煙痛苦而拖延到追悔莫及。因此，煙癮必須由國家幫助來戒絕，須開設戒煙院。」

後來，他給道光帝上奏說：，「倘若朝廷對鴉片走私貿易視而不見，『數十年後，中原幾無可以禦敵之兵，且無可以充餉之銀』。」這句話深深打動了道光帝，於是下定決心禁止鴉片。

一八三九年，林則徐作為欽差大臣南下廣東發動了一場規模浩大的禁煙運動。讓林則徐感到驚訝的是，當他下令收繳鴉片時，義律未請示倫敦，也沒有討價還價，就命令英國商人交出所有存貨兩萬多箱鴉片，此舉讓林則徐感到滿意，卻引起了英國朝野一片譁然（義律後來被撤職派往北美德克薩斯任英國代辦，和林則徐被充軍到新疆倒有幾分神似）。

但這時發生了一個意外事件。一八三九年七月七日，一夥英國水手來到九龍尖沙咀的小酒館酗酒鬧事，引發鬥毆，結果導致村民林維喜傷重死亡。林則徐毫不遲疑地要求英國人交出兇手，按大清律要捉拿水手中的一人來償命。但義律只同意賠償死者家屬並懲辦所有參與此事的水手，而拒絕交出一人來殺頭頂罪。這時，大清律與英國法律發生了國際法意義上的衝突，中國人認為殺人償命是理所當然的，而英國人卻無法認同自己的同胞受到他們認為的「野蠻肉刑」。這種衝突，也是後來導致租界內治外法權的由來。

在雙方僵持不下的時候，林則徐在八月十五日下令禁止一切貿易，並封鎖了外國在廣州的全部外貿企業。義律見勢不妙，趕緊命令英國商人及家屬登船上海。林則徐則進一步採取措施，嚴禁村民供應英船日用物品，並派戰船封鎖英船，如果發現上岸的外國人，一律就地正法。無奈之下，義律在九月五日派特使要求林則徐解除封鎖，恢復正常貿易關係。林則徐未達到目的，拒絕了義律的要求。當天下午，英國軍艦向封鎖他們的中國戰船開炮。大英帝國終於露出了它猙獰和強權的一面！

國際社會的無政府狀態只能導致弱肉強食的叢林法則，即使現在的國際社會相對文明，但這個法則顯然同樣適用。英國在忍耐了近半個世紀後，終於決定要採用炮艦政策把中國納入到其利益範圍了。

此時的倫敦，聽到中國焚燒鴉片的消息後，從事東方貿易的院外活動集團立刻動員起來了。這些利益集團向政府施加了強大的壓力，要求政府採取堅決行動。十九世紀大英帝國的政治巨頭帕默斯頓甚至叫嚷著說：「給中國一頓痛打，然後我們再解釋！」

但發動對中國戰爭的議案也不是一邊倒。帕默斯頓同時期的政治對手格萊斯頓，嚴厲譴責說：「在人類歷史中，我從未見過如此不正義，並故意要使國家蒙受永久恥辱的戰爭，高傲地飄揚在廣州城頭的英國國旗，只是為保護一樁可恥的交易而升起的。」

很可惜的是，無數的歷史事實證明，道德在大多數時候都要敗於利益腳下，發自正義和道德的聲音在具體利益的計量和博弈中總是顯得蒼白無力，這一次看來也不會例外。

一八四〇年四月七日，湯瑪斯．斯當東爵士，也就是我們前面提到的小斯當東，他來到下議院闡述了他的論點。他說：「當然在開始流血之前，我們可以建議中國進行談判。但我很瞭解這民族的性格，很瞭解對這民族進行專制統治的階級的性格，我肯定：如果我們想獲得某種結果，談判的同時還要使用武力炫耀。」斯當東的話發揮了作用，議案通過了。

雖然在最後表決中，議案僅以兩百七十一票對兩百六十二票的微弱多數得到通過，但這並不足以安慰地球另一邊的中國人。在後來的中國歷史書裡，英國人一直是以侵略者、殖民主義者、帝國主義者出現，雖然有很多中國年輕人喜歡上了英超（英格蘭足球超級聯賽），但對這個頂級賽事的喜愛也不足以抹去這個令人不快的記憶。

林則徐和英國議會顯然沒有在同一個角度上思考問題。林則徐認為他的問題是進行一場反毒品的鬥爭；而英國卻認為這是涉及貿易自由這一神聖權利的問題。這種的思維方式，給其行動披上了自認為合理的外衣。英國議會辯論的時候，把政府的戰爭議案說成是發動一場「鴉片戰爭」，據說這是「鴉片戰爭」的第一個出處。

林則徐算是當時最瞭解英國情況的朝廷命官了，他配有四名翻譯，終日為他翻譯英文書報，整理成冊，加以參考。想必林則徐已經知道了英國的地理環境、人口、軍隊等實力情況，僅從簡單的數字來看，英國顯然不如天朝。在鴉片戰爭前，中國的GDP仍舊是世界首位，甚至超過西歐的總數。但諷刺的是，「在大國興衰史上，被打敗並由此衰敗的，多是富國」！

道光帝對這些糾纏不清的夷務更是厭煩不已，在虎門銷煙後，他乾脆宣布「英逆」罪行，永久禁絕通商，並下令將英國艦船驅逐乾淨。

鴉片只是一個導火線。關鍵問題其實還是馬戛爾尼半個世紀前的老問題：打開天朝的大門，開放通商貿易。此時的大英帝國，已經比馬戛爾尼時期突飛猛進多了，工業革命已取得了重大突破，大量廉價的工業品正在世界範圍內四處尋找市場，而英國的蒸汽戰艦和長槍大炮，已經足以敲開天朝的大門。

戰爭，最能徹底暴露天朝的無知和衰落。但當時的老祖宗們怎麼可能意識到，在這樣一個加速發展的全球化時代，閉關鎖國早已被掃出了歷史舞臺。在這樣一個時代，早加入這個全球化進程早受益，但歷史的慣性已超越了先人們的思考範圍，而後人也只能發些「事後諸葛亮」的議論罷了！

林則徐對英國人採取斷然措施，可能受到當時律勞卑事件的影響。律勞卑是一八三三年英國政府廢除東印度公司對華貿易專營權後，被派往廣州的第一任英國政府駐華商務監督。律勞卑大概毫不瞭解當年馬戛爾尼和阿美士德使團失敗的原因，他到達廣州後，竟然以平等的口氣向當時的兩廣總督盧坤發出了一封平行公函！

天朝當時顯然還沒有接受近代平等外交關係觀念的跡象。對於律勞卑竟然想和天朝平起平坐的大膽口氣，盧坤大為憤怒，立刻拒絕了這封公函，並命令律勞卑立即返回澳門。律勞卑拒絕返回，仍舊待在廣州，於是盧坤下令封閉商館、停止供應、中斷貿易。律勞卑退出廣州，並擅自指揮兩艘軍艦打入珠江，盧坤則集合了六十八艘戰船應戰，而此時的律勞卑失去了英國商人的支持，他本人也得了瘧疾，只得黯然回到澳門，後於當年十月病死在那裡。

律勞卑的失敗讓大清官員相信，只要大膽封鎖外國人的商館，就不怕他們不屈服。而從繼任的英國駐華商務監督的表現來看，他們似乎達到了目的。後來的商務監督們不想再去招惹麻煩，他們在任期間幾乎都待在風雨飄搖的伶仃洋上，成天無所事事，只盼著任期結束後早點回國。

但第四任駐華商務監督義律來廣州後，大概是出於個人的進取精神，開始執行一種積極的政策。他甚至違背英國外務大臣巴麥尊的訓令，向清政府遞上了畢恭畢敬的「稟帖」，這讓當時的兩廣總督鄧廷楨很滿意，義律才得以重返廣州。

在一段不尋常的沉寂之後，一八四〇年六月，一支由二十艘戰艦和二十八艘運兵船組成，兵力約七千人的英國遠征軍到達廣州口外海面。英軍隨後按照其預定方案，封鎖了珠江口，並於六月底北上，準備占領舟山後封鎖長江口和黃河口。英國人以為經濟封鎖會產生效果，但自然經濟為基礎的帝國並不害怕經濟封鎖，他們最擔心的是國土的淪喪！

舟山是中國第四大島，為蘇浙閩海面之鎖喉，島上設有定海縣城。康熙帝年間，寧波曾設為對外通商口岸，定海縣城曾設有「紅毛館」並接待過英國商船，但到乾隆帝年間，寧波海關被關閉，英國商船也就被禁止入內了。英國艦隊來到舟山後，當地人似乎還依稀記得當年外國商船，以為是洋人們來此卸貨貿易，正當這些人為可能的獲利而歡欣鼓舞的時候，他們的知縣卻收到一封他從來沒有見識過的「哀的美敦書」（最後通牒）：英國人限令他們半個時辰內投降！

當地守軍顯然被英國猛烈的炮火嚇壞了，他們從來沒見過這樣的作戰方式。英國人大概只用了不到十分鐘就擊毀了當地脆弱的海岸防禦體系，參戰的一千五百名士兵，死亡和受傷各十三人，其他的都逃跑了。在失敗面前，知縣姚懷祥選擇了投水自盡，以死報國，表現了一個儒生應有的氣節。

而在攻陷定海之前，英國第二批北上的艦隊來到廈門，因為投書問題，雙方進行了一場炮戰。中國官員拒絕接受這樣不恭敬的文書，因為上報朝廷，很有可能會被罷官甚至殺頭。

隨後，英國艦隊按照原定計劃繼續北上。一八四〇年八月三十日，當英國艦隊抵達天津大沽口並試圖強行通過的時候，內閣大學士兼署直隸總督琦善被派去和洋人談判。在英國艦隊的恫嚇下，朝廷政策很快由剿改撫了。

琦善本來是堅定的主剿派，但在英國人的堅船利炮面前，很快變成了堅定的主撫派，而這也是大部分清朝大員對待夷人的態度。琦善的當務之急就是想方設法把洋人哄騙回去，他得想盡一切辦法在道光帝和洋人之間周旋，既不能讓道光帝感到失了天朝威儀，也不能輕易得罪這些可惡的洋人。

幸運的是，外交文件的翻譯幫了琦善的大忙。當道光帝看到英國外務大臣巴麥尊的照會時，總算感到心理平衡了不少。這份照會的中譯本是這樣寫的：「茲因官憲（林則徐）擾害本國住在中國之民人，並褻瀆大英國家威儀，是以大英國主，調派水陸軍師，前往中國海境，求討皇帝昭雪伸冤。」

最為可笑的是最後一句，「求討皇帝昭雪伸冤」，原文卻是「demand from the Emperor satisfaction and redress」，直譯過來應該是「要求皇帝賠償並匡正」，天朝語言的幽默性，莫過於此（茅海建，《天朝的崩潰》）。

既然洋人是來伸冤昭雪的，道光帝當然可以大度一點。於是他給英國人發了這樣一道諭旨：「上年林則徐等查禁煙土，未能仰體大公至正之意，以致受人欺蒙，措置失當。茲所求昭雪之冤，必當逐細查明，重治其罪。現已派欽差大臣馳往廣東，秉公查辦，定人代申冤抑。該統帥懿律等，著即返棹南還，聽候辦理可也。」道光帝居然給洋人下起了命令！

這下林則徐有麻煩了，道光帝本來說要嚴禁鴉片，但如今洋人兵臨天津，林則徐只能給皇上當一回替罪羊，被撤職查辦了。英國人則在道光帝的諭旨發下後，還真聽話南返了。不過，英國艦隊當時是考慮到在天津沒有基地，而且季風很快過去，氣候對艦隊行動非常不利；既然道光帝說派欽差大臣到廣東再議，於是他們也決定南下再說。也許很多人會問：「倘若真的開戰又會怎麼樣呢？」

早在英國遠征軍到來之前，林則徐其實已經和義律交過手，雙方有過幾次小規模的武裝衝突，但林則徐當時上報的「七戰七捷」，卻是灌了不少水的資訊。真正揭開戰爭真相蓋子的，是隨後的定海之戰……英國人用九分鐘就掃蕩了中國守軍的岸防！

對於英國人的船堅炮利，恐怕連道光帝都心知肚明，但林則徐曾彙報說洋人陸戰不行，他們腳足纏束緊密，屈伸不便，「一僕不能起，一旦上岸，一定能夠殲滅」，這似乎又佐證了「洋人不會下跪是因為膝蓋僵硬」的傳言。

很多後人慨嘆：「清朝軍隊近八十萬，居然對付不了遠道而來、不到二萬人的英國軍隊（加上後來的陸續增兵），實在是不可思議。」但如果仔細分析的話，卻又絲毫不奇怪。在冷兵器時代，人多馬壯可能有用，但在熱兵器時代的長槍大炮的攻擊下，人多只不過白白犧牲。

不如來看一下雙方真正的軍事實力，先看武器裝備。清軍當時以冷兵器為主，其中也有火器，但已遠遠落後於英國。茅海建先生在《天朝的崩潰》裡對雙方的武器作了詳細分析：清軍的鳥銃射程約一百米，射速為每分鐘一至兩發，而英軍的軍用槍射程約三百米，射速為每分鐘三至四發。清軍火炮的樣子和原理看起來和英軍差不多，但仔細比較卻有天壤之別。主要問題出在鑄造環節，清軍火炮的鐵質太差，氣泡過多，不但十分笨重不說，開炮時還容易炸開炸裂，傷及自己的士兵。另外，火炮的瞄準裝置和炮彈威力都很差，在整個鴉片戰爭中，就沒有擊沉哪怕是一艘英艦！

而當時的英國已經擁有了世界上最強大的海軍，擁有風帆和蒸汽輪並用的各類船艦四百餘艘，速度快，排水量大，炮多（主力戰艦往往安裝上百門），威力巨大。相比而言，清軍水師根本就是業餘水準，船小速度又慢，水師裡船炮也遠少於英艦，一旦出海作戰，基本就是挨打的份。

從兵力上看，清軍兵力表面上號稱有八十萬，但由於調度的原因，真正能夠上戰場和英軍拼殺，在實際人數上並沒有大的優勢。當時的清軍和警察部隊有點像，士兵不是二十四小時待在軍營訓練，而是像現在的警察一樣正常上下班。除了出征打仗，平時軍營並不開火，經常是上午士兵操練，中午家眷送飯，士兵放操後就和妻兒共進午餐，其樂融融；下午繼續操練時，家人往往在旁邊觀看。如此軍隊，如何作戰！

真正以逸待勞的是英軍，其海上船艦往來極快，一旦作戰，大都是集中優勢兵力，攻城拔寨，而清軍反而被拖得精疲力竭、疲於奔命。再者，中國海岸線極長，根本不知道英國人會攻擊哪一點，實在是防不勝防。

說到陸戰，林則徐等人的情報完全錯誤，英軍其實根本不是他們想像的那樣不擅長陸戰，他們往往正面用艦炮轟擊清軍炮臺，隨後派出陸軍從背後或者側面包抄，海陸軍配合熟練，進攻中幾乎沒有失手。這完全是一場不對稱的戰爭，武器不對稱、資訊不對稱，甚至連目標都不對稱。

一八四〇年的秋天，英國人和琦善都南下了。談判開始後，英國人的開價和琦善的還價，幾乎是南轅北轍，牛頭不對馬嘴。道光帝開出的價碼是「懲辦林則徐，恢復英國人在廣州的通商」，加上琦善私自答應但後來被道光帝認可的「部分賠償鴉片損失和中英官方檔往來使用照會」，這不過是英國人要求的皮毛而已。至於英國人，他們開出的要價是「賠償鴉片損失和商欠，中英官員平等交往，開放廣州、廈門、福州、寧波、上海五口通商，割讓一沿海島嶼，賠償軍費」等。雙方差距太大了。

這下道光和琦善等清朝大員就納悶了，他們無法理解，既然林則徐已經被查辦了，鴉片損失也可以商量賠償，英國人怎麼還有什麼冤屈？為何還要糾纏不休呢？可是誰又告訴他們，英國人其實要的是中國市場，把中國納入到其全球貿易體系中去。後人當然洞若觀火，但當時誰能瞭解？即使有人告訴他們，當時的滿朝文武也未必能夠理解。

這樣的談判當然不會有什麼結果，於是雙方都失去了耐性。道光帝憤而下令：「盡滅此醜類！」而義律也搬出了巴麥尊的殺手鐧——炮艦政策。雙方很快從拖沓扯皮的談判拉回到戰爭的殘酷現實中去了。

一八四一年一月七日，英國人炮轟虎門。儘管清軍士氣高昂，但還是遭到了毀滅性的失敗，副將陳連升也戰死疆場。二月二十三日，年近七十的提督關天培戰死，清軍再次遭到慘敗，廣州門戶洞開。

隨後，琦善被撤職了，道光帝派來了老將楊芳和靖逆將軍奕山。楊芳是武將出身，曾在平定新疆張格爾之亂中立下赫赫戰功。奕山到達廣州後，他能想到的辦法只有火攻。五月二十一日夜，奕山派人順風放火燒毀英船兩艘。戰爭進一步升級，二十二日英軍反攻，到二十四日上午攻破廣州城郊各據點，廣州城陷。無奈之下，奕山只能和英國人簽署《廣州和約》，在繳納

「贖城費」六百萬元後，英軍退回海上。

靖逆將軍屈膝投降，還向行商勒索六百萬去付「贖城費」，這等彌天大罪，但卻被奕山描繪成了一個美妙的故事上報：「城外士兵報告說，城外有洋人向城內招手，似乎有話要說。參將熊瑞聞報後，看見幾個夷人頭目在那裡比手畫腳，指天畫地的，不知道搞的什麼名堂。熊瑞看不明白，就把翻譯叫來。翻譯說這些夷人要求見大將軍，說是有苦情要上訴。總兵段永福聽後大喝一聲：『我天朝堂堂大將軍，豈能想見就見？』該夷人頭目聽後嚇得趕緊免冠作禮，武器扔在地上，摒退左右，朝著城牆連連施禮，說他們是靠做買賣過日子的，如果不准貿易，資本折耗，負欠無償，簡直沒法活了，懇求大將軍轉呈大皇帝開恩，仍准通商，他們將保證立即退出虎門，交還各炮臺，再也不敢惹是生非了。」

奕山沒有去當戲劇家，真是浪費人才了。但是，遠在北京的道光帝卻上了當，真以為戰爭結束了，因而對奕山大加獎賞，並下令各省撤退調防兵勇。在小氣的道光帝眼中，這麼多兵勇，一天的花費可不少！

不過，奕山也算是走狗屎運了，因為一場瘟疫使英軍推遲了北上的計畫，這才使得他的謊言沒有被很快揭穿。但謊言終究是謊言，英國方面來了個厲害角色，那就是接替義律的璞鼎查。此人上任後，立刻按照英國政府的要求指揮英國軍艦北上。

英國艦隊隨後在廈門展開了猛烈進攻。當時廈門本修建了石壁岸防，非常堅固，但英國陸軍仍舊是採用側面襲擊的辦法，攻下了炮臺。廈門一役，清軍戰死總兵一人，士兵傷亡三百二十四人，而英國只死一人，傷十六人。

英軍的下一個目標是定海，那個曾經被占領過的縣城。一八四一年的第二次定海之戰比第一次慘烈得多。在雙方兵力相仿，但武器懸殊的情況下，定海三總兵（葛雲飛、王錫朋、鄭國鴻）率領守軍浴血奮戰，但終於因為實力差距太大，三總兵連同他們的眾多士兵最後都英勇地戰死在他們保護的土地上。

在隨後的吳淞一役中，總兵陳化成戰死，英國人沿著黃浦江占領了上海。在留下兩艘軍艦封鎖吳淞口後，英軍主力艦隊溯長江而上，直撲鎮江。清廷的文武大臣們怎麼也沒想到，英國人居然會打到內河來。當時鎮江幾乎是各要點設防最薄弱的，但就是在這個最薄弱的地方，英軍遭到了最激烈的抵抗：死三十九人，傷一百三十人，基本相當於前面所有戰役的傷亡人數總和。

鎮江之戰是第一次鴉片戰爭的最後一戰，一八四二年八月，英國艦隊兵臨南京江面，第一次鴉片戰爭基本結束。大刀長矛對陣長槍大炮，清廷已經不再奢望戰勝這群遠道而來的強大紅夷。謊言可以維持一時，但畢竟無法維持一世。

令人傷感的是，在整個鴉片戰爭中，清軍基本可以說是一敗塗地，毫無勝算的可能。現實是殘酷的，鴉片戰爭的慘敗毫無保留的說明，靠修建岸防壁壘根本對付不了列強的那些武裝艦隊，在沒有相應的強大艦隊之前，根本就不可能有什麼海上長城。

後人也許能清楚看到，在哥倫布發現新大陸後，世界連為一體已經不是癡人說夢，而是實實在在的現實。當清朝的人們還不知道「地球是圓的」的時候，整個中國已在不知不覺中被推上了國際舞臺，逼上了弱肉強食的國際大賭場。

雖然林則徐在鴉片戰爭上有判斷的失誤，也是受當時中英雙方對於情報以及東西方軍事實力不明的影響，但這個不能影響其在整個洋務運動中的歷史地位和民族英雄的地位。究其原因，這場鴉片戰爭的失敗不是簡單的因為林則徐軍事能力的問題，而是整個清政府腐敗無能、閉關鎖國所致，即使換一個張則徐、馬則徐來打這場戰爭也是同樣的結果，最多也只是時間的早晚罷了。由此，中國歷史上千年未遇的大變局，也就在不經意間拉開了帷幕。

太平天國

內亂下，各派內部的再分裂

唐太宗貞觀年間有本《推背圖》，據說是中華第一預言書，其中有一卦是對應太平天國的：「頭有髮，衣怕白；太平時，王殺王。」

這個卦不難理解，所謂「頭有髮，衣怕白」，說的是太平軍都是解開大辮留長髮，不像清朝人都按滿人習俗，前半個腦袋剃個精光，後面留一條大辮子（太平軍被人稱為「長毛」便是由此而來）；至於「衣怕白」，太平軍的人特別是從廣西出來的那些老戰士一般不穿白衣，也許是楊秀清等燒炭黨人出於職業特徵而忌諱白色。

「太平時，王殺王」，這後面兩句就有意思了。如果是一千多年前就已經有人預測了太平天國會發生「天京事變」，那就不能不說這確是高人寫的一本奇書了。

一八五六年九月初，天京城外秦淮河通往長江的出口處，原本碧綠的江水忽然被染成了血紅色，接著有很多被捆綁的黃衣黃褂的屍體順河漂流，數不勝數，令人震驚。江南大營中圍攻天京的清軍隨後斷定，太平天國一定發生了內訌。

清軍還真猜對了，天京城內果然發生了大事件。這事恐怕還得從江南大營和江北大營說起。太平天國定都南京後不久，清軍就在南京城的東南郊建立了江南大營，一來用作困住天京，二來可以庇護蘇州、常州地區的產糧區；而在揚州城的北郊，清軍又建立了江北大營，以從上游威脅天京，並庇護淮北一帶的產鹽區。此後，這兩個大營就像定時炸彈一樣，時時刻刻威脅著天京的安全。

一八五五年年初，太平天國的北伐軍雖然已經全軍覆沒，但西征軍的形勢進展還算順利，他們第三次攻下武昌，曾國藩也被圍困在南昌孤城，而皖北等地區都落入了太平軍之手。一八五六年初，在東王楊秀清的指揮調度下，太平軍先擊破鎮江城外及揚州之敵，擊潰江北大營；隨後又調回圍困南昌的石達開部隊，最後在石達開周邊作戰並調走清軍主力的掩護下，太平軍猛撲江南大營，一舉將它打破。此戰後，長期與太平軍頑強作戰的清軍主將向榮在戰敗後上吊自盡，天京圍解，天王洪秀全總算出了口心頭惡氣。

但是，巨大勝利的後面卻隱藏著重大的危機，其中最矛盾的是洪秀全與東王楊秀清的關係。按太平天國的宗教理論，天王洪秀全是上帝次子，是上帝派來解救人間的最高代表；而東王楊秀清在舉義前會眾思想動搖的危急時候，和西王蕭朝貴聯手弄了「天父天兄」下凡的把戲，並在事後得到了洪秀全的追認。當然，洪秀全當時也是不得不承認，因為要是揭穿楊秀清把戲的

天王洪秀全和他的天國，在創造輝煌的時候也同樣危機四伏。

話，大家就都露餡了。如果楊秀清、蕭朝貴不是什麼「天父天兄」，那你洪秀全又算什麼上帝的次子呢！

但在太平天國後來的形勢發展中，矛盾很快就暴露出來了。東王楊秀清本應該在天王之下，但他時不時地以「天父」下凡的名義，越過洪秀全直接給太平軍部眾發號施令。客觀地說，東王楊秀清主持了太平天國早期的全面工作，取得的功績有目共睹，而洪天王則大都高高掛起，既有點宗教領袖的味道，也有點像個虛君。在建都天京後，太平天國也仍舊保留了這種二元體制，洪秀全通常都在天王府中深居不出，很少參與具體的軍政事務，一般是醉心於進行宗教活動、寫寫打油詩，享受天王的快活日子。由此，楊秀清權威日盛，日益驕橫，也起了篡位之心。

當時的東王府，窮極奢麗，內有妃妾數百，都是些面容姣好、身材婀娜的江南美女，一點都不遜色於天王府。楊秀清經常晝夜淫佚，還造有龍車放在東王府裡，讓美女侍妾裸體拖曳，以此淫樂。也許是因為楊秀清小時候窮怕了，他發跡後，其排場也就像暴發戶一樣。譬如他出行坐的轎子就需要三十二個人抬，轎子裡還有兩個小童服侍，連轎夫都穿著華麗的衣服，派頭大得很。每次出門，楊秀清的隊伍前必打著繡有青白二巨龍的旗仗，鼓樂齊奏，扈從千人，一副煞有介事的樣子。

楊秀清有自己的一套行政班子，太平天國的早期大政方針都出自東王府，弄到後來大家都惟東王命令是從，洪秀全反而被晾在一邊。楊秀清既然大權在握，他不但視洪秀全如無物，對北王韋昌輝、翼王石達開、秦日綱（後來封的燕王）等老兄弟也是頤指氣使，盛氣淩人。

韋昌輝等人為求自保，只好對楊秀清曲意奉承。據說，楊秀清因縱欲過度，「久乃不能入」，韋昌輝聽說後便十分賣力地為楊秀清四方放榜求醫，以此來討好楊秀清。更有甚者，韋昌輝的哥哥因得罪楊秀清而被五馬分屍，連韋昌輝自己也被楊秀清打過數百大板，以至於站不起來，但當時也只能隱忍不發。

表面上的平靜往往蘊含著更大的危險。自從西王蕭朝貴去見上帝後，太平天國裡只有楊秀清可以合法通神，所以每當楊秀清要表演他那「天父下凡」的固定節目時，大家都非常緊張，一個個跪伏屏息，汗不敢出，生怕東王藉「天父」發怒為名，把自己的小命枉送。就連洪秀全的二哥洪仁達，也曾因小事被楊秀清藉「天父」名義給捆了打殺。而實力派韋昌輝、石達開等人知道楊秀清忌諱他們，更是謹慎有加，心存畏懼。

不要說韋昌輝、石達開這些人，甚至連高貴莊嚴的天王洪秀全，也屢次被楊秀清責罰。據《賊情匯纂》上說，太平軍中男女有別，普通士兵見不到女人，但洪秀全卻妻妾成群，軍中有人憋不住，夜間偷窺了洪天王和妃子們行男女之事，不巧被更衣的妃子發覺，洪天王聽後大怒，下令要將此人綁了殺頭。楊秀清對此很不以為然，於是他「咣當」一聲倒地，搖身一變，再次「天父」下凡訓斥洪秀全：「爾與兄弟打江山，殺人大事，何不與四弟（即楊秀清）商議！此須重罰！」

所謂重罰，就是要打洪秀全屁股。此時洪天王有苦說不出，在這個「下凡的天父」面前，也只能跪下認罰。所幸這時有其他兄弟下跪求情，並說願意替天王受罰，楊秀清這才見好就收，免此一打。

在打破清軍的江南、江北大營後，楊秀清更是野心膨脹，想趁勢迫使洪秀全禪位。關於楊秀清想篡位的故事，版本很多但都是大同小異，一般說楊秀清假稱「天父下凡」，說：「四弟楊秀清如此大的功勞，怎麼才九千歲啊？」洪秀全驚恐之下，慌忙說：「應該是萬歲。」「天父」又說：「那東王世子呢？」洪秀全趕忙說：「也是萬歲，世代都是萬歲！」楊秀清很滿意，說：「我做萬歲，你做萬萬歲！」下面姑且錄清人羅惇曧的《太平天國戰記》裡記載的另一個版本，供參考。

楊秀清在圖謀篡位前，已經做了輿論準備，在科考中故意出了個題目叫「四海之內有東王」，意圖非常明顯。後來楊秀清假裝生病，要洪天王前去探視。洪天王第一次走出自己的天王府，來到東王府後見到楊秀清仰臥在臥室內，旁邊有四個妖豔的美女伺候，床邊既沒有椅子，也沒有凳子，只設了一個小榻給洪天王坐。

洪天王強壓心頭之火，假心假意地寬慰東王好生養病。楊秀清也不理會，故作囈語說：「人家都說天無二日，民無二主，秦時二日相鬥，這是為什麼啊？」洪秀全大驚，趕緊下令讓手下隨員對楊秀清九叩首，三呼東王萬歲。

洪秀全突然的舉動，反倒讓楊秀清一時沒反應過來。本來楊秀清想引誘洪秀全退位，如果不答應的話就動手殺了他。但是洪秀全猝令手下對楊秀清高呼萬歲，反倒讓他無話可說，只好打起呼嚕裝睡了。

洪秀全見楊秀清半天沒有反應，便假稱上廁所，乘著機會跑回了天王府。洪秀全走了後，楊秀清突然睜開眼睛，問左右：「天王去哪了？」左右說上廁所了，楊秀清才沒有繼續裝下去。這幕戲，說起來簡直就是當年鴻門宴的翻版，若按李宗吾老先生的《厚黑學》理論，這楊秀清還是心不夠黑，反應也不夠快，所以做不成大事，註定要被人所殺。

洪天王回到天王府後，怕得全身冷汗直流，立刻下令緊閉宮門，並讓強壯的女兵們加強護衛。隨後，洪秀全連夜寫下血詔，召北王韋昌輝、翼王石達開等人速回天京護駕。

韋昌輝與秦日綱得令後，帶領三千名精兵晝夜兼程，在一個深夜裡趕到了天京城外。當他們到達水西門的時候，守城士兵不給開門，說：「沒有東王的令箭，不能開城門。」韋昌輝聽後大怒：「我是奉了天王的密書，這才星夜趕來，你們膽敢阻攔，不想活了嗎？」

守城士兵一聽是天王，心裡害怕，就把他們給放了進來。韋昌輝也不作片刻停留，立刻拍馬殺奔東王府。在東王府的門口，遭到楊秀清衛士的激烈抵抗，韋昌輝登高大呼：「奉詔討賊，順從的人散去不加罪！」深夜當中，誰也不知道發生了什麼事情，於是衛士們便漸漸被驅散。

控制局面後，韋昌輝帶兵直撲楊秀清的臥室。楊秀清當時本已睡覺，突然被外面的打鬥聲吵醒，聽到外面動靜不對，嚇得趕緊躲在水閣下面，但最後還是被找到並捆了帶走。東王所有的妻妾子女，全部被韋昌輝的親兵殺死，特別是那些身懷有孕的王妃，更是一個不留。

想到自己的親哥哥被楊秀清五馬分屍，韋昌輝睚眥俱裂，喝令手下將楊秀清狠狠捆緊，連夜押去天王府見洪秀全。但洪秀全聽說韋昌輝殺了楊秀清全家，心想這又是一個手段更加毒辣的「楊秀清」，要是把他扶正到楊秀清地位的話，恐怕以後同樣是專橫難制，於是便想赦免楊秀清，以便自己從中操控。

韋昌輝見天王出爾反爾，憤怒得幾欲噴火，命令左右立刻宰殺了楊秀清。天王得知楊秀清被殺後，他非但不褒獎韋昌輝的功勞，反下詔說不要多殺，把自己的責任推得一乾二淨。韋昌輝這下才發現自己是被洪秀全利用了，氣得是一佛升天，二佛出世。由於得不到天王的支持，韋昌輝擔心楊秀清的餘黨會報復，乾脆一不做、二不休，矯詔說前去和楊秀清劃清界限的人都可以赦免，否則就殺無赦。

受此大變，楊秀清的餘黨群龍無首，三千多位原東王的部下在惶恐之下，受騙前去投誠，結果被韋昌輝的精兵一網打盡，殺得遍地血流，隨後韋昌輝又下令關閉城門，全力捉拿楊秀清剩餘的黨羽。在這半個多月裡，天京城內，血雨腥風，近兩萬革命精英，一時被屠殺殆盡。此時的事件，已經演變成「楊秀清篡位未成而韋昌輝叛亂是實」。

翼王石達開聞此大變，急速趕回天京，他見韋昌輝如此濫殺，仗著大家還算是兄弟，於是好言勸導韋昌輝說：「楊秀清謀反篡位，死不足惜。但那些廣西老鄉，大都無罪，你現在不分青紅皂白就把他們都殺了，弄得人人自危，這只能是讓親者痛、仇者快啊。」

韋昌輝聽後非常不爽，他心裡清楚自己殺戮過多，天京人都痛恨自己而盼望石達開來主持工作，於是又想殺了石達開，除去這個政治對手。石達開由於提前獲得了消息，嚇得連家門都沒進，就連夜用繩子爬出城牆逃走。

韋昌輝乾脆一不做，二不休，率兵衝進翼王府，給石達開家來了個滿門抄斬。聞此噩策，石達開奔到安慶召集部屬，隨即發兵殺回天京。韋昌輝聽說石達開大軍將至，驚恐之下就乾脆破罐子破摔，每天都殺人洩憤。

韋昌輝的暴行，終於引起天京剩餘人馬的共憤。在洪秀全的號召下，這些人反攻韋昌輝並將之捉拿。得此消息後，洪秀全在第一時間下令將韋昌輝五馬分屍，並逮捕了同黨燕王秦日綱，將之斬首示眾。隨後，洪秀全將兩人首級派人送到石達開軍中，石達開這才重新回到了天京。據說，韋昌輝的首級被割去給石達開看還不算，其屍體還被寸磔成二寸左右的小塊，並標上「北奸肉，只准看不許取」的字樣，掛在天王府外欄柵示眾！

自此，東南西北四王皆去（西王蕭朝貴和南王馮雲山，在天京定都前便已犧牲）。可惜的是，剩下的這個翼王石達開，他在天京也待不下去。

石達開是個聰明人，平時善於拉攏人心、招攬人才，曾國藩曾說他「兇悍、詭譎」，其智力和志向遠在其他人之上。特別可貴的是，石達開對於洪秀全的那套東西，頗不以為然，顯示了他的思考能力和獨立性。

而洪天王經此大變，心裡也多長了個心眼，對於外人心存畏懼，只相信自己的家族中人。雖然石達開深孚眾望，但洪天王也對他起了疑懼之心，生怕他又成為楊秀清一樣的人物。於是，洪秀全把大權分為兩半，軍權分給李秀成等人，政權則分給了洪秀全的胞兄洪仁發、洪仁達，而正處於巔峰狀態的石達開，反而閒居天京，無所事事。

洪秀全的胞兄洪仁發、洪仁達這兩兄弟，雖然說是宗教迷，但卻喜好貪斂財物，自己無才無能，卻又偏不懂裝懂瞎指揮，還自以為得計，日漸專橫。年輕氣盛的石達開哪裡受得了這兩個野心大、氣量小的活寶。正氣憤間，他手下有個謀士說：「大王既然深得軍心，何必在此受制於人？中原不易拿下，何不挺進四川，做一番當年劉玄德的鼎足之業？」

石達開聽了覺得有道理，便決心離開天京，自立門戶，不再受洪氏兄弟的鳥氣。石達開出走的時候，在沿途城市放榜廣而告之，哭訴了他在天京所受的不公正待遇，以蠱惑更多的老戰士加入他的隊伍。這一招果然有效，一路上太平老戰士從者如雲，跟隨石達開而去的人竟有十萬人之多，狠狠挖了一下太平天國的牆角。

石達開出走的時候，至少帶走了當時太平天國一半的兵力，可謂是太平軍精華，一時俱去。一八五九年，石達開的大軍從江西東部撫州一帶殺入浙江西部金華衢州一帶，隨後又輾轉進入福建，下底後進入贛南。緊接著，石達開又西入湖南，打算向四川進軍。此時的石達開軍隊，已成流寇之勢。

石達開大軍在最鼎盛的時候有二十萬人之多，但進軍到湖南寶慶（今邵陽）的時候，被劉長佑、李續宜的湘軍阻截並遭到重大挫敗。寶慶戰敗後，軍心渙散，很多人紛紛脫隊，石達開隨後率軍南進廣西，到老家兜了一圈。

廣西本就是因為貧窮而首義，石達開的軍隊來廣西後連飯都吃不上，大家都覺得前途渺茫，士氣沮喪。無奈之下，石達開只好在一八六一年率殘部約一萬餘人，再入湖南，取湖南、湖北的邊地進軍，並在次年進入四川東南境。四川天府之國，地險民富，新任四川總督駱秉章聽說石達開進入四川，便急領湘軍先至布防，嚴陣以待。

一八六三年，石達開見四川早有防備，便率軍進入西南貴州一帶。這些地方窮山惡水，地勢險要，石達開屢遭當地苗人勒索，終於在大渡河前，遭當地土司和清軍的夾擊，進退無路，陷於絕境。軍中因糧食耗盡，大家都忍饑挨餓，戰鬥力幾乎喪失殆盡。

無奈之下，石達開自請入駱秉章軍帳之中。駱秉章說：「你來投降的嗎？」石達開說：「我來求死，兼為士卒請命，請你放過那些剩餘將士的性命。」駱秉章說：「好。」最終，石達開被凌遲處死，殘部兩千餘人，包括他的十幾個王妃，也最終被屠戮乾淨。當年英姿勃發的一代翼王，最後卻落得如此下場！

更加戲劇性的是，楊秀清被殺的那一天，後來被洪秀全定為「東王升天節」，不知道這是對楊秀清的平反還是對韋昌輝的嘲諷。君臣內訌，兄弟相殘，太平天國賴以維繫的拜上帝教宗教權威體系，終於被天京事變的血腥屠殺撕下了面紗。事變後，石達開的出走，更是讓太平天國從此「內政不修，人心各別」。軍中當時流傳歌謠說：「天父殺天兄，總歸一場空；打打包裹回家轉，還是做長工。」

曾經轟轟烈烈的一場大革命，可誰又曾想到會是這樣一個淒慘的結果。事實上，歷史上許許多多的革命，何嘗又不是同樣一個結果。如果戰後尚有餘生，這些太平軍老戰士在回首昔日之歲月時也許會感嘆，倘若早知今日，又何必當初？

咸豐之困

朝臣與皇權的制衡隱憂

很多人認為當皇帝是天下第一美差使，但對於歷史上的咸豐皇帝來說，可謂是福沒多享，難沒少受，算得上是一個知名的苦命皇帝。也許是過多的磨難，才讓這位少年天子過早的離開了人世，由此也引發了晚清政局的極大動盪。

一八六一年七月十六日，也就是咸豐十一年的六月初九，這一天是咸豐的三十一歲生日。在這個盛夏的三伏天裡，在折騰了整整一天後，身體已經十分虛弱的病皇帝咸豐終於在晚上大戲開唱後支撐不住了，本是戲迷的他，丟下大臣們，獨自回宮。

過完三十一歲萬壽節的咸豐，在生日後臥病不起。咸豐十一年七月十六日的下午，咸豐突然昏厥，值日的大臣們都預感情況不妙，當晚誰也不敢回家，都在行宮外靜靜地等待，並暗自揣測著今後的政局變化。

當晚的子初三刻（即晚上十一點四十五分左右），咸豐甦醒過來，他看起來還算神智清楚，但這只是臨死前的迴光返照而已。隨後，咸豐用微弱的聲音傳諭，將宗人府宗令、御前大臣、軍機大臣等召入寢宮，他要在他最後的時間裡履行最後一項職責，那就是為大清王朝解決皇位繼承人和未來大政安排的問題。

這個問題，咸豐想了很久，但他當時已經沒有力氣去跟大臣們解釋，甚至連拿筆的力氣都沒有。咸豐的遺囑遺命，就只能口述，命在場大臣們代筆書寫。

趁著清醒，咸豐用最簡潔的語言口述了兩道諭旨。第一道諭旨是：「咸豐十一年七月十六日，奉朱諭：皇長子載淳，著立為皇太子。特諭」；第二道諭旨是：「咸豐十一年七月十六日，奉朱諭：皇長子載淳，現立為皇太子，著派載垣、端華、景壽、肅順、穆蔭、匡源、杜翰、焦祐瀛，盡心輔弼，贊襄一切政務。特諭」。

「咸豐十一年七月十六日，奉朱諭」這句，其實是大臣代寫時添加的，咸豐真正口述的是「皇長子載淳，著立為皇太子」和「著派載垣、端華、景壽、肅順、穆蔭、匡源、杜翰、焦祐瀛，盡心輔弼，贊襄一切政務」這兩道有實質性的諭旨。這兩句話極為簡單明確，足見當時情況的緊迫倉猝。

咸豐十一年七月十七日（一八六一年八月二十二日）卯時（即早五點至七點之間），在熱河避暑山莊的煙波致爽殿西暖閣中，咸豐駕崩，苦命天子終於走完了他短暫的一生。

咸豐崩逝後，載垣等贊襄政務八大臣頒發咸豐遺詔，並為小皇帝載淳擬定了「祺祥」的新年號。「祺祥」二字，出自《宋史・樂志》：「不涸不童，誕降祺祥」。所謂「不涸」，即河流通暢；「不童」，即草木繁盛。「不涸不童，誕降祺祥」，呈現的是「欣欣向榮、吉祥如意」的景象，這個年號應該說是不錯的。

至此，皇帝駕崩後的亂象重新歸於平靜，大清帝國似乎又重新走上了正軌：皇位已經平穩地交接到小皇帝載淳手中，符合正統，世人無議；大行皇帝咸豐臨終授命的八大臣，載垣、端華、肅順等人也走馬上任，繼續維持著朝政的正常運轉。

早在咸豐避走熱河的時候，民間就傳聞大清皇帝快不行了，隨時可能病死，而咸豐在熱河過完春節後久不回鑾更是證明了這點。咸豐對此何嘗不是心知肚明，但他認為自己還年輕，怎麼也沒有想到竟然會走得那麼快。說真的，他心有不甘啊。

和康乾盛世人口劇增相反的是，愛新覺羅皇族的子嗣卻一直在遞減。清軍入關後，順治雖然只活了二十四歲，但卻有八子六女；康熙是清朝皇帝裡子嗣最多的，有三十五子二十女；雍正有十六子八女；嘉慶有五子九女；道光有九子（其中前三子夭亡）十女；而到了咸豐這，只有二子（其中次子夭折）一女（之後同治、光緒和宣統，這最後三個皇帝在已經成年的情況下，竟然都沒有一個子女）。

對於皇位繼承人的問題，這基本不用考慮，因為咸豐當時只有一子，也就是慈禧生下的載淳（即後來的同治皇帝）。如此一來，自雍正朝設立的祕密建儲已經沒有實施的必要和可能性，咸豐不能像他的祖父嘉慶那樣從容挑選皇儲，也沒有了父親道光當年立儲時的左右為難，因為他根本就沒有其他選擇。咸豐死時三十一歲卻子嗣不旺，這或許預示了大清帝國已經走上了窮途末路。

咸豐要考慮的主要問題的是，兒子載淳當時只有六歲，顯然要到至少十年以後才能親政。在這未來

慈禧太后最早的一張畫像（30歲左右）。

的十年中，如何才能保證大清皇權牢牢掌握在自己兒子手中，而不旁落他人呢？

為此，咸豐在臨終前的數十天裡反覆思索，左右掂量，他將朝中的主要政治力量在自己的腦海中過了一遍又一遍，輾轉反側，徹夜無眠，一時間難以拿定主意。

咸豐首先想到的是自己的六弟奕訢，他從小和咸豐一起長大，一起讀書，一起玩耍，曾經是親密無間的兄弟，但是，咸豐做了皇帝而奕訢最終只是封了親王。咸豐知道，自己這個弟弟是有能力的，而且能力甚至遠超過自己，如果讓他以皇叔的名義來給小皇帝輔政，固然名正言順，足以讓大清帝國危木獨撐，渡過難關，但是……。

這時，咸豐又想起了先朝的故事。清朝的第二代皇帝皇太極死後，順治年幼繼位，皇叔多爾袞成為攝政王後大權獨攬，妄稱「皇父」，要不是孝莊太后在背後暗中操控，委曲求全，這順治的江山險些就成了多爾袞子孫的家產。三歲看大五歲看老，咸豐心裡清楚，自己的這個兒子自小就喜好玩樂，即使他不是劉阿斗，但也絕沒有成為康熙的可能。如果把輔政權交給奕訢，能放心嗎？

在咸豐病重之時，奕訢正在北京主持和局，當他聽說咸豐的身體越來越壞並多次吐血之後，奕訢也是心急火燎，多次上奏請求前往熱河向咸豐「問疾請安」。奕訢之所以急於前往熱河，固然是出於兄弟間的手足之情，但也不乏對未來政局安排的關注。奕訢也知道，咸豐的日子可能真的不多了，他也希望能夠趕在咸豐去世前面見兄長，將之前兄弟之間的疙瘩解開，免得留下終身遺憾。

看了奕訢的奏摺後，咸豐何嘗不是百感交集。他想起了和奕訢一起度過的年少時光，又想起了當年競爭皇儲的尷尬和自己即位後兄弟間的猜疑和抵牾。想到這裡，咸豐搖了搖頭，將奕訢否決了。他強掙著坐起身，親筆給奕訢回信：「自從去年秋天一別後，轉瞬已是半年有餘，我也時時刻刻都想與你『握手而談，稍慰廑念』。但是，最近我的身體實在是不行，經常咳嗽不止，有時還出紅痰（痰中含血）。我怕與你相見後，回思往事，徒增傷感，豈能無感於懷，對我的病實在無甚好處。現在也沒有什麼事情必須要來熱河稟報，你姑且在京中好好辦事，等我病好回鑾後再敘兄弟之情。」

從「徒增傷感」四個字中，似乎可以看出咸豐當時心境的淒涼。或許，要強的咸豐不願意看到自己的親弟弟、昔日的競爭者看到自己臨終時的衰狀。畢竟，在皇位競爭中，咸豐是勝利者，但老天爺又是那麼公平，身為皇帝的他天年不永，將不久於人世，而「落榜的皇帝」奕訢卻仍舊身體健康，可以安享歲月。

兄弟的關心讓咸豐感動，但未來權力的安排卻必須讓奕訢走開，因為此時咸豐已經選定了未來的輔政人選，那就是以怡親王載垣、鄭親王端華、戶部尚書肅順等人為首的八大臣班子。這一批人深受咸豐的寵信，但他們和奕訢卻是政見不合，一旦讓奕訢介入，不但不利於政局的穩定，反會產生拖累的作用。

排除皇族宗親、任用外姓作為輔政大臣，這在清朝歷史上是有先例的。在順治死後，鑒於多爾袞擅權的教訓，孝莊太后任命了索尼、蘇克薩哈、遏必隆、鼇拜四人為輔政大臣，以免皇族宗親竊取大權。但是，在康熙年幼之時，鼇拜也同樣飛揚跋扈、專橫擅權，要不是少年康熙英明神武、力擒鼇拜的話，清朝的江山恐怕也是岌岌可危。

歷史的教訓必須吸取，在排除了威脅最大的恭親王奕訢後，咸豐將康熙年間的四大臣輔政的人數增加一倍，變成八大臣輔政，但這個安排是否能真的保證皇權的安全呢？對於這個問題，咸豐又做了一個巧妙的安排，那就是鈐印制度。

所謂「鈐印制度」，那就是咸豐在臨終之時，將自己平時最喜愛的兩枚私印，一枚「禦賞」，一枚「同道堂」，分別授予皇后鈕祜祿氏和兒子載淳，作為皇權的象徵（因載淳年幼，慈禧也就順理成章地代理了鈐印之責）。鈐印制度規定，在皇帝年幼尚不能親政時，凡是以皇帝名義下達的諭旨，在起首之處必須鈐蓋「禦賞」，即所謂的「印起」；諭旨的結尾之處，必須鈐蓋「同道堂」印，即所謂的「印訖」，這樣的諭旨才有效。沒有鈐加了這兩枚印章的諭旨，一律無效。

咸豐的八大臣輔政和鈐印制度安排，使得朝政的運作形成了兩宮太后代政和八大臣輔政的平行體制。在咸豐的設想中，八大臣輔政可以發揮這八位顧命大臣的政治經驗與集體智慧，又可以讓他們相互監督和牽制；在此之上，兩宮太后代政制度可以讓皇后和載淳（實際上是慈禧）利用鈐印制度對八大臣進行防範，而兩宮太后又不必參與日常的政務處理和軍國大事決策。

智者千慮，必有一失。咸豐帝臨終時精心設計的權力分配方案，其實是想通過多方牽制達到權力的制衡，以確保皇權不會旁落。不過，這個安排看似巧妙均衡，毫無紕漏，但他忽略了其中的一個重要矛盾，那就是平行體制中的合作問題，這權力的執行者（八大臣）和皇權的象徵（兩宮太后）能否在未來的朝政中通力合作呢？

所謂的輔政「八大臣」，指的是怡親王載垣、鄭親王端華、戶部尚書肅順，還有額駙（即駙馬）景壽、軍機大臣穆蔭、匡源、杜翰、焦祐瀛這八個主要大臣。就當時情形而言，載垣、端華、景壽、肅順四人為皇室遠支宗親；載垣、端華是兩朝老臣，兩人既是道光臨終時的顧命大臣，又有輔弼咸豐之功；景壽為道光帝的六額駙；穆蔭、匡源、杜翰、焦祐瀛四人本為軍機大臣，這個安排倒也還算正常。

在八大臣中，載垣的地位最高，其祖上是康熙的十三阿哥胤祥。胤祥在雍正朝最得信任，因而被命為世襲罔替的「鐵帽子王」，載垣便是胤祥的五世孫。道光五年（一八二五年）載垣世襲怡親王後，受到道光的重視並在其去世的時候被任命為顧命大臣；在咸豐朝的時候，載垣同樣是位高權重，並繼續得到咸豐的重用。不過，咸豐在熱河龍馭上賓的時候，載垣已經年老，八大臣雖然以他為尊，但具體的籌畫反以當時年富力強的肅順為核心。

說到肅順，歷史上關於他的傳聞不可謂不多，不過大都是汙蔑中傷之辭。有野史說，肅順本是宗室出身，但到他這輩已經家世中落。肅順年輕時身材魁梧、相貌堂堂，但成天無所事事，經常在街上遛狗鬥雞，一副無賴相。有一天，肅順的宗室郎中墨裕在街上遇到肅順，見他盤辮反披羊皮褂（沒錢買好衣服，只好反穿羊皮褂暖和點），牽著狗在街頭閒逛。因為宗室關係，墨裕有時候還會接濟接濟他，看了肅順這個樣子就問：「你這個樣子，自視為何等人啊？」肅順大大咧咧地說：「亡賴耳。」墨裕很生氣，問：「做亡賴光榮嗎？」肅順答到：「因亡所賴，斯亡賴耳。」（既然無所依賴，就只好做無賴了！）墨裕聽了，後來想辦法以閒散宗室的名義，給肅順弄了小官做做，誰知肅順在官場裡如魚得水，一發而不可收拾，遠勝於墨裕。

事實上，肅順是滿洲鑲藍旗人（和慈禧同屬一旗）。他出生於一八一六年，乃鄭親王烏爾棍恭阿的第六子，家族一直是宗室貴族，世襲罔替的八大「鐵帽子王」之一，鄭親王端華便是其兄長。肅順這個人能力強，個性也張揚。歷任過御前大臣、總管內務府大臣、戶部尚書、協辦大學士等職，深為咸豐所信用。在朝廷中，肅順與其兄鄭親王端華相互倚重，煊赫一時。

有意思的是，肅順的得勢正好與恭親王奕訢的失勢是相對應的，奕訢失意之日，也是肅順得勢之時。應該說，奕訢和肅順都是那種有能力的人，但兩人的矛盾也很深。譬如在對外事務中，肅順是強硬派，奕訢是主和派，兩人的政見正好相左。一八五七年英法聯軍入侵廣州時，肅順和奕訢在咸豐面前相爭，奕訢主和，肅順主戰，兩人哄於御前而不能決。一八五九年，肅順在與俄使北京談判中，將未經批准互換的《璦琿條約》文本擲於桌上，斥之為「一紙空文，毫無意義」。

不過話說回來，肅順也的確是塊做官的料。他雖然年輕時讀書不多，但他的記憶力很強，只要和人見過一面，終身都記得別人的形體相貌；辦理一件事情後，過上幾年都還記得裡面的內容詞句。有人曾這麼總結他的能力，說他「才淺而遠見、學疏而有識」，博聞強記，行事果斷，可惜的是，太喜歡擁權專權了。值得稱道的是，在國內戰亂頻頻的時候，肅順力主平等看待滿漢並重用漢人，當時鎮壓太平軍的清軍主將如胡林翼、曾國藩、左宗棠等人，肅順就在朝廷中給了他們很大的幫助。

載垣、端華、肅順等人在北京的時候，便受到咸豐的倚重，在隨同北走熱河後，這些人更是深得咸豐的專寵信賴。特別是肅順，咸豐命他以戶部尚書兼協辦大學士的名義佩管內務府印信鑰匙，並署領侍衛內大臣，負責熱河行宮的一切事宜。換句話說，肅順不但參與了當時所有的軍國大事，就連皇家事務也歸他管，儼然就是熱河行宮的全權大總管。

咸豐最終選中肅順等人為年幼的皇帝輔政，原因無外乎有三：一、肅順等人和咸豐的政見相似，他們在對內和對外問題上基本保持一致，譬如對內主張使用漢臣並重用湘軍等，在對外問題上，他們則思想保守，偏於強硬，不善於外交；二、咸豐認為肅順等人辦事果斷，不講情面，以他們的能力和智慧，可以保證大清朝政的正常運轉並鎮壓太平軍起義等；三、肅順等人雖然位高權重，但從血統上來說，他們或是遠支宗親，或者和皇室根本沒有關係，也就是說，這些人即使掌握大權，他們也不可能對小皇帝構成重大威脅。

以上也就是咸豐最終放棄自己的弟弟恭親王奕訢而選用載垣、肅順等人輔政的原因了。咸豐或許認為，如果將奕訢拉進輔政班底的話，不但會危及皇權，而且會因為兩派政見相左而內耗不休，結果反使得朝綱紊亂，大清王朝更加岌岌可危。

咸豐到熱河後，由於身體虛弱，對肅順最為重視。由於頻繁召見，咸豐甚至允許肅順平時身穿便服，並可隨意出入行宮（因為他是大總管嘛）。到後來，肅順竟然發展到連嬪妃也不迴避的地步，這把宮內的一些人給惹怒了。

作為內宮之主的皇后鈕祜祿氏，對肅順隨意出入行宮的舉動極為不滿，因為這不但有違後宮嚴禁外臣擅入的祖制，也有違男女之別的傳統道德與禮制。但是，鈕祜祿氏為人平和善良，倒也沒有將不滿過分地表達，但另一個人就不一樣了，她就是慈禧。

慈禧和肅順的矛盾由來已久，早在北京的時候，肅順就對咸豐讓慈禧批答奏章、干涉朝政表示過不滿，想必慈禧也有所耳聞。在咸豐一行人逃亡熱河的途中，由於沿途準備不足，慈禧當時乘坐的是一輛狀況非常差的車，她受不了路上的顛簸，只好三次向肅順屈尊「泣求」換輛好點的車。但逃亡途中，山高路遠，肅順一時也找不到好車，被逼得急了，就不耐煩地喝斥慈禧說：「皇帝都要吃苦，妳又有什麼資格要這要那？」這種話很傷人，慈禧由此懷恨在心，而肅順卻不以為意。

到了熱河後，生活條件遠不能和北京的皇宮相比，作為行宮大總管的肅順，對後宮的生活照顧不周，「供應極薄」，包括慈安和慈禧在內的後妃們對肅順都頗為怨恨。更氣人的是，慈禧有一次向咸豐提議將「看席」撤去（皇帝用餐，只看不吃的一桌宴席謂之為「看席」），以縮減開支，但這個合理化建議遭到肅順的反對，理由是非常時期更要保持皇帝的尊嚴並顯示政治的穩定，撤去「看席」容易引起外人的猜疑惶駭，引起局勢的動盪。聯想起宮內的待遇和之前的恩怨，慈禧豈能不怒火中燒？

七月十七日，也就是咸豐崩逝的當天，管理後宮事務的敬事房傳旨，將「皇后」（鈕祜祿氏）改寫成「皇太后」，「皇太子」（載淳）寫成「皇上」，並傳知皇太后（即鈕祜祿氏）、皇考琳貴太妃、肅中堂（肅順）、皇上至靈前奠酒。

這個聖旨寫得有點意思，按常理，大行皇帝駕崩後，皇太子立為新皇上，皇后成為皇太后，這都好理解，關鍵是載淳並非皇后所出，他的生母也就是慈禧（當時是懿貴妃）的名號該怎麼變的問題。

在明代以前，老皇帝死後，新繼位的皇帝按例尊封皇后為皇太后，但要是新繼位的皇帝並非皇后嫡生而是其他嬪妃庶出的話，那麼新皇帝的生母只能晉封為太妃而不能並尊為太后。不過，庶出的明神宗朱翊鈞繼位後，首輔張居正為了討得新皇帝及其生母的歡心，尊原皇后為「仁聖皇太后」，尊朱翊鈞的生母李貴妃為「慈聖皇太后」，由此開了兩宮並尊之先例。

清朝的制度加強了兩宮並尊的制度，原因是清朝皇帝大都不是皇后嫡出。由此，按照清制規定，嗣皇帝繼位後，其生身母親無論是否還健在，都是要尊封為皇太后。譬如清康熙帝繼位後，尊原皇后為「仁憲皇太后」，而自己的生母則尊為「慈和皇太后」；雍正帝繼位後也同樣尊自己的生母德妃烏雅氏為皇太后。

因此，在尊奉皇后鈕鈷祿氏為皇太后的同時，本應該同樣尊奉載淳的生母懿貴妃（即慈禧）為皇太后，這才符合祖制，但作為當時熱河總負責人的肅順等人卻沒有這樣做，他們直到第二天才宣布尊奉懿貴妃為皇太后，這到底是工作的疏漏呢，還是有意對懿貴妃稍加貶抑，以示身分差別，這就不好說了。

由此，咸豐設計的這個權力平衡的八大臣輔政體制從一開始便陷入了危機，這也為隨後的「辛酉政變」埋下了伏筆。

發動政變

辛酉年八大臣與兩宮太后的勝負之分

一八六一年六月，在咸豐去世後的那個晚上，二十六歲的懿貴妃抱著年僅六歲的小皇帝載淳獨坐宮中，孤兒寡母，正暗自落淚。懿貴妃的傷心，一來是因為丈夫過早地離世，丟下她們母子孤苦無助；二來也因為熱河的當權派們對她的不公正待遇，她不僅沒有與皇后一起被尊奉為皇太后，連去咸豐的靈前奠酒的資格都沒有。

慈禧心裡清楚，肅順等人看不起她們後宮的這些女人，而自己之前又與肅順發生過矛盾。看來，肅順等人這樣做是有意而為之，目的就是要警告她，別以為自己是皇帝的生母就可以接近權柄，更別想恃皇帝生母的地位進行要脅，甭說懿貴妃的身分地位和皇上差了一大截，就連皇后的地位也是不能相提並論的。

想到這裡，慈禧不免感到一絲驚恐，儘管在咸豐帝彌留之際，她抱著兒子載淳來回出現在皇帝面前並試圖引起咸豐的注意，但咸豐最終沒有對她的地位作出明確的安排，而是將大權交給了肅順等人。咸豐在的時候，肅順等人固然不會對她不利，但現在咸豐不在了，載淳又這麼小，肅順等人會不會侵奪小皇帝的權力甚至對自己下毒手呢？

按理說，自己的兒子載淳繼位做了大清的皇帝，慈禧至少應該感到一絲寬慰才對，畢竟，這普天之下，漫漫長河，有幾個女人能有這份幸運？但是，身處熱河行宮的慈禧環顧四周，卻一點都高興不起來。

慈禧發現，偌大的熱河，幾乎都是肅順等人的勢力，而自己的身邊竟然找不到可以依靠的人。從血緣關係來看，醇郡王奕譞是最親近的，他是咸豐的七弟、小皇帝的親叔叔，而且還是自己的親妹夫，在親情利害關係等方面都是絕對可靠的，但奕譞當時只有二十歲，涉世未深，難以倚靠。五弟惇親王奕誴雖然也是小皇帝的親叔叔，但這個人性格魯莽，又是個大嘴巴，當時還與肅順等人有一定的交往，如果找他商量事情，一不小心就會洩漏到肅順那裡去。

思來想去，慈禧覺得還是先要依靠皇后鈕鈷祿氏（此時已是皇太后）。鈕鈷祿氏為人寬厚賢淑，她對於政治與權力這種事情既不感興趣，也缺乏類似的歷練，而且她當時比慈禧還小一歲。但是，鈕鈷祿氏作為中宮之主，至少在名分上享有至高無上的地位和權威，於是慈禧決定將肅順等人陰謀擅權的利害關係跟鈕鈷祿氏分析清楚，爭取說服鈕鈷祿氏站在自己的一邊。

咸豐死後，鈕祜祿氏本來覺得肅順等八大臣贊襄政務的安排並無不妥之處，而且她也不想去參與外朝的事務，只想安安靜靜地在後宮過她的太后生活。不料經過慈禧的一番哭訴煽惑後，鈕鈷祿氏隨之想起了在咸豐病重之時，肅順等人隨意進出行宮的舊事。女人最理解女人，於是她很快認可了慈禧的看法，認為肅順等人一貫對後宮輕蔑有加，確有不臣之心，特別是慈禧在她面前控訴肅順將自己的名字放在小皇帝的面前，如此以往，必將危及皇權的時候，鈕鈷祿氏立刻激動了起來，她作為正宮皇太后，絕不能使得祖宗的江山在自己的手裡斷送，不然日後何以面對先帝？

由此，鈕鈷祿氏意識到，保住小皇帝載淳的權力，也就是保住自己的地位；而要確保小皇帝的權力，她就必須和慈禧聯合起來，確保最高權力掌握在自己與慈禧的手中，防止肅順等人擅權，必要時，兩宮太后實行同時垂簾聽政，防止大權旁落。

事情的發展果然像慈禧預想的那樣，咸豐帝歸天後的第三天，鈕鈷祿氏和慈禧共同召見了八位輔政大臣，商議有關諭旨擬定發布、疏章批閱及官吏任免等事情的處理方法，說白了，也就是朝政大權誰掌握的問題。

兩派的交鋒開始了。八大臣早有準備，肅順不慌不忙地拿出早已寫好的條陳說：「諭旨由大臣擬訂，太后只管蓋印，不必改動。」

如此看來，八大臣只把兩個太后當成蓋章的機器，具體事情不必過問，也沒有任何的實權，兩個女人都被氣壞了。鈕鈷祿氏這下明白，慈禧的擔憂完全是正確的，八大臣確實沒有把她們放在眼裡，如果這個事情讓步的話，後果不堪設想。

為此，在慈禧的支持下，不識漢字、平時見大臣「訥訥如無語者」的鈕鈷祿氏這次鐵下心來，一改往日「遇事無主見」的作風，與肅順等人針鋒相對，毫不相讓，倒有點「大事不糊塗」的味道了。當然，不善表達的鈕鈷祿氏還是主要依靠慈禧去爭辯，而她則充當了慈禧的堅強後盾。畢竟，要是八大臣今天敢藐視皇權，那明天他們眼裡還有皇太后和皇帝嗎？

八大臣沒想到兩個女人竟然如此頑固，雙方僵持爭執了四天之久，也沒見她們有絲毫的軟弱和退縮。這下反倒是八大臣先退讓妥協了，他們最後商定，文武大臣的奏摺疏章須由八大臣進呈兩宮太后閱覽；諭旨須由兩宮太后認可鈐印後方可頒發；朝廷各部尚書、侍郎及各省的總督、巡撫的任用名單由八大臣提出，最後由兩宮太后裁定；其他官員的任用由八大臣提出候選人名單後抽籤決定，並經兩宮太后認可後方可任命。

由此，兩宮太后雖然不參與具體朝政的討論和處理，但至少爭取到了各朝政大事的最後決定權，儘管這可能只是象徵性的。

有人說，肅順等人之所以作出如此大的退讓，原因是他們認為兩宮太後身處後宮，旁無依恃，不可能真的和他們爭權，這才會以退為進，作此緩兵之計。但是，肅順等人太大意了，他們的這個讓步終將讓他們嘗到苦果。這兩位年輕的小寡婦，特別是慈禧，也不是那麼容易對付的。事實很簡單，鈕鈷祿氏與慈禧兩個人並不是普通的女人，她們是小皇帝的母后，代表著至高無上、神聖不可侵犯的皇權。從歷史上來看，除了那些掌握了實際軍權的權臣可以無視皇權，將皇帝玩弄於股掌之間外，其他人在不具備實力的情況下挑戰皇權，沒有一個會有好下場。說到底，肅順等人終究是臣子，和皇太后對著幹，他們還沒那麼大的膽。

這一次鬥爭很關鍵，鈕鈷祿氏和慈禧先發制人，雖然不能說取得了最終勝利，但她們至少就此站穩了腳跟，具備了與八大臣鬥爭的合法地位與權力資本。但是，慈禧還不滿意，因為熱河是肅順等人的天下，還無法預料後面會發生什麼事情。在這危急時候，她忽然想到了一個人，那就是小叔恭親王奕訢！

咸豐病逝的各種消息傳到北京後，奕訢既傷心，又鬱悶，另外還夾帶著莫名的委屈和一股無名火起。作為咸豐最親的弟弟，他既對咸豐命八大臣輔政的遺詔表示十二分的懷疑，又對自己的地位安排感到憤憤不平，他認為這不是咸豐的本意而是八大臣利用熱河的變亂有意篡改了咸豐的遺詔。

八大臣在處理咸豐喪儀上的問題，更是證明了奕訢的猜疑。就在咸豐帝崩逝的當天，八大臣起草諭旨，成立了大行皇帝的「治喪委員會」，其中包括了「睿親王仁壽、豫親王義道、恭親王奕訢、醇郡王奕譞、大學士周祖培、協辦大學士肅順、尚書全慶、陳孚恩、綿森及侍郎杜翰」。

「治喪委員會」的名單不是權力分配表，其成員也只是按照與咸豐的親疏關係及朝中地位而定。名單倒沒有什麼不妥之處，但問題是，八大臣在諭旨中僅命陳孚恩自北京火速趕往熱河，而恭親王奕訢卻被命留在北京辦事，無須前往熱河。這一揚一抑，親疏立見，八大臣的用意，奕訢豈能不知？

恭親王奕訢，他是辛酉政變的主角，卻不是政變後的最大獲益者。

此時的奕訢，回想近年來的種種不公，不免也對兄長咸豐頗為怨憤。奕訢心想，在皇兄北走熱河後，自己留在北京和洋人周旋並費盡心機將洋人弄走後，多次奏請皇兄回鑾而不准，請求赴熱河探視疾病又不允。現在倒好，咸豐這一撒手，八大臣輔政也沒有自己的份，這於情於理，都說不過去啊？難道自己的親弟弟還不如遠支宗親載垣、肅順等人可信嗎？難道穆蔭、匡源等外姓人還比自己的親兄弟可靠嗎？

想到這裡，奕訢的一腔無名怒火頓時燒向了肅順等人，正是這些弄權的小人有意在皇兄面前中傷毀謗，這才會使得自己被日益疏遠，而這些人為了把持朝政，還故意多次阻撓咸豐回鑾北京，現在皇兄病死，這些人竟然不准自己前去奔喪哭奠，真是家奴翻天，豈有此理！

恰在這時，慈禧的密使也到了，皇嫂指示小叔子立刻前往熱河，化解危局。奕訢得此資訊後，就像吃了顆定心丸——這自家人的江山，豈能讓外人染指？

七月二十六日，恭親王懷著複雜的心情踏上了前往熱河的行程。一路上他晝夜兼程，馬不停蹄，在經過四天的跋涉後，終於在八月初一的清晨抵達熱河行宮。奕訢到達的時候，正好趕上咸豐的「二七」殷奠禮，行宮內香煙嫋嫋，哀樂齊鳴，此情此景，奕訢豈能不感傷於懷！他帶著滿身的塵土，半是勞累半是傷心地撲到咸豐的梓宮靈柩之前，伏地大哭，聲徹殿陛。

說真的，從咸豐崩逝後，還沒有誰像奕訢這麼悲痛過，即使是八大臣和兩宮太后，也沒有這樣傷心過。奕訢的痛哭哀號，讓在場的人都眼圈一紅，被感動得陪同流淚。

奕訢的痛哭，情感複雜，可謂半是傷心半委屈。傷心的是，自己雖然和兄長有過芥蒂矛盾，但畢竟是一起長大的手足，誰料到去年一別，便已成永生。想起自己的哥哥自打當上皇上，何曾過上一天舒心的日子，如今斯人已去，人隔陰陽，兄弟間的這點齟齬疙瘩又算得了什麼呢？

奕訢的傷心大哭，也有一半是為自己而哭。他回想往事，雖然自己有些事情做得過分，但皇兄何以如此糊塗，竟然會將大權交給遠支宗親和異姓外人，反而對自己的親兄弟大加猜疑呢？何況這皇位是父皇留下的，本來自己也不是沒有機會，既然皇兄做了皇上，自己也已經認命，何以還是不加信任呢？何況自己留在北京和洋人周旋，如今洋兵已退，自己沒有功勞也有苦勞，憑什麼將自己排斥在權力之外呢？

想到這裡，奕訢是越哭越傷心，覺得自己實在是太窩囊、太委屈、太鬱悶了，本來是出於禮儀性的一哭，變成了發自肺腑、痛徹心扉的嚎啕大哭。

奕訢哭奠的消息很快傳到內宮，兩宮太后得知小叔子奕訢已經趕到熱河後，心裡的一塊石頭總算落了地。特別是慈禧，當她聽說奕訢已到後，心中謀劃了很久的計畫也開始逐漸清晰，並打算聯合奕訢之力開展實施了。

但是，儘管兩宮太后以「探問北京情況」為由召見奕訢，但這個謀劃已久的「叔嫂會」還是頗費了一番周折。在聽說兩宮太后要召見奕訢後，肅順等人立刻警覺了起來，隨即出面加以阻攔，特別是軍機大臣杜翰（即咸豐帝的師傅杜受田之子），甚至公開跳出來指責說：「先帝剛死，皇太后居喪，叔嫂應當避嫌，這時不適合召見親王。」肅順聽後，哈哈大笑並鼓掌稱讚說：「說得好，真不愧杜文正公（杜受田）之子矣！」

肅順等人的話含譏帶諷，理由也冠冕堂皇。可不是？這皇帝剛死，兩個寡婦嫂嫂和年齡相仿的小叔（時年三十歲）怎麼能在後宮相見呢？畢竟男女有別，這叔嫂相見，瓜田李下的，傳出去可不好聽。再說，咸豐皇帝剛剛歸天，兩宮太后應當在宮內深居簡出，持哀守節，這才符合禮儀之道。

在這種情況之下，奕訢也不好接招，好在兩宮太后並不知道外面發生什麼事情了，她們見奕訢遲遲不到，便連派太監幾次出來催促，態度非常堅決。這下奕訢和肅順等人也都為難了，去見有違禮儀，但不去見的話又違旨，這該如何是好？

奕訢不敢自主，只好跟鄭親王端華說：「兩宮皇太后催得緊，看來不去不行。既然你們說年輕叔嫂不宜在後宮單獨相見，那請鄭親王與我一起進見兩宮太后如何？」端華沒想到奕訢這麼狡猾，竟然把皮球踢給了自己，弄得他反而不知如何是好，只好向肅順使眼色，讓他來做決定。

一向精明的肅順一時間也有點懵頭：「這讓奕訢單獨進見吧，還真有點不放心；但要我等陪同進見，這兩宮太后又沒說要見外臣。」左右為難之下，肅順只得皮笑肉不笑地說：「老六，你和兩宮太后是叔嫂，我們陪同進見算怎麼回事啊，你還是自己去吧！」因此，奕訢得以一人單獨進見。

據記載，這次召見的談話時間大概有近兩個小時，奕訢與兩宮太后究竟說了，又商議了什麼，由於缺乏史料記載，目前尚不得而知。不過，可以想像的是，兩宮太后一定向小叔子哭訴了八大臣的侮慢和跋扈，特別是載垣、端華和肅順三人，更是不把她們母子放在眼裡。隨後，話題毫無疑問地轉移到如何扳倒八大臣、重新奪回權力上去。

對於這個結果，奕訢在來熱河的路上早已料到。他這次來熱河的主要目的，也就是探究一下兩宮太后對八大臣輔政的看法。如果兩宮太后對此並無意見，那他雖然含怨不服，但也只能暫時偃旗息鼓；要是兩宮太后對八大臣輔政不滿，那就必定要與他結盟，共同對付八大臣。所幸的是，事態的發展是向著他所希望的那個方向發展。

在兩宮太后召見奕訢後，熱河的氣氛開始變得緊張了起來。在肅順等人宴請奕訢的時候，酒至半酣，一貫冒冒失失的惇親王奕誴（奕訢的五哥）喝得醉醺醺的，突然提起肅順的辮子，指著奕訢說：「人家要殺你哪！」一語既出，舉座皆驚。肅順驚慌之下，竟然低著頭，尷尬地說：「請殺，請殺！」

要說起來，這事看來也並非是空穴來風。畢竟，在當時的專制社會中，名分天註定，這外臣在神聖皇權面前，終究是矮了半截。

奕訢在熱河的祕密活動，不免引起肅順等人的注意和不滿，於是他們竟然主動向兩宮太后暗示，奕訢何時可以回京。兩宮太后這時也想再見奕訢一次，於是便傳下旨意讓奕訢請安後回京。肅順等人見兩宮太后要打發奕訢回去，自然是求之不得，因而對這次會見沒有絲毫地懷疑和阻攔。

第二天，奕訢利用請訓回京的機會再次見到了兩宮太后，在這次會見中，奕訢將這幾天蒐集的資訊並加上自己的分析判斷，為兩宮太后做了一次詳細的報告。奕訢提出，肅順等人在熱河一手遮天，當務之急就是早日回鑾北京，以擺脫肅順等人的控制，如果要對肅順等人下手，必須回到北京後再做打算。奕訢提醒兩宮太后，在這個非常時期，一定要保持克制，冷靜冷靜再冷靜，切不可魯莽行事，小不忍則亂大謀，一切等回京再說。

在奕訢離開了熱河後，肅順這些「熱河派」頓時感到輕鬆了不少。這時的熱河，看似平靜，但平靜的下面，卻隨時都可能掀起滔天巨浪。早在奕訢回京之前，兩宮太后與肅順等人發生矛盾的資訊已經通過各種管道傳到了北京，在奕訢的授意下，「北京派」的重要人物、內閣大學士周祖培首先採取了行動。周祖培是三朝老臣，名望甚高，但和肅順的矛盾極深。

在得知了慈禧和奕訢的用意後，周祖培決定要抓住這次機會，將肅順等人扳倒。他首先授意自己的得意門生，時任山東道監察禦使的董元醇寫一篇《奏請皇太后權理朝政並另簡親王輔政》的奏摺，吹響了政變的第一聲號角。

董元醇在奏摺中提出兩點極為重要的建議：一是皇帝年幼，國家又在危難中，皇太后應該出來權理朝政，左右不得干預；二是從親王中簡派一二人輔政，防止皇權旁落。

董元醇只是個小棋子，這個奏摺也只是棋局的開始而已。奏摺意思很明顯，就是為慈禧太后垂簾聽政和恭親王輔政造勢，並以此來試探一下八大臣的態度。果不其然，董元醇的奏摺到達熱河後，就像是投下了一枚重磅炸彈，將兩派政治力量的矛盾完全暴露無遺。

八大臣看過董元醇的奏摺後，暴跳如雷，因為這等於是把權力從八大臣手裡剝奪，轉移到太后和親王的手中，完全是和咸豐的遺詔相違，和八大臣對著幹！難道這個董元醇吃了豹子膽了，竟然敢違清朝祖制而不顧，自己的把腦袋往閻王爺那裡送？要知道，清朝歷來嚴禁後妃、太監乃至親王干政，敢在奏摺中公開提議讓太后垂簾聽政和親王輔政，這豈不是找死嗎？是可忍，孰不可忍！

令肅順等人感到震驚的是，董元醇這個公然違抗先帝遺詔的摺子竟然被慈禧「留中不發」。八大臣心急火燎，立刻責成某軍機章京擬定批駁董元醇奏摺的諭旨。但初稿擬好後，八大臣之一的焦佑瀛覺得此稿語氣平和，言辭不夠激烈，於是便自己親自捉刀寫了一篇，其中對董元醇請求「皇太后垂簾聽政和簡親王參政」的建議用八個字大加批駁，即「是誠何心，尤不可行」，並要求對董元醇嚴加懲處。其他七大臣讀後，交口稱讚，不料此稿上去後，慈禧不予理會，仍舊將摺子「留中不發」。

慈禧當時很冷靜，她有意將董元醇的奏摺「留中不發」，既表示對這個奏摺的重視，又以此來試探一下八大臣的反應。果然，八大臣坐不住了，他們竟然不顧君臣禮節，向兩宮太后反覆催要。

被逼無奈之下，兩宮太后抱著小皇帝，在八月十一日召見了八大臣，並要求將董元醇的奏章交由群臣共商。八大臣當然不是傻子，豈肯輕易答應！隨即，兩宮太后和八大臣展開激烈的論辯。只見鄭親王端華滿面怒容，言辭激烈，根本不把兩宮太后放在眼裡；軍機大臣杜翰出口不遜，公然頂撞，口口聲聲稱不能奉命；肅順更是含譏帶諷，輕蔑有加，稱兩宮太后不過是內宮中侍奉皇帝的女子，怎懂得什麼軍國大事！

可以想像當時的場面是何等的緊張，兩個女人怎能說得過八個男人，她們每說出一句話，八大臣便用八句話蓋過她們細小的聲音。在偌大的殿堂中，八個壯碩男人聲震殿瓦的咆哮聲，把六歲的小皇帝載淳嚇得哇哇直哭，一頭鑽進慈安太后的懷裡，褲子都尿濕了。

最後，肅順等人乾脆拂袖而去，並公然宣稱：「今後請太后看奏章已經是多餘了！」慈安和慈禧兩個人當下就被氣得兩手發顫，渾身發抖，眼淚嘩嘩直流。

第二天，八大臣變本加厲，他們不等宣召便直接入宮和兩宮太后大吵大鬧，要求下發批駁董元醇的諭旨。在要求被拒絕後，八大臣就以「擱車」（罷工）相威脅——既不處理奏章，也不向太后移交。這一天，兩宮太后發下文件，怡親王載垣將之丟在一邊，說：「不定是誰來看呢！」

八大臣這種讓朝政癱瘓的過分做法，歷朝歷代都從沒發生過，這實際上已經構成了嚴重的政治事件，也為他們最後被懲殺埋下了伏筆。

在慈禧的眼裡，八大臣至多不過是輔弼朝政的臣子，最高權力仍舊掌握在小皇帝之手；而在皇帝年齡尚小、不能親政的時候，自然應當由兩宮太后代為掌握。但肅順等人卻認為，他們是受先帝咸豐之命全權輔弼小皇帝的，先帝遺詔具有不可動搖的合法性和權威性，他們只對小皇帝負責而不必顧及他人，只要軍國大事處理妥當，即無愧於先帝的托孤重任，誰要是反對這一制度安排，誰就是反對遺詔，反對先帝。

時間一分一秒的過去，雙方一直僵持著，八大臣沉著臉，任由僚屬將文件送進而絕不拆閱，任憑兩宮太后催要也毫不理會。他們就是要用這個手段來向兩宮太后表明，朝政實際上掌握在八大臣的手中，兩宮太后和小皇帝只不過是象徵性的；要是不聽從他們安排的話，國家機器就別想運轉下去。

在內宮，慈安和慈禧也發生了激烈的爭執。慈禧決意抗爭到底，絕不退讓；而慈安則勸她暫時忍耐，等回到北京再說。慈禧思前想後，發現當時的熱河已完全被肅順一黨控制，在孤立無援的情況下，慈禧最後只能服軟，不得不把八大臣擬定公開批駁董元醇的諭旨下發。直到這時，肅順等人才言笑如初、照常辦事——這兩個不知天高地厚的小女人，還想和我們八個男人鬥？

在這次鬥爭中，八大臣大獲全勝，兩宮太后灰頭土臉，遭受了重大羞辱。挫折之後，兩宮太后仍舊每天召見八大臣並和原來一樣批閱各地的奏摺，好像什麼都沒有發生過一樣。在危險重重的熱河，兩個女人以退為進，以時間換空間，亦不失為一步好棋。

八大臣闖進內宮和兩宮太后大吵大鬧的消息傳出後，並非肅順一派的王公大臣們也激憤騷動了起來。老七醇郡王奕譞對於肅順等人欺負寡嫂的惡劣行徑極為憤怒，咬牙切齒地聲稱要等回到京城後再和他們算帳，奕譞的五叔惠親王綿愉則急忙喝止，讓他不要亂說話。

在咸豐駕崩後，當時的政治勢力主要分為兩派：一派是以肅順為中心的八大臣等人，他們當時主要在熱河；另一派是以奕訢為核心的北京派，主要人物包括豫親王義道、軍機大臣文祥、大學士桂良、大學士賈楨、協辦大學士周祖培、吏部尚書全慶、刑部尚書趙光等人。由於肅順等人樹敵太多，北京的大臣就幾乎都倒向了奕訢一派。

更要命的是，肅順等人沒有得到實力派將領的支持，就連當時護送咸豐帝靈柩的勝保，這位握有重兵的將領也反對肅順。對於這點，肅順也不是不瞭解，他也試圖拉攏一些實力派將領如僧格林沁為自己撐腰，但因為多年的人品太差，無人支持，甚至他提攜過的曾國藩、胡林翼等人，對於這場政治風暴，也都處於觀望態度。

據說，肅順的門人王闓運親自到曾國藩帳中遊說，試圖拉攏，但曾國藩在聽完後，用手漬茶水在桌上寫了個「妄」字。而在慈禧太后等人回宮的途中，一直是榮祿的軍隊保護，京畿一帶，則完全是勝保的軍隊。

可惜的是，肅順等人自以為遺詔在手，萬事大吉，他們對日漸逼近的危險竟然渾然不覺，這就怪不得別人了。

九月二十三日，咸豐的靈柩開始啟運回京。按照慣例，小皇帝應該每天恭送咸豐的梓宮（即靈柩）起運，然後從間道抄近路趕到梓宮當天計畫停放的地方，恭候靈駕的到來。但是，慈禧不同意這樣的安排，她說小皇帝載淳年紀太小，經不起這樣的折騰，於是要求八大臣做出變通之法。

八大臣並沒有意識到其中的玄妙之處。他們經過商議後，決定讓小皇帝和兩宮太后在二十三日恭送咸豐梓宮運上靈車後，由載垣和端華等人沿小路先行回北京，等到咸豐的梓宮到京城東華門外後，小皇帝再行跪迎。至於咸豐的靈柩，則由肅順等人從大道後發，如此以來，八大臣便分成了兩個隊伍。

八大臣的這個安排，不可避免地導致了他們的最終失敗。小皇帝、兩宮太后與肅順等人護送梓宮的隊伍分開行走，這使慈禧等人可以提前一至兩天到達京城，這對於政變來說，時間已經是非常充裕了，因為奕訢等人早已在京城布置妥當。更致命的是，護送小皇帝和兩宮太后的載垣和端華等人與團隊核心肅順分離後，他們雖然可以提前進京，但這兩人缺乏應變的能力，這也促使了他們的垮臺。

二十三日清晨，兩宮太后帶著小皇帝載淳到咸豐的梓宮前奠酒，在目送梓宮運出熱河行宮的大門後，這一路人便直接向北京進發，而肅順等人護送著咸豐的梓宮沿著大道慢慢回京。

在經過五天的跋涉後，慈禧一行於二十八日抵達京郊石槽。未等進城，慈禧便召見了在此等候多時的奕訢，詳細商談政變的具體程式。二九日午後，兩頂黑布轎子抵達了北京德勝門，前面一頂是慈安太后帶著小皇帝載淳，後面一頂則是慈禧太后單乘。在奕訢的安排下，北京留守的王公大臣們都在道旁跪迎，而兩宮太后則按原定計劃，聲淚俱下地向留京的眾大臣控訴了肅順等人欺侮她們孤兒寡母的惡劣行徑。

女人的柔弱是很容易得到同情和支持的，加上肅順得罪的人太多，大多數的大臣在奕訢和周祖培的鼓噪下，很快地倒向了兩宮太后。在隨後的朝議中，兩宮太后歷數了肅順、載垣和端華的種種跋扈之行，矛頭直指八大臣。

在奕訢的暗示下，周祖培故作憤懣：「太后為何不將他們（八大臣）治罪？」二位太后裝作不解，明知故問：「先帝遺詔任命他們為贊襄王大臣，能治罪嗎？」周祖培哂然一笑：「皇太后可先降旨解除他們的官職，再治罪不遲。」慈禧不假思索，搶先點頭：「好，就這麼辦！」

於是奕訢把早寫好的治罪詔書奉上，兩宮太后蓋印，要治八大臣的罪。這時，載垣和端華兩人聞訊趕來。他們見奕訢等人都在宮內，十分意外，便大聲質問道：「你們這些外廷臣子，怎麼可以擅自入內？」奕訢冷笑一聲：「皇上有詔。」載垣和端華大怒，說：「我輩未入，詔從何來？」（意思是只有他們才有資格寫詔書）

奕訢冷冷一笑，向身邊的侍衛們一揮手，載垣和端華後退一步，怒斥道：「誰敢動手？」話音未落，宮廷侍衛們已經上前將兩人按倒在地，像捆豬一樣捆了送宗人府關押——他們才不管是誰的詔書呢！

就在當天晚上，肅順護送咸豐的靈柩駐於密雲縣的時候，醇郡王奕譞和睿親王仁壽已經帶著大隊親兵趕來。他們在解除了肅順隨從的武裝後，隨即一腳踹開肅順的臥室大門，這時肅順居然還橫臥在床上與他的兩個小妾調笑。隨後，肅順也被送到宗人府關押。一日之內，三個首犯全部被擒拿歸案。

肅順在宗人府見到載垣和端華後，怒道：「真後悔沒早治此賤婢（慈禧）！你們要是早聽了我的話，怎麼會落到今天這個下場！」端華說：「事情都這樣了，還有什麼好說的！」載垣則抱怨道：「我當時真不該聽你的話！」原來，肅順曾計畫暗中謀害慈禧，但遭到了端華和載垣的反對。婦人之仁，終成大錯。

慈禧和奕訢導演的整個政變，從計畫到實施也不過用了三天時間，可謂是迅雷不及掩耳。據某京師官員記載，政變當天（九月三十日），上午烏雲密布，天色陰沉，風聲不止，到中午才風開雲散。天意如此！

八大臣最後的結果是，載垣、端華賜令自盡；肅順被判斬立決；其餘五人，景壽因是額駙（咸豐的姐夫），被革職但保留公爵；軍機大臣穆蔭、匡源、杜翰、焦祐瀛均革職，尚屬從寬處理。由於為人嚴苛，肅順在被押赴刑場的途中，有許多因科考案和戶部舞弊案中受到牽連的人聽說要殺肅順，都一路跟著去看熱鬧，他們一邊高呼「肅老六，你也有今天」，一邊拿泥巴瓦礫往肅順的囚車上扔。不一會，肅順的身上和臉上全是泥巴，面目全非，不可辨認。

臨刑之前，肅順仍對慈禧罵不絕口，為了防止他說出更難聽的話，劊子手以刀背築其口，肅順齒舌皆爛，猶噴血大罵不止；儈子手令肅順跪，肅順卻挺立拒絕，最後在被大鐵柄打斷腿的情況下才撲地受刑。此人脾性之剛烈，亦屬罕見。

就在政變的當天，兩道奏章同時送到兩宮太后的手中。一道是大學士賈楨、大學士周祖培、戶部尚書沈兆霖和刑部尚書趙光聯名上奏，另一道是護送咸豐靈柩的將領勝保——兩道奏章都是請求兩宮太后早日垂簾聽政。

由此，慈安太后和慈禧太后兩個年輕的女人終於走出她們的深宮，並走向了男人們的權力場。由於當時八大臣給小皇帝擬定的年號是「祺祥」，所以歷史上把這次政變稱為「祺祥政變」，而這年是辛酉年，因此也被叫做「辛酉政變」。

在小皇帝登基後，周祖培建議將「祺祥」改為「同治」，並很快得到了兩宮太后的批准。說起「同治」這個年號，意思就複雜了。在大臣們的眼中，這是兩宮太后和小皇帝的同治，其中以兩宮太后為主；在慈安太后和慈禧太后的眼中，這是她們兩個女人的同治，而其中以慈禧為主；在恭親王奕訢的眼中，這應該是他和兩宮太后的同治，而他才是主導力量，但奕訢的如意算盤落空了。

在政變後，事態的發展完全不是他想像的那樣，這宮裡的那個女人一點都不好對付——當時在熱河行宮中向他哭訴的女人已經不見了，現在的垂簾聽政的這個女人，雖然隔著一層薄薄的紗簾，但無形中卻透出一股殺氣和不容置疑的權威。

奕訢本來的想法是，讓兩宮太后垂簾聽政，給她們以尊崇的地位和權理朝政的虛名，但那只是形式，實際上是自己以親皇叔的身分掌握輔政實權。但現在看來，他的想法太天真了，宮裡的那個女人要的是大權獨攬，而不是形式上的聽政。

感到意外的不僅僅是恭親王奕訢，事實上，所有的大臣們都感到意外。他們更沒有想到的是，真正的麻煩才剛剛開始。在隨後的四十七年中，這個年輕的女人竟然牢牢掌控了大清朝政，並讓無數的男人們匍匐在她的腳下——她便是一代女皇慈禧太后。

中法新約

法國打開了中國西南的商業之路

從歷史上來看，戰爭和外交彷彿是一對孿生兒，兩者既相互對立，但往往又結合緊密，任何一方都不可或缺。由此，當政者要想處理好這兩者關係，就必須具備非常高超的操控水準，譬如在一八八三年到一八八五年中法戰爭的進行過程中，中外各方圍繞「和戰」問題的外交活動和祕密談判幾乎就沒有停止過。

毫無疑問，打仗是最花錢的，倘若打贏了，不但可以收回成本，還能敲詐一筆；但要是打輸了，戰敗方不但血本無歸，還要倒賠戰勝國的軍費。這在十九世紀和二十世紀初期那弱肉強食的國際社會裡，也是通例。譬如，德國人在色當戰役打敗了法國人，法國人不但損兵折將，還得賠償五十億法郎並割讓阿爾薩斯和洛林給德國人；而一戰結束後，德國人被打敗了，就得反過來賠償一千三百二十億馬克給那些戰勝國。德國人最後付不起，經過希特勒一嚷嚷，弄得德國人不幹了，要重新打過，二戰就這樣爆發了。從此以後，戰勝國向戰敗國強索戰爭賠償的事，也就收斂不少，要不然逼得狠了，戰敗者破罐子破摔，跟你玩命，也是件麻煩事。

一八八五年四月七日，也就是鎮南關大捷後沒幾天，正當前線老將馮子材聯合各路清軍將領準備分兵南下收復河內、太原的時候，清政府卻突然下達了「乘勝即收」、停戰撤兵的命令。

命令來得太突然了，很多清軍將士接令後，氣得捶胸頓足，「拔劍刺地，恨恨連聲」。許多士兵甚至跑到將帥帳外，寫血書，立軍令狀，「摩拳擦掌，同聲請戰」，「戰如不勝，甘從軍法」。馮子材等清軍將領在大勝之下，誰也不想輕易放棄擴大戰果的機會，於是他們便聯合起來致電兩廣總督張之洞，要求代奏清廷，誅殺議和之人，以振士氣。

當時人寫詩諷刺清廷：「十二金牌事，於今複見之。黃龍將痛飲，花目忽生期。」所謂「十二金牌」，就是當年南宋朝廷令岳飛從朱仙鎮退兵的金牌詔的故事。就連清政府派赴廣東會籌防務的彭玉麟，當時也憤憤然地賦詩一首：「電飛宰相和戎慣，雷厲班師撤戰回。不使黃龍成痛飲，古今一轍使人哀。」但是，胳膊畢竟扭不過大腿，馮子材最終還是被迫遵旨撤軍，彭玉麟只能嘆道：「老臣抗疏千行淚，一夜悲歌白髮生！」

十九世紀的中國炮兵。中法之戰是晚清對外戰爭中唯一沒輸的一次。

事實上，以慈禧太后為首的清廷在整個中法戰爭期間，即使在宣戰以後，也始終在或明或暗地尋求和平活動。鎮南關大捷本來使中國在軍事和外交上都處於一個相對有利的地位，但是，慈禧太后擔心法國會「因憤添兵」，不斷擴大戰爭，兵連禍結。這時主管談判事務的李鴻章說：「諒山已復，若此時平心與和，和款可無大損，否則兵又連矣，當藉諒山一勝之威與締和約，則法人必不再妄求。」慈禧太后對此點頭稱是，以勝求和，也就順理成章了。

武人好戰，情有可原，但作為大清帝國的總當家，慈禧太后考慮的可能要多一點。就當時的情況來說，雖然清軍在鎮南關、諒山等地大敗法軍，並在北越處於一個有利的地位；但是，法國艦隊當時也占領了澎湖列島並對臺灣形成了封鎖狀態，中法雙方在陸海兩個戰場上互有勝負，總體上形成一種均勢。

慈禧太后擔心的是，法國人會因失敗而憤怒，因憤怒而繼續擴大戰爭，這是她所不願看到的。實事求是地說，對於越南未來的戰局，不要說慈禧太后沒有十分的把握，恐怕前線將士心裡也未必有底，因為鎮南關大捷和臨洮大捷，在很大程度上是因為清軍在人數上的壓倒性優勢所取得的，而雙方在軍事實力上的差距，卻不是短時間內能夠彌補的。

譬如在海戰方面，清朝當時的海軍和法國艦隊根本不是同一個級別，這從馬尾海戰及南洋艦隊的兩艘軍艦在浙江石浦被擊沉的慘痛失敗就可以看出。更讓慈禧太后心煩意亂的是，法國艦隊可能會對南方到北方的海上漕運構成威脅，甚至可能像第二次鴉片戰爭一樣，法國艦隊北上進行騷擾，再度攻擊京畿，這也導致清廷對持續作戰底氣不足。

海防空虛，加之戰爭耗費巨大，清政府在財力上難以支撐，也是停戰求和的重要原因。據後來統計，清廷在中法戰爭總共耗資一億多兩白銀，並為此欠債達兩千萬兩，其中相當部分是以海關稅收作為擔保，向外國銀行所借的債款。而清廷此時期的財政收入大約在七千萬兩左右，刨去開支，每年只有數百萬兩的盈餘。這場突如其來的戰爭，顯然不是清廷所能長期承受的。

再從當時的國際形勢來看，雖然英美等國在戰爭期間保持中立，但戰爭的過分延長會危及他們在中國的商業利益。正因為如此，英美等國也一直給清廷施加壓力，迫使中國儘快對法妥協，早日結束戰爭。英美等國並不希望中國取得對法戰爭的全面勝利，因為這可能會使得清廷對西方列強採取強硬措施，譬如英國外交大臣就曾說過：「中國的任何勝利，一般都會對歐洲人產生嚴重後果。」

而中國的兩個鄰居，俄國和日本，也在虎視眈眈地看著戰爭的進程。以俄國來說，早兩年因強占伊犁的陰謀未能得逞，目前正企圖利用中法戰爭混水摸魚。一八八四年九月，在法國突襲馬尾港的福建水師之後不久，俄國報紙竟然聲稱：「中國伊犁背約，將來法攻中國，俄亦欲奪疆土。」俄國人對土地的貪婪，的確讓清廷頭疼不已。

更為嚴重的是未來的中日衝突，中法戰爭期間，日本策動朝鮮的親日派開化黨發動「甲申政變」遭到失敗後，也不斷鼓吹武力侵朝，這對中國北方的安全形成了潛在的巨大威脅。一八八五年初，正當中法軍隊在北圻激戰之時，日本代表伊藤博文來華與李鴻章談判有關朝鮮「甲申政變」的善後事宜，卻暗中與法國駐華公使巴德諾暗通來往。清廷當時最擔心的就是，法國和日俄勾結，南北呼應，乘機在北方挑起事端，到時清廷根本無法同時應對。畢竟，以清廷當時的實力，是無法同時打贏兩場戰爭的。

此外，當時臺灣仍受到法國艦隊的嚴密封鎖，形勢險惡。而越南當局在中法戰爭中一味地妥協投降，甚至在法國人的脅迫下公開斷絕了同清廷的宗藩關係。越南的離心離德，也讓清廷心灰意冷，失去了繼續援越抗法的信心和理由。

正是處於多種考慮，慈禧太后在權衡利弊後，決定捨越南而保臺灣，承認越南淪為法國保護的現狀。恰在此時，法國茹費理內閣垮臺，新的法國政府對持續的戰爭也感到不堪重負。正因為雙方都不想再打下去，兩國間已進行了多日的祕密談判便開始互相妥協，彼此都表現出和平解決的意願。

一八八五年一月，在中國海關總稅務司赫德的插手干預下，清政府授權中國海關總稅務司駐倫敦辦事處的英國人金登幹作為中國代表，與法國外交部進行祕密談判。得到清廷授權後，金登幹於四月四日與法國外交部政治司司長畢爾簽訂了《巴黎停戰協定》（又稱《中法議和草約》）。

金登幹簽的只是初步的合作意向書，正式文本還要雙方正式代表重新談判擬定。後來，法國政府代表兼駐華公使巴德諾來到天津和李鴻章進行談判，以敲定和議最後的正式文本。一八八五年六月九日，中法雙方在天津簽訂《中法會訂越南條約》（通常稱《中法新約》），條約共十款內容。

在隨後的一八八六到一八八八年，根據《中法新約》的約定，清政府又和法國簽訂了《中法越南邊界通商章程》、《中法界務條約》、《中法續議商務專約》等後繼條約，由此，法國終於打開了通往中國西南的商業之路。

中法之戰結束了。在這個戰爭中，清廷乘勝求和基本沒有什麼疑問，但中法戰爭到底是不是「不敗而敗」，學界一直爭論不休。

不如來看看條約原文，條約第一款和第二款，說的是清政府承認法國對越南的保護權。具體來說，就是規定越南境內的事情譬如叛亂等，由法國自行弭亂安撫。中國境內的匪黨等事情，由中國設法解決，總而言之，不要弄到越南來。至於那些在越南的中國僑民，改由法國保護，一視同仁。無論遇有何事，法兵永不得過北圻與中國邊界，法國並約明必不自侵此界，且保他人必不犯之。法國既擔保邊界無事，中國約明亦不派兵前赴北圻。

第二款說，法國與越南自立之條約，不管是已定的還是續立的，都請中國不要干涉，至於今後中越往來，也不要有礙中國的威望和體面。

這款的意思就是，越南以後是死是活都改由法國來保護，清廷不必插手。反正大清帝國在越南也沒有行使過什麼實質性的權利，現在又無力承擔義務，天朝的面子問題都是虛的，設法保全就是。至於第一款的後面規定，更像是中法互不侵犯條約。

第三款提出要勘測界址，劃定中越國界。說句題外話，中國古代不存在什麼具體的國界概念，「普天之下，盡是王土」，世界以中國為中心，不用劃界。但是，近代民族國家的觀念興起後，敲定雙方的邊界成為國際通常做法，劃界也是遲早的事情，不提。

第四款講的是對中越老百姓往來兩國的邊境管理，譬如發放護照之類的，這些也是歐洲人弄的新鮮玩意，也算是學習西方國家的先進管理經驗了。

第五款說的是通商問題。中國與越南北圻陸路交界，允准法國商人及法國保護之商人同中國商人運貨進出。通商處所在中國邊界指定兩處：一在保勝以上，一在諒山以北。法國商人可以在此居住，和其他通商口岸無異。中國應在此設關收稅，法國亦可在此設立領事官，其領事官應得權利，與法國在通商各口之領事官無異。中國也可與法國商議，在越南北圻各大城鎮揀派領事官駐紮。

第六款是對第五款的補充，商定以後具體討論關於通商的章程和稅收等問題，這就是後來簽訂的《中法越南邊界通商章程》、《中法續議商務專約》。

上面這兩款，之前的主流觀點認為是侵犯了中國的權益，說是法國人打通了侵入中國西南的門戶，被罵得很厲害。但以現在的觀點看來，這只不過是一個普通的通商條款，從條約內容上來看，雙方都是平等的，談不上誰侵犯誰的問題。看來，一些教科書的老調子有點跟不上時代潮流了。

第七款是關於鐵路修建，法國將在越南北圻一帶開闢道路，鼓勵建設鐵路。「日後若中國酌擬創造鐵路時，中國自向法國業此之人商辦；其招募人工，法國無不盡力勸助。」但特別說明的是，「不得視此條是為法國一國獨受之利益」。

從這條來看，也看不出有什麼不平等，法國人已經特別說明，中國修建鐵路可以考慮和法國多合作，但沒有規定這是法國獨享的權利。事實上，戰後中法兩國和好如初，後來北洋艦隊的船塢工程，和馬尾港一樣，還是請法國人承包建造呢！

第八款約定通商條款和將來的章程十年為期，期滿可續修。這也是當時的國際慣例，不提。

第九款是法國撤兵的規定，規定條約彼此畫押後，法軍立即退出基隆，並除去在海面搜查等事。畫押後一個月內，法兵必當從臺灣、澎湖全行退盡。

第十款是關於雙方換約，不提。

條約大概內容就是這樣，如果以現在的眼光來看，基本還算正常。《中法新約》中最大的爭議，莫過於關於越南的保護問題。正如從中調停的中國海關總稅務司赫德所說：「中法爭端解決了，條件是能夠實現希望中最榮容易行的，簡單地說，就是承認現狀，這真是誰能搶就搶，誰能搶到就算他的！」

但是，筆者認為，關於越南淪為保護國，其主要責任不在清政府，而在越南阮氏王朝，退一萬步來說，那也是實力問題，無可奈何的事情。據說，在李鴻章和福祿諾於一八八四年五月簽訂了《中法簡明條約》後不久，越南阮氏王朝就在法國人的指使下，將清政府頒發的玉璽、封冊等當眾焚毀，公開宣布斷絕和中國的藩屬關係，接受法國的保護。

皮之不存，毛之焉附？越南阮氏王朝公開投降法國的舉動，事實上讓中國軍隊援越抗法失去了基本前提和理論依據。而且，這對後面的戰局也有重大影響。清軍取得勝利的鎮南關等地，都靠近中越邊境，後勤保障和補給相對容易，而且得到了當地人民的支援，但如果深入越南中部和南部，沒有越方的支援，情況就很難預料了。

當時的大清帝國，在西方列強面前，遠談不上是什麼大國，在自己國力並不強大，且萬事待興的情況下，去保衛一個沒有太多利益且已經單方面宣布中斷傳統關係的藩屬國，未必是一個明智的選擇。譬如越南的情況，早放棄，早受益，不必去背這樣一個包袱。

從戰略上來說，做出一個決策，我們必須要界定自己的威脅是什麼，利益在哪裡，在怎樣的資源條件下採取什麼樣的手段。就當時的情況而言，在大清帝國實力有限的情況下，去保一個對自己沒什麼實質意義的藩屬國，正如李鴻章所認為，避重就輕，意義不大。

如果按照這樣的思路，中法和談如能早日實現，反倒是件好事。正如加利福尼亞大學教授徐中約在《劍橋中國晚清史》中指出：「事實證明，清廷的優柔寡斷和舉棋不定造成了災難。堅定的作戰政策本來可能制止法國的侵略；如果堅持和平政策，本來也可以保住福建水師和馬尾船塢。可是，庸碌無能的領導層卻毀了這兩者，而且還喪失了安南這一朝貢國。清流黨意氣用事，無補於事，因此對這些後果應負大部分責任。」

做決策，最可怕的就是首鼠兩端、舉棋不定，最後弄得兩頭落空、損失慘重。這些損失和慈禧太后的意氣用事是分不開的。至於《中法新約》，就條約本身而言，不但不能說是失敗，相反，是一種進步的表現。儘管後人大都認為清廷腐敗無能，但對於《中法新約》，後人們似乎沒有必要妄自菲薄，更不能因此而認為它是賣國條約，儘管它有著這樣或者那樣不盡如人意的地方。

女人當國，畢竟會有舉棋不定或優柔寡斷的缺陷和毛病，但過多的苛責，特別是建立在非歷史的事實基礎上求全責備，這就未免有失公允了。

戊戌變法

慈禧的嚴密掌權與光緒的無力抗衡

甲午戰敗後，清廷的國內外局勢日益惡化：一八九七年，德國藉著「巨野教案」侵占膠州灣，隨後列強在中國掀起了強行租地並劃分勢力範圍的狂潮，中國陷入了空前的危機之中。一八九八年，老成穩重、執掌朝政多年的恭親王奕訢因病去世，更是讓朝廷各派系政治力量的鬥爭發生了微妙的變化。

年輕的光緒皇帝在維新派的鼓動下，很想利用這個機會進行變法求存。後來，他向慶親王奕劻提及變法維新之事，並抱怨說：「太后若仍不給我事權，我願退讓此位，不甘作亡國之君。」慈禧太后聽了奕劻的轉述後大為惱怒，拍案大罵：「他不願坐此位，我早已不願他坐之！」經奕劻的極力勸說後，慈禧太后才消了氣，恨恨地說：「由他去辦，等辦不出看他怎麼說！」

慶親王回去後，沒有把慈禧太后大怒之事告訴光緒，卻只是輕描淡寫地說：「太后不禁皇上辦事。」光緒得到這個消息後喜笑顏開，當年六月十一日便意氣風發地頒布了《明定國是詔》（也稱《定國事詔》），正式拉開了百日維新的大幕。

但是，變法的大幕還沒拉開幾天，慈禧太后便免去了光緒的師傅翁同龢的軍機大臣及一切職務，並將之驅逐回籍；同時，慈禧太后又任命了自己的親信榮祿署理直隸總督。慈禧太后的決定是經過深思熟慮的，她將帝黨首領翁同龢罷黜，這等於讓維新派失去了一個家長和緩衝的餘地，而任命榮祿則確保了其對京師的絕對控制。

可惜的是，此時的變法派康梁等人正在為光緒皇帝毅然頒布《明定國是詔》而歡欣鼓舞，絲毫沒有察覺到危險的到來。就在翁同龢被罷黜的第二天，康有為在覲見光緒時，不僅沒有為翁同龢的免職提出任何異議，反而鼓勵光緒

《點石齋畫報》中的「公車上書圖」。三年後，維新派掀起了一場改革的狂飆，可惜的是，時間太短暫了。

將更多守舊的高官剔除出局。

據說，康有為在朝房等候皇帝召見的時候，恰好遇到了新任直隸總督榮祿。榮祿問康有為如何才能夠補救時局時，康有為語出驚人，說將那些守舊的高官免職出局還不夠，最好能夠殺幾個一品大員。榮祿聽後大為震驚，隨後便到慈禧太后那裡密告此事。

除了榮祿在慈禧太后面前大說壞話外，那些覺得自己朝不保夕的守舊派官員們也紛紛跑去告狀，跪求太后回朝訓政。慈禧太后見自己威望還在，心裡十分舒坦，一直笑而不答。那些人不知所以然，又跑到天津督署向榮祿訴苦。榮祿深知慈禧太后的用意，便笑道：「先讓他（光緒）去胡鬧幾個月嘛，鬧到天下共憤，惡貫滿盈，不就好辦了嗎！」

不錯，在守舊派的眼裡，當時光緒皇帝發布變法維新的上諭簡直就是胡鬧。短短的三個月，光緒發布了上百道諭旨，其中包括了「刪改則例，裁汰冗員」、「開辦實業，獎勵發明」、「設立鐵路，開採礦產」、「辦理郵政，裁撤驛站」、「改革財政，編制預算」、「廢除八股，改試策論」、「裁減舊軍，改練洋操」、「設立學校，開辦京師大學堂」等一系列新政策。

這些政策好不好？好得很。但中國的問題，往往壞就壞在理想主義上。這些新政策看起來很美，對將來的發展也是非常有好處的，但一個良好的出發點未必能產生好結果。譬如「廢除八股，改試策論」的舉措，這本是這次變法中最值得稱道的，但結果卻是激起最強烈的反抗。

正如旅美歷史學家唐德剛所言，科舉考試是涉及「數百翰林、數千進士、數萬舉人、數十萬秀才和數以百萬童生」的榮譽和進身之道，你康有為剛剛考中進士，卻將這數以千萬人已為之奮鬥或正為之奮鬥的制度廢除，這意味著什麼？這意味著這些人所做過的努力付諸東流，他們花錢買了那麼多的考試祕笈，又花了這麼長時間熟悉八股科目，如今全部一筆勾銷，毫無用處。

果不其然，廢八股改策論的消息一傳出，天下的讀書人一個個激憤異常，口誅筆伐還不算，據說直隸的一些讀書人甚至打算對康有為行刺，從肉體上消滅這個「名教罪人」！這樣的結果，恐怕是康有為等人所始料未及的。

康有為想的太理所當然了，他以為光緒皇帝往乾清門一站，便可「令群臣簽名具表，咸去守舊之謬見，力圖維新。誰要不服，重罰一人以懲其後。如此一來，一日之間，風雲俱變，更月得數詔頒下，則海內皆動色奔走矣。」

更要命的是，在形勢已經岌岌可危的時候，康有為還要揪著清朝那條敏感的「國寶」級辮子大做文章。他上書光緒皇帝，請求「皇上先斷髮易服，詔天下，同時斷髮，與民更始，令百官易服而朝」，並「大集群臣誓於天壇太廟，上告天祖，下告臣民，以今年為維新元年」。

對此，慈禧太后早就表示過強烈反對，費行簡在《慈禧傳信錄》裡記載了她的這樣一段話：「若思日人之更衣冠，易正朔，則是得罪祖宗，斷不可行。」這些政治符號，看似是剪刀加裁縫的簡單事情，其實極為敏感，也只有在維新運動穩步推行的時候可以考慮更改，若試圖以此來推動變法，豈是光緒和康有為等人所能掌控的？

由此可見，這一百多天裡頒布的絕大部分政策，主次不分、貪多求全，又大都沒有經過反覆協商和權衡利弊便匆忙推出，這不但激化了各利益中人的矛盾，往往也使得這些政令在現實中不具備可操作性。

至於下面的各省督撫們，除了湖南巡撫陳寶箴力行新政，其他人對於這些新政詔令幾乎視同兒戲，要麼推諉敷衍，要麼就乾脆不予理睬。如兩廣總督譚鍾麟，對變法期間「諭令籌辦之事，竟無一字覆奏」，經電旨催問，譚鍾麟依舊是「置若罔聞」。

有人也許覺得奇怪，光緒皇帝和維新派非常積極，但為什麼手下的那些官員無動於衷呢？對這事，康有為的弟弟康廣仁，曾在給朋友的一封信中說老兄的變法：「規模太廣，志氣太銳，包攬太多，同志太孤，舉措太大，當此排者、忌者、擠者，盈衢塞巷，而上又無權，安能有成？」

七月中旬，光緒下詔裁撤詹事府、太僕寺、太常寺等中央衙門和地方部門，據時人描述，當時立刻導致京城裡失業或連帶受影響的人就有上萬人，朝野為之震驚。裁撤當日，被裁的部門「群焉如鳥獸散，衙門內不見人跡」。

說白了，無論是改革還是革命，其變動的背後都意味著利益相關者的利益消長。任何一個新政策，在獲取一部分人支持的同時，往往會傷害了另一部分人的利益。任何新政的變法改革措施，都必然要衝擊到一部分守舊派的既得利益，任何的改革進程都會受到他們的重重阻力。就這一點而言，無論是商鞅變法、王安石變法或者戊戌變法，甚至上世紀八〇年代的改革開放，都絕無例外。

由於自身利益受到損害，守舊派官僚和那些既得利益者當然要拼死反對。在變法過程中反對新政最厲害的，莫過於那些樞臣大吏和督撫大員。對於這些執掌舊政權的權貴來說，舊制度和以往的政策法令都是他們牟取私利的手段，一旦進行改革，就將使得他們失去已有的一切，對此他們怎麼可能會袖手旁觀？

所以，當康有為主張改革官制，大規模地裁撤冗署冗員時，很快便把絕大多數官員逼到了他的對立面。中國官場的傳統是「只上不下」，裁撤冗署冗員，就是要砸別人飯碗嘛！從古至今，下崗再就業的安撫問題一向都是極難解決的。於是乎，利益受損的老舊官員們紛紛跪求慈禧太后回宮重新主持朝廷日常事務，也就絲毫不稀奇了。

就拿禮部尚書懷塔布來說，他被光緒革職後，立刻到慈禧太后那裡哭訴，稱：「皇上為左右熒惑，變亂朝政，求老佛爺做主」。後來，當光緒皇帝到頤和園向慈禧太后請安時，太后強壓心頭怒氣，警告小皇帝不要輕易罷免自己挑選的那些老成穩重的大臣，也不要隨便提拔那些年輕的政治新銳，更不能想當然地改變大清王朝的既有體制。

慈禧太后與光緒的矛盾，是最高權力之爭，慈禧太后作為一個權力的攫奪者，本能地對一切政治對手，包括自己的親生兒子同治在內，都抱有極大的戒心（這也是一切專制者的共同特徵）。

光緒親政後，從他在甲午戰爭中頗為糟糕的表現來看，慈禧太后沒法讓光緒放手去做。當時的光緒太年輕也太衝動了。光緒畢竟不是康熙，他缺乏強硬的個性和突出的能力，但又有著年輕人常有的叛逆心理，而這更加招致了慈禧太后對他的不信任和反感。

眾所周知，清朝是滿人建立的王朝，這種「打天下坐天下」的固有模式導致了滿族的「一族專政」。作為大清王朝的守護者，慈禧太后最擔心的是變法會影響到祖制，即「滿人統治」的立國之本。清朝從建國後的兩百多年來，在人數和權力分配的比例上，滿漢之間嚴重失衡，數量極少的滿人占據了過多的權力，而大多數的漢人則遭到了壓抑。

在西方列強加緊蠶食、民族危機空前深重的情況下，國家利益和王朝利益的衝突自然而然地引到了滿漢衝突這個核心問題上。那些滿族官僚雖然昏聵無知，但對權力的變化卻極為敏感。在他們看來，維新變法的實質不過是要把權力從他們手中奪走罷了。對此，諳熟權術的慈禧太后洞若觀火，又怎能豈能等閒視之？

譬如，一八九八年三月康有為在北京召開「保國會」的時候，其聲勢之浩大，令守舊派們大為驚恐。當時守舊派最為有力的反對藉口，就是御史文悌所上長摺中所說的：「保國會之宗旨，在保中國而不保大清。」這指的其實就是國家利益和王朝利益之間的衝突，而這也是戊戌變法中最為根本的衝突。

正如黃鴻壽在《清史紀事本末》中描述的：「時百日間，變法神速，幾有一日千里之勢。其尤為雷厲風行者：一令都中築馬路，二令辦理國防，三令八旗人丁，如願出京謀生計者，任其自由。於是滿族諸人大嘩，謠謗四起。」

整個滿族統治集團很快意識到，無論變法給中國帶來多大的好處，但都要讓滿族親貴這個主要既得利益團體付出沉重的代價，不但可能喪失自己的特權，更有可能喪失三百年來一直把持的政權。改革固然是可以有利於國家，但那些守舊派和既得利益者的代價也是沉重的。

光緒自己也是滿人，何嘗不知道反對的力量主要來自於本族的既得利益者。過於激烈的改革，只能把他自己逼成全滿族之公敵。為此，他也曾下詔改善「八旗生計」，但這種安撫的策略，畢竟是遠水救不了近火，也滿足不了這些人過度的貪欲。要知道，慈禧太后和滿洲親貴大臣要的是萬世不易的「一族專政」，任何對這個「國之根本」的變法主張都是他們無法容忍的，因為這極有可能讓他們享受了兩百多年的特權和既得利益將從此一去不復返。對此，他們豈能束手就擒。

就在這一年的九月，光緒皇帝在沒有請示慈禧太后的情況下，便下令將阻撓禮部主事王照上書的禮部尚書懷塔布、許應騤等六人全部革職，第二天又破格提拔譚嗣同、劉光第、楊銳、林旭四人，讓他們以四品卿銜擔任軍機章京，參與新政事宜。這件事立刻觸發了保守派最為敏感的神經，也為變法失敗埋下了伏筆。

數日後，光緒前往頤和園向慈禧太后請示開懋勤殿時，立刻被慈禧太后劈頭蓋臉地痛罵了一頓。下午光緒皇帝回宮後，慈禧太后便接到御史楊崇伊（就是李鴻章的親家，彈劾強學會的主）的一封密摺，向慈禧太后控告了帝黨文廷式和康有為兄弟的種種「不法行為」，並攻擊光緒「兩月以來，變更成法，斥逐老成，藉口言路之開，以位置黨羽」。不僅如此，楊崇伊還捏造說，光緒將聘請日本退役首相伊藤博文做顧問，「伊藤果用，則祖宗所傳之天下，不啻拱手讓人」。最後，楊崇伊籲請老佛爺即刻訓政，「救官民於水火之中」。

不得不說，楊崇伊的筆頭是厲害，他這密摺不長，但處處打中要害。摺中所說的文廷式是珍妃和瑾妃的老師，也是維新派的幹將，一向為慈禧太后所痛恨；楊崇伊捏造康有為兄弟隨意出入宮禁，這讓慈禧太后火冒三丈；而聘請伊藤博文的傳聞更是讓她大為不安，於是慈禧太后便於次日從頤和園提前回到宮中，意在監視光緒接見伊藤博文。

光緒被慈禧太后痛罵一頓後也是心中羞憤，隨後便召見楊銳並賜以一道衣帶密詔，說：「近來仰窺皇太后聖意，不願將法盡變。朕欲痛切降旨，將舊法盡變，盡黜此輩昏庸之人，可朕之權力實有未足。果使如此，則朕位且不保，何況其他？今朕問汝，可有何良策，俾舊法可以全變，將老謬昏庸之大臣盡行罷黜，而登進通達英勇之人，令其議政，使中國轉危為安，化弱為強，而又不致有拂聖意。爾其與林旭、譚嗣同、劉光第及諸同志等妥速籌商，密繕封奏，由軍機大臣代遞，候朕熟思，再行辦理。朕實不勝緊急翹盼之至。」

說來可笑，光緒這個皇帝都覺得自身難保，那他的那些維新派、那些書生能有什麼好辦法呢？據說楊銳等人接到密詔後，大家圍在一起，一籌莫展，唯有痛哭流涕。幾個書生左思右想，終於明白還是槍桿子裡出政權，沒有軍隊，說什麼都白搭。大家想來想去，終於想到了一個人，這就是袁世凱。

當時的袁世凱，看來是個新派人物。一八九五年當康有為上書無門的時候，袁世凱曾主動幫忙請求自己的上司榮祿代遞，雖未成功，但也足見其態度誠懇。後來維新派成立強學會，袁世凱也捐了一大筆錢，並被列為發起人之一。後來，袁世凱還經常和維新派人士嚴復等一起談論新政，並通過親信徐世昌到北京與維新派康有為、梁啟超等人不斷接觸，以示對變法的關注。

這樣一來，維新派也把袁世凱引為己方，並建議光緒皇帝加以籠絡。就在政變爆發前，光緒還連續兩次接見袁世凱並特賞其為侍郎。眼看形勢緊迫，譚嗣同便自告奮勇去說服袁世凱舉兵勤王，發動政變。

梁啟超在《譚嗣同傳》裡曾繪聲繪色地記述了這樣一個廣為流傳的故事。說戊戌年八月初三的深夜，譚嗣同逕自造訪了袁世凱的住地。兩人見面後，譚嗣同便開門見山地問：「天津閱兵的陰謀（守舊派利用閱兵廢黜光緒皇帝），你可知道？」袁世凱笑而不答。譚嗣同拿出密詔，說：「如今可以救皇上的只有你一人了，你願意救就救！」

趁袁世凱在看密詔，譚嗣同手撫自己的脖子道：「如果你不願意的話，現在到頤和園報告慈禧太后，你也可以升官發財了。」袁世凱聽後厲聲道：「你把我袁某當作什麼人了，聖主是我們共戴之主，我與足下同受非常知遇大恩，救護之責，豈是你一人！你有什麼計畫，願聞其詳。」

譚嗣同聽到大喜道：「榮祿密謀在天津閱兵的時候廢黜皇上，足下及董福祥、聶士成三軍，都受榮祿的節制。到時如果政變，足下以一軍敵彼二軍，保護聖主，恢復大權，清君側，肅宮廷，將是不世之業。」

袁世凱有點為難，說：「要是皇上在閱兵的時候疾馳入我部隊的話，到時傳號令誅滅奸賊，我必定跟隨諸君子之後，竭死相救。」譚嗣同還不放心，問道：「榮祿對你向來信賴寬厚，你到時怎麼對待他呢？」袁世凱又笑而不答。

這時，袁世凱的一個謀士插嘴說：「榮賊對待袁帥並非真心誠意。以前某公想增加袁帥兵力，榮祿說：『漢人未可假大兵權。』他向來不過是籠絡罷了。」譚嗣同道：「榮祿確有曹操、王莽之才，絕世之雄，對付他恐怕不容易。」

袁世凱怒目道：「若皇上閱兵時在我的大營，殺榮祿不過就像殺一條狗罷了。」兩人商議妥當後，譚嗣同才告別袁世凱，消失在茫茫夜色之中。

可惜的是，還沒等到維新派採取進一步的行動，風暴就已經爆發了。就在光緒接見伊藤博文的第二天，慈禧太后便宣布訓政，收回光緒皇帝的權力，並下旨捉拿康有為兄弟。

時人蘇繼武在《戊戌朝變紀聞》裡描述這樣一番場景：是日，慈禧太后御臨便殿，設竹杖於座前，並召集了慶王、端王、軍機等御前大臣跪於案右，光緒皇帝則跪於案左。隨之，慈禧太后便疾聲厲色地呵斥光緒：「天下乃是祖宗的天下，你何敢任意妄為！這些大臣，都是我多年歷選，留以輔佐你的，你竟敢任意不用！還敢聽信叛逆蠱惑之言，變亂朝綱！康有為是個什麼東西，能勝於我選用之人？康有為之法，能勝於祖宗所立之法？你難道昏頭了，不肖竟至於此！」

罵完光緒，慈禧太后又轉頭責罵那些大臣說：「皇帝年少無知，你們這些人為何不加以勸阻，以為我真不管，聽他亡國敗家嗎？我早就知道他不足以承大業，不過時事艱難，不宜輕舉妄動，只得對他留心稽察管束。現在我人雖然在頤和園，但心時時在朝中。我惟恐有奸人蠱惑，所以經常囑咐你們不可因他不肖，便不肯盡心國事；所幸我現在身體還好，到時必不負你們。早些時候奕劻還再三跟我說，皇上既肯勵精圖治，謂我也可省心，我因想外臣不知其詳，並有不學無術之人，反以為我把持，不許他放手辦事，今天總算知道這樣是不行的。他是我立的皇帝，他要亡國，其罪在我，我能不問嗎？你們不力諍，便是你們的罪過！」

群臣聽後如搗蒜般地叩頭，連稱有罪。這時，軍機大臣剛毅面有喜色，上奏道：「微臣屢次苦諫，但每次都被譴斥，其餘眾臣，也有言諫過的，也有不吭聲的。」慈禧太后聽後，又轉身問光緒：「如有臣下變亂祖法，你可知道該當何罪？你想想，是祖宗之法重要，還是康有為之法重要，背悖祖宗而行康法，你何以昏聵至此？」

此時的光緒早已嚇得魂飛魄散，戰慄答道：「是我自己糊塗，洋人逼迫太急，我只想保存國脈，通融試用西法，並不敢聽信康有為之法。」慈禧太后聽後厲聲道：「難道祖宗之法不如西法，鬼子反重於祖宗嗎？康有為叛逆，圖謀於我，你不知道嗎？還敢回護他！」

可憐光緒當時早已是魂飛齒震，腦子一片空白，竟不知所對。慈禧太后又厲聲追問道：「你知道還是不知道？或者你也是同謀？」光緒皇帝戰慄了半天，說：「知道。」慈禧太后喝道：「既知道，還不將康有為正法，反要放走？」由此，慈禧太后不費吹灰之力，便將維新變法消滅於無形當中。

以往人們都盛傳是戊戌政變的發生是袁世凱告密所導致，看來，袁世凱其實是當了多年的冤大頭。正如前面梁啟超的描述，「袁世凱告密說」大都認為譚嗣同至法華寺遊說袁世凱勤王后，袁世凱佯作答允，等到他回了天津後，便立刻向直隸總督榮祿告密，於是榮祿緊急報告慈禧太后，這才有了政變的發生。為此，當時社會上就流傳著一首三言歌謠，諷刺袁世凱的出賣行徑：「六君子，頭顱送；袁項城，頂子紅；賣同黨，邀奇功；康與梁，在夢中；不知他，是梟雄。」

不過，袁世凱背上告密的千古罵名，其實是冤枉的，這又從何說起呢？據房德鄰等學者的考證，「袁世凱告密說」在時間上是不成立的。從時間上來看，假定袁世凱初五回天津向榮祿告密，榮祿初五日夜派人或親自赴京告變，按照當時城門關閉的制度，根本就來不及。而且，慈禧太后在初六日發布垂簾詔，只下令拿辦康有為兄弟，而對於罪行更大的譚嗣同卻並沒有提及，這說明慈禧太后當時並未接到天津方面的密報，不然，無論如何也不會放過譚嗣同。

當然，大多數學者也認為，戊戌政變雖然並非因袁世凱告密而發生，但袁世凱的告密卻大大加劇了政變的激烈程度。事實上，袁世凱在得到政變消息後，為了保全自己，慌忙向榮祿和盤托出了譚嗣同的密謀。慈禧太后在得知維新派想謀殺她之後，惱怒至極，使得原本和平的訓政轉變成為一場流血的政變。

由此，慈禧太后隨即發出密諭，將「張蔭桓、徐致靖、楊深秀、楊銳、林旭、譚嗣同、劉光第均先行革職，交步軍統領衙門，拿解刑部治罪。」接著，整肅行動進一步擴大化，諸多維新人士或如宋伯魯、徐致靖等被革職監禁，或如陳寶箴、熊希齡等革職永不敘用，或如徐致靖等被定罪流放，光緒皇帝和珍妃身邊的太監也倒了大霉，被杖斃四人，另枷號十人，就連光緒也被軟禁在瀛台。

最為慘烈的，當然是被殺的「戊戌六君子」。在這些人當中，康有為的弟弟康廣仁恐怕是最冤枉的，他是六君子中唯一沒做官，也不是維新派的風雲人物，他完全是死於楊崇伊密告康氏兄弟「出入宮禁」的謠言。據說，康廣仁被殺前在獄中以頭撞牆，悲痛呼號，其狀慘不忍睹！

六君子中，譚嗣同是給人印象最深的。在政變發生後，譚嗣同其實有機會脫逃，他完全可以像梁啟超一樣避居日本使館，但譚嗣同堅辭不受，擲地有聲地說：「不有行者，無以圖將來；不有死者，無以酬聖主。各國變法，無不從流血而成，今中國未聞有因變法而流血者，此之所以不昌者也；有之，請自嗣同始！」

好漢子鐵骨錚錚，譚嗣同真不愧為一個真正血性的殉道愛國者。隨後，譚嗣同便在瀏陽會館「莽蒼蒼齋」靜待捕者。被捕後，譚嗣同在獄中寫下這樣一首詩：「望門投宿思張儉，忍死須臾待杜根。我自橫刀向天笑，去留肝膽兩昆侖。」四天後，六君子未經審判，也未定具體罪名，就在菜市口刑場被殺。臨被殺前，譚嗣同叫監斬官剛毅過來，說：「我有一言要對你說！」剛毅扭過頭，不予理睬。譚嗣同朝著剛毅的背影，大呼：「有心殺賊，無力回天；死得其所，快哉快哉！」

就義之日，觀者萬人空巷。六君子引頸就戮時，風雨如晦，此時的北京，在譚嗣同等人被殺後，守舊勢力紛紛彈冠相慶。令人諷刺的是，這些顢頇汙穢的既得利益者在為最後的垂死掙扎而歡呼的時候，那些對國家民族前途真正憂心如焚的青年志士卻喋血街頭。誰也沒有料到，戊戌變法是以這樣的結果而告終。

六君子既死，各新黨維新派或逃匿，或監禁，或流放，一時敗落；而原本和維新派同氣相應的洋務派開明官僚們如李鴻章、張之洞、劉坤一等，也只得緘口自保或者乾脆靠邊站；神州上下，萬馬齊喑，唯有那些老朽昏庸的守舊大臣撫掌稱快。這些人在慈禧太后的庇護下，掌握了大清帝國的內政外交，視新事務為仇敵，這也是整個晚清最為黑暗的時期。正是在這些人的統治下，導致了最為荒謬的庚子之亂和八國聯軍之禍。

廢立之事

己亥建儲與「大阿哥黨」

光緒皇帝接任皇帝之位，事實上是因為表兄、堂兄同治皇帝過於的短命，在同治皇帝去世的時候，由於他沒有留下子嗣，這給皇位繼承問題帶來極大的困擾。

按常例，同治是「載」字輩，應當從下一輩也就是「溥」字輩中挑選繼承人為同治立嗣（同治名載淳，光緒名載湉，宣統名溥儀）。當時在「溥」字輩中，道光長子奕緯之孫溥倫最大，按理應當立他。但這個提議遭到很多皇族近支的反對，他們認為溥倫之父載治不是奕緯的親生子，而是由旁支過繼的，在血緣上差了很多。慈禧太后當時也反對由溥倫繼位，因為一旦立了「溥」字輩，她就變成了太皇太后，按祖制就不得垂簾聽政而必須退出政治舞臺，這是她所不願意看到的。

在慈禧太后的堅持下，醇親王奕譞的長子載湉被立為皇帝，也就是後來的光緒。慈禧太后之所以要立光緒，主要原因是光緒的父親是咸豐的親弟弟，母親又是自己的親妹妹，而且皇帝年幼，便於操縱。另外，還有一個重要原因便是光緒承繼的是咸豐皇帝的帝位，慈禧太后由此便可以繼續以皇太后的名義垂簾聽政。

但是，這樣的解決辦法打破了祖制並引發了「禮儀」之爭的問題。同治和光緒都是「載」

字輩，同治死後無嗣，而光緒承繼的是咸豐之位，那同治的位置就不好辦了，因為等於到了他那裡便「斷了後」，而同治的皇后（狀元崇綺之女）更是麻煩，她這個皇后按理本應該升為皇太后的，但如此一來沒了名分，在宮中不明不白的，最後被迫在同治死後的次年吞金自殉。

在同治和皇后大葬之後，有個名叫吳可讀的吏部主事在一座廢廟中仰藥自殉，以「屍諫」的形式抗議慈禧太后這種破壞祖制的做法，他還留下遺書指責慈禧太后貪戀權位，不給同治皇帝立後，罔顧親情。事件發生後，舉朝震驚，自知理虧的慈禧太后只得擬定了另一個辦法，那就是下詔稱光緒承繼咸豐帝入承大統為嗣皇帝後，等生有皇子即承繼同治帝為嗣。也就是說，等光緒到時生了兒子，將作為同治的子嗣繼位，這樣才算把名分問題擺平。

光緒進宮的時候只有四歲，便由既是姨媽又是伯母的慈禧太后照管並親自過問小皇帝穿衣、吃飯、洗澡、睡覺等生活瑣事。但慈禧太后在教育孩子方面並不是什麼行家裡手，她自己的親生兒子同治就是一個非常失敗的案例。

據宮中的太監說，光緒對慈禧太后的稱呼是「皇爸爸」，不知何解。由於其至高無上的威權，慈禧太后在對待光緒的教育方法上也是十分的粗暴性急，光緒稍微不合己意，便是譏諷、喝斥甚至責打，這對後來光緒的性格影響極大。小時候的光緒膽小怕事，聽到打雷或者大點的聲音往往都會顫抖哆嗦。慈禧太后過分的責罰，嚴重打擊了光緒的自信心，以至於其性格既懦弱怕事，但在青少年時又會出現強烈的叛逆，正如光緒在甲午戰爭和戊戌變法中的表現一樣。

心理學理論認為，兒童每在被自己父母譏笑或者虐待的時候，往往會產生一種逆反心理，但在父母的威權下，這種逆反心理又誘發一種內疚感，從而否定自己的行為。長此以往，這種環境長大下的兒童往往患得患失，做事情猶豫不決，缺乏自信。與同治一樣，慈禧對光緒造成了巨大的陰影，以至於影響到他的一生。在自卑的同時，光緒往往會不自覺地進行消極反抗，譬如見慈禧太后時總是一臉死相，讓慈禧太后十分掃興。這兩人的關係，就像是噩夢一樣。

光緒親政後逆反的表現，更是加重了慈禧太后對光緒的不信任，在她眼裡，光緒始終是個懦弱自卑、猶豫不決、依賴性強、難以獨當大任的孩子。她在光緒親政後對朝政的不斷干涉和把持，很大的原因就是出於這種心態。但慈禧太后從來沒想過的是，光緒之所以成為一個人格心理存在嚴重缺陷的人，正是因為她的粗暴教育所造成的。

光緒的一生，大部分時間是作為慈禧太后的傀儡而存在。就連在後宮生活中，慈禧太后也要對光緒加以控制，譬如眾所周知的光緒選妃事件，結果造成光緒和隆裕皇后（慈禧太后的侄女）長期沒有正常的夫妻生活，兩人在一起經常是默坐無言。而光緒後來喜歡的珍妃，卻一直為慈禧太后所厭惡。

甲午戰敗後，光緒憤而欲行變法，但維新不過百日，便遭到慈禧太后的扼殺。蘇繼武在《戊戌朝變紀聞》裡描述了這次政變，說慈禧太后稱「康有為叛逆，圖謀於我」，而惲毓鼎也在《崇陵傳信錄》也提及此事，慈禧太后當時怒罵光緒說：「我撫養你二十餘年，乃聽小人之言謀我乎？」光緒戰慄了半天，說：「我無此意。」慈禧太后唾之曰：「癡兒，今日無我，明日安有汝乎？」隨後，光緒便被軟禁在瀛台。

瀛臺本為中南海三海中的一小島，三面臨湖，只有一橋可以進出。不僅如此，慈禧太后又派來心腹侍衛對瀛台嚴密看防，光緒的任何舉動，都會有人向慈禧太后報告。《金鑾瑣記》裡說，光緒有一次逃到西苑門口，被多個太監強扭髮辮拉了回去；還有人就親眼看見光緒因要上朝而出瀛台後，仰首向天而望，剛甩開身邊的人走到乾清門，便有太監十餘人阻攔去路。

戊戌政變後，慈禧太后怕民間輿論對她不利，於是又讓太監們到酒肆茶坊裡去傳播謠言，詆毀光緒的種種昏庸不道，無端迷信西法，甚至謀殺太后（此事的有無，目前尚無定論）等等，這下反讓人覺得都是光緒的不是，而慈禧太后訓政便是理所當然。如此一來，光緒就更加孤立了。

但是，限於皇帝的名分，光緒雖然人被幽禁，但每日還得在慈禧太后的逼迫之下，像個木偶一樣上朝召見臣公，這種苦處比禁錮獨處恐怕更要痛苦百倍。每次臨朝，光緒被置於大庭廣眾之中，聲音笑貌無一自然，如顛、如聾、如啞，而大臣們對光緒也是以顛聾啞視之，彷彿對待空氣一般。

《崇陵傳信錄》裡說：「至戊戌訓政，則太后與上並坐，如二君焉。臣公奏對，上默不發言，有時太后肘上使言，不過一二語止矣。遷上於南海瀛台，三面皆水，隆冬冰堅結，傳聞上常攜小奄踏冰出，為門者所阻，於是有傳匠鑿冰之舉。上常至一太監屋，幾有書，取視之，《三國演義》也。閱數行擲去，長嘆曰：『朕不如漢獻帝！』」

令慈禧太后不快的是，外國使館常來打聽光緒的境遇，頗有干涉之意。對此，慈禧太后深以為恨，便將光緒生病的消息公然詔告天下，並為之延請名醫，以證明自己訓政的合理性。在歷史上，對天下子民公布皇帝病情的事情是極為罕見，因為這往往有皇帝將不久於人世的政治含義，而各省督撫或詫異，或覺得這是廢帝的前兆，大都不敢從命。

事實上，早在戊戌年（一八九八年）坊間便盛傳天津閱兵行廢立陰謀之說，儘管那不過是空穴來風，但也未必就是無稽之談。戊戌政變後，廢立的傳聞更是甚囂塵上，京師即傳出消息說「皇上病勢沉重，恐致不起」。公使們對此的反應，一方面是出於禮節，一方面也是擔心有人要謀害光緒，當時「駐京各國使臣聞聖躬不豫，均詣總署問安，並叩致病之由」。

在當時北京的外國使館人員中到處流傳著這樣的謠言：「皇上被毒死了」、「皇上病得很重很重」、「皇上被囚禁了」、「新的皇位繼承人已經選定」等等，而坊間傳聞慈禧太后在政變後不斷地處死太監（確有其事），更是加劇了這種恐慌情緒。

在外國人間具有強大影響力的《字林西報》不斷發布消息，暗指光緒帝已經被謀害，並暗諷各國使節有權知道真相，「這些人都是被遣到中國皇帝的宮廷中充當代表的，而不是被派遣到一個竊居中國宮廷的僭篡攝政那裡的」。

外國公使之所以對廢立傳聞如此有興趣，主要是他們大都對維新的光緒皇帝抱持著同情的態度而不願意看到守舊的慈禧太后再度執政。在這些人中間，英國方面表現最為積極，他們的兵艦在戊戌政變之後便開到大沽口外，以示對事件的關注。在主管外務的慶親王奕劻向英國公使竇納樂闢謠並表示光緒帝情況良好時，竇納樂則提出消除外界疑慮的有效辦法，那就是「找一位外國醫生為光緒

大阿哥溥儁，端王之子。這個少年可能不知道，圍繞著他和皇位即將引發一場巨大的災難。

看病，並簽署一份光緒的健康證明書」。為了防住外國公使們的口，清廷最後只好邀請法國使館醫生德對福（Dr.Detheve）給光緒帝看病並證明病況，結論是「病勢無大礙，惟患血虛之症」。

廢立之說傳開後，地方實力派也紛紛表示反對。兩江總督劉坤一約湖廣總督張之洞一起諍言不可，但後來張之洞突然後悔，途中將摺子追回。劉坤一得知後笑道：「香濤見小事勇，見大事怯，姑留其身，以待後圖，吾老朽，何憚。」遂復電榮祿，曰：「君臣之義至重，中外之口難防。坤一所以報國者在此，所以報公者亦在此。」榮祿以坤一電入奏，慈禧太后因懼而止。

不僅如此，國人對此也是一片譁然，上海的候補知府經元善在眾人擁戴下，徵得萬人簽名，上書反對廢立之事。慈禧太后得知後大怒，命立刻捕殺經元善，幸好他及時的逃到了澳門才倖免於難。

在經歷了這麼多波折之後，「廢立」之說也就偃旗息鼓，而突然改成了「建儲」計畫。事實上，在當時「皇權神聖」的情況下，廢黜光緒皇帝並非易事，而慈禧太后改立「大阿哥」也是另有隱情，這往往是研究者所通常所忽略的。

隱情之一，由於光緒皇帝從小就身體較差，從後來的一些病症記錄來看，他患有長期腎炎等疾病並導致經常性遺精甚至早洩，其有無生育能力本身就是很大的疑問。對於這一點，慈禧太后想必也是心知肚明，畢竟隆裕皇后是她的親侄女。

隱情之二，由於光緒皇帝在戊戌變法時可能存在謀逆慈禧太后的「圍園之謀」，這讓慈禧太后在感到傷心的同時，自然而然的想到自己早逝的親生兒子同治皇帝。在之前的許諾中，光緒皇帝生下兒子後將作為同治皇帝的嗣子繼承皇位，但考慮到光緒皇帝的身體狀況，慈禧太后只能通過立大阿哥的方式來為同治立嗣。

另外，由於同治皇帝和光緒皇帝都是幼年繼位，這種幼皇帝的朝政制度不僅隱患巨大，也令大臣們感到憂心忡忡，假如光緒皇帝無後，而慈禧太后已經年歲漸高，一旦兩人發生意外，必然要再次立一幼年皇帝，這將對未來的朝政帶來不可估量的危險。由此，以「立大阿哥」的建儲方式作為備選，也有利於改進和完善候補皇帝的教育，為其將來的執政打下良好的基礎。畢竟，一位合格的皇帝是需要多年培養的，並不是說上位就上位的。

對清宮內幕頗有所知的禦史惲毓鼎在《崇陵傳信錄》裡說，當時最熱心己亥（一八九九年）建儲的有三個人：第一個是同治皇后的父親承恩公崇綺，他在同治及皇后死後便久廢在家，鬱鬱不得志；第二位是同治原來的師傅大學士徐桐，他當時雖然已屆八十歲，卻常常倚老賣老，貪好弄權；第三位禮部尚書啟秀，他在戊戌政變後受徐桐舉薦入了軍機處，也就跟在徐桐的後面想「邀定策功」。

在恭親王奕訢去世後，當時軍機處以禮親王世鐸為首，但世鐸是個保守中庸的老官僚。當時最受慈禧太后信任和重用的其實是大學士榮祿，可謂是言聽計行，大權實歸。徐桐幾個人商議好後，便讓啟秀先去見榮祿，探聽下他的意思。榮祿聽後大驚，趕緊將啟秀打發走，並令門房將訪客全部拒之門外。啟秀走後，徐桐和崇綺來到榮祿府上，不得其門而入。

不過，在《方家園雜詠紀事》中卻描述一個更加有趣的畫面，說徐桐和崇綺將廢立之奏稿密請慈禧太后閱後，慈禧太后說：「你兩人須先同榮祿商定。」於是兩人便去見榮祿，說奉太后懿旨，將此稿給榮祿看。榮祿接稿看後，突然以手捧腹大叫道：「啊呀，這肚子到底不容啊，適才我正在茅廁，瀉痢未終。聞兩公來有要事，提褲急出，今乃疼不可忍。」說完，榮祿丟下他們兩個蹌踉奔入，良久不出。這時天正嚴寒，徐桐二人納稿於袖，移座圍爐。再說榮祿，其實哪裡是什麼肚子疼，其實是偷偷出去找幕僚樊增祥商議對策去了，卻把徐桐和崇綺兩老頭撂那兒了。

等榮祿回來，他又說：「剛才還沒看明何事，今請一看。」於是又接過奏稿看了數行，隨後便突然將稿子往火爐裡一塞，火焰騰起，榮祿還連聲說：「我不敢看哪！」（好個奸猾的榮祿！）徐桐大怒，說：「此稿太后閱過，奉懿旨命爾閱看，何敢如此。」榮祿說：「我知太后不願做此事。」徐桐兩人爭說實出太后之意。榮祿說：「我即入見，果是太后之意，我一人認罪。」於是榮祿便去見慈禧太后，痛哭碰頭，說冒此大險，萬萬不值，一旦招起大變，恐怕禍及太后，慈禧太后這才懼而不敢作。

對於此事的結局，《崇陵傳信錄》作了一個稍微不同的描述，說榮祿去見慈禧太后說：「傳聞說將有廢立之事，是真的嗎？」慈禧太后故作敷衍：「沒有啊。這事行得通嗎？」榮祿說：「太后要做的話，誰又敢說三道四呢？只不過皇上罪行不明，要是外國公使起而干涉的話，這不可不懼啊。」慈禧太后說：「事情已經洩露出去了，這可怎麼辦？」榮祿說：「倒也無妨，皇上春秋已盛，仍無皇子，不如擇宗室近支子弟建為大阿哥，為上嗣子，兼祧穆宗（同治），育之宮中，徐篡大統，這樣就師出有名了。」慈禧太后沉吟良久後說：「你說得很對。」幾天後，慈禧太后召集近支王公貝勒、御前大臣、內務府大臣、南上兩書房、翰林部院尚書在儀鑾殿開會。當時人都以為要行廢立之事了，內廷蘇拉還說：「今日要換皇上了！」不過最後詔書下來，卻是立溥儁為大阿哥之事，也就是歷史上說的「己亥建儲」。

榮祿這個人，一向喜歡在幕後操作，對於廢立之事，他也不敢輕舉妄動。清人筆記上還記載了他尋訪李鴻章意見的事情。陳夔龍在《夢蕉亭雜記》裡說，榮祿將廢立之事告知李鴻章後，李鴻章起而大聲道：「此何等事，詎可行之今日。試問君有幾許頭顱，敢於嘗試此事？若果舉行，危險萬狀。各國使臣，首先抗議，各省疆臣更有仗義聲討者，無端動天下之兵，為害曷可勝言。東朝聖明，更事最久，母子天倫，豈無轉圜之望。是在君造膝之際，委曲密陳成敗利鈍，言盡於此。」榮祿聽後急忙回報慈禧太后，說以此事不可行。

《語林》中也記載了這樣一個故事，說榮祿去見慈禧之前，先拜訪了李鴻章。當時李鴻章因為甲午戰敗，聲譽掃地，雖然說是入閣辦事，實際上無事可做（清代內閣大學士與軍機大臣非同日可語也），每日只是閒居賢良寺，門可張羅。一日榮祿來訪，兩人深談至晚餐。這時，榮祿摒退左右，說：「太后將行大事，天位當易，惟亡命者肆意鼓吹，恐友邦為所惑，夙知公嫻習外情，煩一探其向背。」

李鴻章說：「我辦外交數十年，皆人先謁我，且此是內政，先詢人，失國體。如必詢，當授我以兩廣總督，我先於泰晤士報傳其風說，屆時外賓必來賀我，詢我以國事，我可就而探之。」榮祿大喜，回報慈禧太后不久，李鴻章便被任命為兩廣總督。外國公使們聽說李鴻章調任兩廣總督，紛紛來賀，於是李鴻章便轉叩其意，外國公使稱他們國書是致光緒帝的，今易帝位，是否繼續承認，尚須請示本國云云。李鴻章後來便說外國公使不願承認新帝，於是內禪之議暫止，最後只是立了大阿哥。

隨後，慈禧太后以光緒的名義發布詔書：「朕沖齡入承大統，仰承皇太后垂簾訓政，殷勤教誨，巨細無遺。迨親政後，正際時艱，亟思振奮圖治，敬報慈恩。乃自上年以來，氣體違和。惟念宗室至重，前已籲懇皇太后訓政一年有餘。朕躬總未康復，郊壇宗廟諸大祀，不克親行。

值茲時事艱難，仰見深宮宵旰憂勞。不遑暇逸，撫躬循省，寢食難安。敬溯祖制締造之艱難，深恐勿克負荷。且入繼之初，曾奉皇太后懿旨，俟朕生有皇子，即承繼穆宗毅皇帝為嗣。統是所關至為重大。憂思及此，無地自容。諸病何能望癒，用再叩懇聖慈，就近於宗室中慎簡賢良，為穆宗毅皇帝立嗣，以為將來大統之畀。再四懇求，始蒙俯允。以多羅端郡王載漪之子溥儁繼承穆宗毅皇帝為子。欽承懿旨欣幸莫名。謹敬仰遵慈訓，封載漪之子為皇子。將此通諭知之。」

在皇親近支中，慈禧太后最終選了端王載漪的次子溥儁為大阿哥人選，載漪為道光第五子奕誴次子，咸豐十年（一八六〇年）過繼給瑞親王綿忻為孫，襲貝勒爵位；一八八九年加郡王銜；一八九四年慈禧太后六十大壽時被封「瑞郡王」，不巧詔書錯寫成了「端郡王」，後來便因錯就錯改稱「端王」了。載漪的福晉，一說是慈禧太后弟弟桂祥之女（慈禧太后的內侄女），另一說是慈禧太后的養女，不過有一點可以肯定，那就是載漪的福晉經常出入宮中，頗得慈禧太后的歡心。

由於名位和才幹並不突出，載漪在戊戌政變之前少有建言，不為人所注意。但「廢立」之說興起後，載漪很快被推到了前臺，而他也絕不會放過這個千載難逢、稍縱即逝的機會。隨後他幾乎是不擇手段、費盡心機培植自己的政治勢力，以圖把兒子溥儁扶上皇帝的寶座。

按照慈禧太后的懿旨，溥儁是按當年吳可讀之議而入繼穆宗同治為嗣，名號為「大阿哥」。隨之，十五歲的溥儁被接到皇宮內弘德殿讀書，由同治帝的岳父承恩公崇綺和原同治的帝師大學士徐桐為師傅。溥儁的太子地位，很快便在其本生父端王載漪周圍形成「大阿哥黨」，當時有軍機大臣剛毅、大學士徐桐、禮部尚書啟秀、戶部尚書崇綺等人，此外還有莊親王載勳、載漪的兄弟載濂、載瀾等人。

這些人當時可分為兩類，一類是以剛毅、徐桐為代表的頑固守舊官僚，他們不通外務，一貫仇洋；另一類則是以載漪弟兄為首的滿族親貴，這些太子黨從小便不學無術，卻有著極強的權力欲望。當他們聽說外國公使試圖阻撓「廢立」之後，更是群情激憤，恨得牙癢癢。

由此，這兩類顢頇宵小之徒湊在一起，在庚子年胡搞一氣也就不奇怪了。

教案不斷

宗教禮儀下的中西方摩擦

基督教原本起源於西元一世紀的巴勒斯坦，西元四世紀時成為羅馬帝國的國教。隨後的一千多年中，基督教逐漸演變為羅馬公教（在中國稱為天主教）、東正教、新教三大派。在唐朝的時候，天主教的一個派別曾傳入中國，當時被稱為景教。明中期至清初的時候，由於東西方海上新航線的開闢，羅馬天主教修會派出了大批的傳教士來到東方傳教，這使得天主教在中國有所傳播並產生了最初的一批教民。

當時前來中國傳教的天主教修會主要有耶穌會、方濟會和道明會等，其中又以耶穌會勢力最大。耶穌會是由西班牙貴族羅耀拉在一五三四年於巴黎創立的，其成立不久便開始向亞洲派遣傳教士。第一個來到中國的耶穌會士為方濟各·沙勿略，他是在嘉靖三十年（一五五一年）抵達廣東的，而隨後而來的知名傳教士還包括利瑪竇、湯若望、南懷仁等人。

在這些早期的傳教士中，義大利人利瑪竇最為人所熟知。利瑪竇是在萬曆十一年（一五八三年）的時候來到中國的，他主要是通過結交上層士大夫的方式進行傳教，並以此來提高天主教的聲譽。在他的影響下，明朝的官員徐光啟、李之藻、楊廷筠先後受洗入教，後人稱之為「明末天主教三大柱石」。

在利瑪竇等西方傳教士和徐光啟等中國學者的合作下，翻譯和撰寫了許多有關天文、曆算、地理學、物理學及語言學的著作，促進了當時中西方的文化交流。後來的傳教士南懷仁、張誠等人也得到了康熙的信任並為他們的傳教提供了便利。由於與官方關係良好，耶穌會在中國發展比較順利，在崇禎十年（一六三七年）時便發展了教徒四萬人，到康熙三十九年（一七〇〇年）更是達到三十萬人。

方濟會（也譯稱為「方濟各會」，或譯稱為「法蘭西斯會」）是天主教托缽修會派別之一，其在拉丁語是「小兄弟會」的意思，因為他們都身穿灰色會服，故被人稱為「灰衣修士」。方濟會提倡過清貧生活，初創時會內不置產業，靠雙手工作為生或者行乞，故為托缽派。

道明會（又譯為「多明我會」，也稱「布道兄弟會」）也是托缽修會的主要派別之一，它是一二一五年由西班牙貴族多明我所創立的，其會士均披黑色斗篷，因此被人稱為「黑衣修士」。多明我會的高奇神父在一六三一年從菲律賓進入中國傳教，但在高奇神父去世後，接替他的黎玉范神父卻惹下大麻煩，其引發了中外教會史上著名的「禮儀之爭」，結果使得天主教在中國上百年的努力幾乎化為泡影。

歷史上，利瑪竇等傳教士為了傳教而採取了尊重中國文化的做法，這引起了方濟會和道明會傳教士的反對。黎玉范神父來華後，他在向羅馬教廷的報告中指責耶穌會寬容中國信徒的祭祖、尊孔等行為，有違教義，由此爆發了教廷與清廷的「禮儀之爭」。這場爭論從東方發展到西方，一共持續了半個多世紀，最終的結果是導致了清廷的「百年禁教」。

「禮儀之爭」的實質，其實是天主教是否應該適應中國文化的問題。在後來的傳教士中，很多人不願下功夫學習中國文化，也沒有像利瑪竇那些早一輩的傳教士那樣對中國文化習俗給予應有的尊重，他們大都帶著歐洲文化至上的思想，對中國文化習俗採取輕率否定的態度，加上各修會之間的私利之爭，最終引發了這場「宗教地震」。

一七〇四年，教皇克雷芒十一世發布教諭，禁止中國教徒祭祖祀孔，並派遣特使鐸羅前往中國覲見康熙並宣讀禁令。鐸羅來到中國後，他不敢和康熙發生直接衝突，但回到南京的時候他突然以公函的形式公布了教宗克萊孟十一世的禁令，並聲稱凡違反禁令的人必須趕出教會。

康熙得知後大為震怒，立即下詔將鐸羅押解到澳門拘禁，並明確聲明教皇無權干涉中國事務。不僅如此，康熙還命令所有在華傳教士必須向內務部申請「印票」（即「永居票」），印票上寫明姓名、年齡、來華日期及永不回西洋等內容，無印票者一律驅逐出境。在這種情況下，一部分傳教士怕觸犯教規而拒領印票並被迫離開中國，而另一部分人這領取了印票，以繼續在中國傳教。

一七一五年，教廷與清廷之間的「禮儀之爭」愈演愈烈，教皇克雷芒十一世重申前禁，違者與異端

清末的在華主教雖然很有學問，但底下的傳教士良莠不齊，也難免與鄉民發生衝突。

同罪。一七二〇年，教皇派遣的特使嘉樂來到中國，請求康熙允許傳教士和教徒遵守教皇《禁約》，康熙看完《禁約》後批示道：「西洋人等小人，如何言得中國之大理？堪況西洋人等無一通漢書者，說言議論，令人可笑者多。今見來臣告示，竟與和尚道士異端小教相同。彼此亂言者，莫過於此。以後不必西洋人在中國行教，禁止可也，免得多事。」

一七二三年雍正繼位後，採取了更為嚴厲的禁教措施，在華的傳教士除留下二十多名有技藝之人在欽天監等地任職外，其餘全部逐往澳門，並將天主堂改為天后宮、糧倉、公廨或完全毀掉，中國人被明令禁止入教，這種局面一直持續到鴉片戰爭。在此期間，除了極少數留在澳門的傳教士在間或兩三年中潛入內地暗中傳教外，公開的傳教活動已經基本停止。

第一次鴉片戰爭後，一八四四年簽訂的《中美望廈條約》中規定洋人可以在通商口岸建立禮拜堂，而同年簽訂的《中法黃埔條約》中還增加了保護教堂和墓地的規定。由此，清廷歷時上百年的禁教令開始鬆動。

一八四六年，應法國特使拉萼尼的請求，道光發布上諭：「所有在康熙年間各省舊建天主堂，除改為廟宇民居毋庸查辦外，其原舊房屋各勘明確實，准其給還該處奉教之人。」由此也引發了一些歸還舊址的衝突。

在第二次鴉片戰爭後，外國傳教士獲得了在中國內地購地置房、建堂傳教的權力。由此，基督教各教派的活動便活躍起來，由此也引發了諸多的事端。究其原因，仍舊是基督教與中國文化的衝突，特別是在西方文明已經顯現出其優越性而中國已經相對落後的情況下，這種衝突便顯得更加的激烈。

和利瑪竇時期相比，這時的來華傳教士大都抱著西方優等文化的心態，在他們的眼裡，中國早已從《馬可波羅遊記》裡的強盛之邦變成了一個窮國和弱國，不再有昔日的輝煌了。正如基卜林在《白種人的世界責任》一書中所說的，當時的傳教活動並不是對中國的同情，而是傳教事業和西方文化滲透的需要。歐美列強對中國的資源和市場很感興趣，而傳教士的雄心更大，他們志在改變中國，並企圖用基督教義來取代中國的傳統文化。

但是，西方傳教士的目標是很難達到的。首先，基督教的教義與中國的傳統文化不甚符合，譬如《聖經》裡稱耶穌無父有母，其母瑪利亞又是未婚而孕，中國人對這種神話除了覺得荒謬外，基本很難接受。

再者，如唐德剛在《晚清七十年》裡所說，中國人從歷史上來說就是一個無宗教的民族，群眾百姓隨拜隨信，神佛道雜然相處，多個耶穌上帝也不為多，但若要全聽全信，則斷無可能。畢竟，中國人受上千年的儒家文化薰陶影響，很難拋棄中國的傳統。

如果僅僅是信仰的問題，倒也還不至於構成激烈衝突。在士大夫眼中，基督教不過是些異端邪說罷了，大可不管不問，或者等同於和尚道士。但問題是，基督教是一個入世的宗教，它特別強調社會組織和交流。對於教民來說，宗教就是生活，他們從生到死，出生、教育、婚姻等社會活動都被納入到教會的圈子中進行，這種格格不入的生活方式在當時的環境下就很容易引起衝突了。

在中國人的傳統生活中，社會交往活動都是在家族和村落的組織下進行的，如今教會進來後，它在很大程度上打亂了原有的社會秩序，一部分信教的村民開始脫離了傳統的社會圈子，他們不再參加清明祭祖，不再為迎神賽會集資，不再參加龍王廟的求雨儀式，甚至不再參加村裡的公共活動。這些教民在教會的組織下，定期的聚集在一起做禮拜，這在其他人的眼中，教民們不敬祖先，行為古怪，離經叛道，完全成為群體外的「異端」。特別在教民人數少的村莊裡，教民更是受到歧視，他們甚至不准使用村裡公用的井水。

但是，教民有一個優勢便是他們的組織性，這是傳統鄉村中的村民所不具備的。正因為這種組織性，即使教民們在村莊裡處於人數上的劣勢，但他們在與村民的對抗中也並不一定處於劣勢。在當時的民、教衝突（特別是在訴訟）中，由於有傳教士的介入和幫助，教民的勝算反而更大。

正如當時的軍機大臣趙舒翹曾說的：「入教之民，良莠不齊。其奉教安分者，固屬不少，而倚教士為護符，欺壓鄉里者，亦復所在皆是。往往以錢財細故，動輒涉訟；甚且顛倒是非，混淆黑白，地方官亦明知審斷未平，不得不含糊了事；小民受其魚肉，積不能平。此等情形，各國主教焉能得知。無非聽教民一面之詞，動謂民曲教直。於是，小民之冤無處申訴，釀而為義和團會矣。」

在十九世紀末，教案的問題越來越激烈，譬如泰安府的一份稟報中便提到：「去歲（一八九九年）拳民（義和團參與者）搶教，牽連數府，到處回應，其事雖出於拳民之太過，其根實由於教民之太橫，以平素本不安分之人，一入教中，便思尋仇報復，父兄亦可控告，鄰里視同寇仇，欠債不還，轉思反控，差傜不應，派累平民，每遇詞訟，誠如憲諭，地方官畏之如虎，明知教民不是，反責押平民，甚至教士為教民包攬詞訟，該教民並不遞訴狀，但憑教士函片，即簽票傳人，差役之需索騷擾，片紙下鄉，中業傾產，曲直未判，真偽未分，而良民已受無窮之累。且有因調處教案而訛索多端，復令平民作樂放炮，叩求設席，以求了結。」

事實上，因民、教衝突引發的教案並不僅見於十九世紀的最後幾年，這其實是一個由來已久的歷史問題。譬如一八七〇年的天津教案，當年四、五月間，天津發生多起兒童失蹤綁架的事件，而恰在這時，因為天氣炎熱、疫病流行，教會育嬰堂中收養的多名孤兒患病而死。於是乎，謠言遍天津，什麼洋人「迷拐童男童女，剖心挖眼，以為配藥點銀之用」、「將人以毒藥養成千里眼，及照相機器，扒心熬油，鑄蠟燭點燈，以照金礦」等等。這些謠言有鼻子有眼，不由得你不信。本來嘛，那些洋人長得鷹鼻深目，行為舉止古裡古怪，看起來就不像好人，成為謠言的受害者也就很自然了。

後來，有個偷拐兒童的匪徒武蘭珍被一名當地人扭送到官府，他在口供中捏造教民王三及教堂是合作夥伴，這下是弄得民情激憤，士紳哄然，書院停課，給官府和教堂產生了很大壓力。在這種情況下，天津知縣將人犯武蘭珍帶到望海樓天主堂對質，卻發現該堂並無王三其人，教堂內也無人認識這個武蘭珍。但是，不明真相的群眾得知後趕來，數千人將教堂圍了個水泄不通，諸多人等不肯散去，以至於引起了極大混亂。

法國駐天津領事豐大業得知後，在要求總督崇厚派兵解救教堂沒有得到滿意答覆後便親自前往教堂，不料其在與知縣劉傑理論的時候竟然怒而開槍，結果將知縣的隨從打死。群情激憤之下，豐大業及其祕書被亂拳打死，連帶天主教堂裡的十名修女、兩名神父，還有另外兩名法國領事館人員、兩名法國僑民、三名俄國僑民和三十多名中國信徒都死於非命，而法國領事館、望海樓天主堂、仁慈堂以及當地英美傳教士開辦的四座基督教堂也都全部被焚毀。由於這些參與者中尚有不少蓄有異志的祕密社團，使得這個事件更加的撲朔迷離。

事件發生後，以法國為首的七國公使向總理衙門提出抗議，外國軍艦也前來天津梭巡示威，局勢很緊張。當時聲望正隆的直隸總督曾國藩受命處理這事，最終結果是處死十八人，充軍流放二十五人，天津知府張光藻、知縣劉傑被革職充軍，北洋通商大臣崇厚還親自前往法國道歉。所幸的是，在事件交涉過程中，法國因在隨後的普法戰爭中一敗塗地，沒有時間和精力繼續糾纏此事，天津教案這才宣告平息。但曾國藩卻由此落得罵名，成為其晚年的一件憾事。

從一八五六到一八九九年的四十三年間，中國共發生重大教案七百多件，天津教案便是其中最典型也是影響最大的，類似的小教案還有很多。

究其原因，終歸是中外雙方的互不瞭解，加之外國人根據條約在中國享有一些特殊權利，譬如領事裁判權，他們不受中國法律的制裁而得到領事的保護，就連傳教士的寓所和教堂，中國方面也無權管轄，即使中國犯人逃到那裡，官府不能去逮捕。就連官府賠給教民的損失，也是由傳教士發放。有了這一系列的特權，部分外國傳教士為所欲為，任意包庇不法之徒、干涉詞訟，也就是不奇怪了。

更荒唐的是，外國傳教士除了種種特權以外，他們竟然還要求清廷給予相當品位，如總理衙門在一八九六年三月頒布了一個地方官接待主教、教士事宜的條例，其中規定：「總主教或主教，品位與督撫相同；攝位司鐸，大司鐸與司道同級；司鐸與府廳州縣同級；教案發生時，主教司鐸轉請護教國公使或領事官，同總署或地方官交涉辦理，也可以直接向地方官商辦。」如此一來，傳教士居然可以與清朝官員平起平坐了，傳教士中的部分奸猾之徒得此何以不倡狂呢？

至於那些入會的教民，除了極少數自明末清初便開始信仰天主教的之外，有很大一部分並非是出於信仰，而是因為生活艱難、企圖獲得物質援助而信教受洗，譬如後來當地人說的：「有很多窮人參加，他們並不是真信教，而是生活沒出路，為窮困饑寒所逼。入教只是為吃教堂供給的饃饃，或用教堂兩吊錢。」當地官員也證明說：「天主教民衣不蔽體，食無隔宿，儲床灶於一掾，貧困如此。」

貧困的教民入會倒也還問題不大，麻煩的是一些不法之徒為了尋求保護而加入教會。這類人有兩種，一種是因為參加反清組織如白蓮教等，在官方的追捕下而加入教會求得庇護，有的甚至整個家族、整個村莊的人全部投入教會，這在後面也會提到。另外一些人可能就是一些市井無賴、流氓惡棍，這些人「一旦入教，即可以無所不為耳，犯法者，入教可以逃刑，報怨者，入教可以雪恨。入教之後，不但可以抗官府，免差徭，凡魚肉鄉里之事，恣其所為。」這類人往往是挑起民教衝突的主凶，人數雖然不多，但為惡極大。一旦教會中有這樣的一兩個人，當然不會有什麼好名聲，譬如美國長老會一八八六年在山東發展了新教民一百一十三人，同一年卻有一百二十八人被開除教籍。

較之其他地區，山東的情況更為特殊一點。天主教很早便在山東傳教，當時天主教會在臨沂、東昌等地發展教民，即使在雍正朝禁教以後，山東有些地方也還殘留了一些世代信仰天主教的教民家庭，譬如陽穀縣的坡裡村就一直保留下來天主教的組織，據西方傳教士的記載，「當傳約瑟神父乘著手推車吱吱嘎嘎地來到坡裡村時，那裡一千位居民（都是農民）中還有一百五十八位基督徒（後來這裡成為聖言會的據點）」。

在鴉片戰爭後，天主教各修會及新教各差會紛至踏來，在山東展開傳教活動。一八八八年的時候，山東共有教徒一萬六千三百五十六人，大小聖堂一百二十座，中西神父二十位。天主教各修會除了以前來過中國的以外，又有一些新建立的修會來到山東，其中最討厭的「麻煩製造者」是德國的聖言會，因為他們不但屢屢製造教案，而且為後來德國侵占膠州灣直接提供了藉口，其對山東本就激烈的民、教衝突發揮了火上澆油的作用。

中國作為一個傳統的專制社會，儒家思想一直占據主流，而其他的傳統風俗習慣及佛、道、神巫等宗教和文化相互摻雜，由此形成了一個弱勢平衡。外國教會的貿然闖入，打破了這樣一種弱勢平衡，其引發的後果是很嚴重的。正如傳教士自己說的：「所有的中國人，只要他違背了他們國家的傳統宗教習慣，特別是祖先崇拜，（他）即將被認為是對祖國的背叛和對祖宗的忘恩負義。」

假使做個情景設定，想必當時的村民在村口是這樣對話的：「嗨，老張，村東頭那個什麼破教堂的你看到了嗎？」「看到啦，什麼狗屁玩意，招一幫人在那跳洋大神！」「可不是咋地，村裡的小三子，還有那個小六子，都是專門敲小寡婦門的小流氓，還有王家村的那個小翠花，平時就風流跟窯姐兒似的，都信了教了，嗨，成了什麼兄弟姐妹了，這下好了，他們可有的做了！」「對啊，你看，他們在那個叫什麼教堂的裡面，不幹什麼好事，盡瞎扯淡了。」「是啊，他們這麼瞎扯，可官府還不敢管他們，這些王八蛋在這裡趾高氣揚地欺負我們，他們卻連個屁都不敢放，什麼世道？」「就是啊，什麼狗屁官府，一點不為我們老百姓著想，什麼時候我們一定要給這些二毛子一點厲害看看！」

當然，以上對話基本虛構，如有雷同，純屬巧合。但如此對話卻並非是沒有根據，假如用一句話來總結的話，那就是傳教士的傳教活動導致中國的傳統鄉村分裂成為兩個族群，鄉民和教民彼此間輕蔑厭惡，由此也是產生爭端的根本原因。

對傳統文化和社會秩序的衝擊，加上民教之間的私人喜好及恩怨，因天災人禍引發的貧富差距及赤貧化等方面因素，特別是德國侵占膠州灣後引發的外國侵略及其帶來的民族危機，這種衝擊的後果和一系列的懲罰往往會落在教民與教會的身上，因而在十九世紀末的種種教案層出不窮，在適當的條件下，星星野火也就成了燎原之勢，以至於難以收拾了。

假面和平

各國間的友誼、疙瘩和敵意

從馬戛爾尼等人訪華被逼下跪，到外國公使在北京設立使館，其間經歷了近半個多世紀，且不乏血與火的中外衝突。第二次鴉片戰爭結束後，清廷被迫接受列強要求派駐公使的外交要求，雖然這早已被各國視之為國際通例。

一八六一年後，英、法等國公使開始陸續來到北京常駐。到了庚子那年，總共有十一個國家在北京設立使館並主要集中在東交民巷一帶，加上為外國人及其商貿活動服務的洋行、郵局及銀行等機構，便形成了一個主要由洋人聚集的特殊地區，也就是當時所稱的使館區。

在最開始的三十多年裡，中外之間尚且相安無事，當時各國政府也主要依靠使館中的一些「中國通」來與清廷打交道。但到了十九世紀九〇年代後，世界經濟的發展發生了重大變化，那就是「貿易取向」逐漸被「資本投資取向」所代替，而清廷在甲午戰爭中的重大失敗更是導致遠東國際關係平衡被打破。在此情況下，歐美列強紛紛採取激進的外交措施，力圖擴大自己的在華權益，這也是戊戌變法前所形容的「瓜分」局面出現的由來。

與此相對應的是，各列強在一八九五年之後將原先的一些「中國通」陸續召回，而接替他們的大都是一些對中國事務一竅不通的外交官們。譬如英國，在駐華公使歐格納被調走後，接任他的是原駐開羅的總領事竇納樂少校。竇納樂原本是位非洲事務專家，據說他的越級擢升完全是出於一個誤會，他本人也常開玩笑說他的任命其實是因為英國外相將名單搞錯了，這才僥倖獲得了這個職位。

對於此人，老一輩「中國通」、總稅務司赫德曾說：「竇納樂的任命很值得關注，我輩之人多年來將中國人視為有文化和文明之民族的努力將被竇納樂擊敗，因為此人對東方一無所知，而其工作方法是基於對付尼格羅人（非洲黑人）的經驗。」赫德的話並非是無端指責，竇納樂在一八九六年的一份電報上就曾輕蔑地說：「歐洲或者任何文明國家的統治者都不會像這些人（指清廷）一樣管理國家，將中國看成是一個文明國家實在是大錯特錯。」

無獨不偶的是，在中國待了三十三年的德國公使巴蘭德被奉調回國後，接替他的申克和海靖也都是非洲事務專家，而海靖是個極其強蠻粗暴的人，總理衙門的人對他十分頭疼。

義和團時期的英國公使竇納樂（左）和法國公使畢盛（右），這些外國公使們當年的關係事實上不太和平。

一八九九年後，克林德男爵接替海靖成為新任德國駐華公使，這個人則是一個「愛衝動」（英國公使竇納樂語）、「十分粗魯的日爾曼人」（義大利公使薩瓦戈語），他的人緣差到連使館區的各國外交官都對他側目而視。

克林德為人驕傲自大，一向自詡為當時在華外交官中唯一懂得中國事務的人，因此他不僅蔑視中國人，對公使團的同事也一貫是瞧不起的。克林德的傲慢和刻薄，也許是因為他曾經在十年前擔任過德國駐華使館的臨時代辦，但實際上他對中國的事務同樣是茫然無知。所幸的是，克林德的夫人，這位美國底特律鐵路大王萊得亞的獨生女，既年輕又善於社會交往，這才稍微緩和了克林德在北京外交界的孤立狀況。

法國的情況也很類似，在「中國通」施阿蘭被調走後，接替他的是國會議員畢盛。畢盛出生於一個中產階級家庭，雖然性格隨和、人品不錯，但由於歐洲外交官大都是貴族世家子弟出任，因此畢盛的出身在他們中間實在是不值一提。畢盛的夫人是里昂一家著名餐館老闆的女兒，為人熱情善良，但她的出身卻常被公使團的其他夫人們所嘲笑，甚至連其熱情待客的習慣也被惡毒地解釋為「生來具有的酒吧女風度」（暗指她家的餐館業背景）。

更令人討厭的是，畢盛為人吝嗇，他在請客的時候常常在酒裡摻水。對於這兩口子，當時的畢盛被諷刺為：「最不擅長外交的外交官，他來自政界，平民階層的社會黨，然後當了記者，是一個有著大眾文化背景的普通人。由於他自己沒有風度，夫人又每每失禮給他帶來麻煩，因而他不被同事喜歡。」

當時公使團的團長是西班牙公使卡洛幹公爵，他性格開朗，在中國待的時間最長。但卡洛幹當時已經六十七歲，他既缺乏熱情，也無領導能力，而且視力極差。因此，公使團的實際領導人其實是英國公使竇納樂（這也是和英國當時的在華地位相稱的）。另外一位和他類似的是奧匈帝國的公使濟坎伯爵，他和卡洛幹一樣，由於本國在中國無特別大的利益，因而對在中國的外交事務也不甚關心。在一些回憶錄裡記載說：「濟坎當時最大的樂趣就是蒐集各種鹿角，這個癖好在整個北京城都頗有名聲。在英法等國在為爭奪在中國的權益而四處奔忙的時候，這兩位老資格的外交官卻基本無所事事，樂得享受自己的生活。另外還有一位經常被遺忘的公使，那就是比利時的姚士登，他也無甚大事，加上患有心臟病，因此在公使團中常常被忽略。」

在各國紛紛更換自己的外交官時，義大利也調來了其在非洲的主力外交官、駐開羅的公使馬蒂諾前來中國上任。可惜的是，馬蒂諾毫不瞭解中國事務，在很短的時間內便在一八九九年的「三門灣」事件中使義大利犯下大錯（在此事件中，義大利不但毫無所獲，反因為恫嚇無效而大失顏面），為各國所笑，於是馬蒂諾被灰溜溜地召回，接替他的是其當年在埃及的助手薩瓦戈侯爵。在公使團裡，薩瓦戈得到的評價不高，很多寫庚子年事件的英美作家常常將他忽略，或者是被這樣描述為「義大利公使大部分時間都坐在一個長椅子上，和他漂亮的妻子聊天。他是使館唯一一個仍然穿著正式服裝用餐的人」。

荷蘭公使諾貝爾是個膽子極小的人，他在被圍攻的日子裡一直躲在使館唯一的地下室裡沒有出來，當時被公使團的人諷刺為「圍館事件中的隱居人」，西班牙公使卡洛幹一抓住機會便要諷刺他一番。令人吃驚的是，諾貝爾雖然為人怯懦，但卻是個欺負老婆的好手，他的夫人是法國人，「長得醜，不太優雅，愛講閒話，本來應該是挺有意思的人，可是她的丈夫對她太不好了，欺負她到了讓人吃驚的地步」。也許是報應，在使館被解圍的時候，諾貝爾走出地窖，便被一顆流彈擊中大腿——該他的跑也跑不掉。

美國公使康格是個陸軍少校，是一個典型的軍人，與人打交道時態度生硬。他的出身、性格等方面倒是和法國公使畢盛頗為投緣，兩人關係也比較好。最讓人啼笑皆非是，康格對歐洲的種種禮節極為羨慕但又十分無知，有一次畢盛向他介紹一位新來的三等祕書，此人的姓為公爵（de Duc），康格以為此人是公爵身分，非要堅持讓這個年輕人坐主賓席，一時被公使團傳為笑柄。

另外需要介紹兩個特殊的公使，他們和這些歐美的外交官看起來格格不入，完全就像是局外人。第一位是日本公使西德五郎。這些日本外交官不喜歡和歐美人打交道，儘管見面的時候滿臉堆笑，但總是讓人感覺相距千里，諱莫如深。另外一位被孤立的外國公使是俄國公使格爾思，也許是因為他與李鴻章有私人交往的管道並擁有較其他外交官更多的消息來源，因而格爾思被公使團的人認為是間諜和兩面派，「人們都不喜歡他，因為他看上去就是一副虛偽和奸詐的樣子」。

不過，格爾思的夫人「倒很賢慧，但很少露面」，「他們有個二十來歲的女兒，她是個災星，其貌不揚而且充滿惡意」。當時很多外交官夫婦私下裡都很刻薄地稱格爾思小姐是個「醜ㄚ頭」或「父母的錯誤」，義大利公使薩瓦戈還特意記載了這樣一件事，說：「某日在公使團的網球場上，英國使館裡的一位祕書夫人帶著新生兒在旁觀看，後來因為牛奶不夠了，孩子開始大吵大鬧。薩瓦戈主動帶著她和孩子去臨近使館要點食物。他們來到最近的俄使館，格爾思小姐聽說來意後，立即開始了煞有介事的談判。」薩瓦戈回憶說：「孩子母親不過是要個熟雞蛋，而格爾思小姐既不願意接受以一罐沙丁魚來換，也不要牛排調汁，卻堅持要法國的鵝肝醬。」薩瓦戈大怒，便立即帶著孩子母親離開俄使館到法國公使畢盛處尋求幫助。

很顯然，各國公使之間的友誼、矛盾和敵意，既同他們的性格、出身相關，也與他們的人種、文化及地域是密切相關的，譬如西歐各國的公使之間相對比較親近而美國公使相對疏遠，日本公使被冷淡及俄國公使被孤立可能和他們的文化及地域有很大關係——當然，最有決定意義的是他們所代表的國家利益。

正如當時一幅描繪中國將要被瓜分的《時局圖》，在進入十九世紀末的九〇年代後，歐美日各列強加緊了對中國的鐵路及工礦實業等的投資和控制，由此也紛紛在中國劃定自己的勢力範圍或利益範圍。按照當時的國際潛規則，長江流域是英國的利益範圍；中國的長城以北地區算是沙俄的勢力範圍；德國把山東視為自己的自有地；法國在兩廣和雲南經營了很長時間，它絕不會讓別國染指；就連剛剛崛起的日本，都試圖把福建納入到自己的利益範圍之中。

在這些列強中，英、俄兩國是在華優勢最大，矛盾也是最尖銳的，而俄國公使格爾思被西歐國家的外交官孤立，和英國的影響不無關係。英國是個老派的資本主義國家，一向崇尚貿易自由精神，它對華商品輸出的總額也表明其在中國的勢力與利益遠遠超過其他國家。因此，英國對任何國家對它地位的挑戰都抱有戒心，正如德國強行租借膠州灣後，英國便立刻租借了威海衛作為自己的補償。

當時挑戰英國地位的主要是三個國家，其中以沙俄的威脅最大，因為沙俄的經濟並不發達，而

時局圖。

且一貫以武力擴張和領土兼併作為其對華政策中的首選，這在第二次鴉片戰爭及之後的伊犁危機中表現得淋漓盡致。除了沙俄之外，德國和日本也是突然興起的爭奪者。德國在完成統一後（特別在俾斯麥下臺，威廉二世親政後），其外交政策開始由專注於歐洲而轉變為更為咄咄逼人的「世界政策」，遠東也是它的方向之一。

德國作為一個急速發展起來的後起工業國，其日益發達的國力使它絕不滿足於現狀，中國的巨大市場便成為其覬覦的對象。至於日本，雖然暗地裡對中國抱有獨吞之心，但當時的日本畢竟國力有限，特別在三國干涉還遼以後，其主要把在朝鮮的優越地位放於首位，對中國則主要採取「北守南進」的政策。即在中國東北問題上對俄妥協，以換取俄國對日本在朝鮮半島地位的承認；而在中國東南沿海等地則採取積極進取的政策。

正是因為這些複雜多變、縱橫捭闔的因素，列強的在華外交官在一八九八年前後大都換了新面孔，以採取更加積極主動的姿態來保護並擴大他們的利益。很可惜的是，欲速則不達，這些新面孔的共同特點便是對中國的內政毫不瞭解，或者根本就漠不關心。作為結果，這些人對中國的禮儀和文化也沒有絲毫的尊重，而是以其對待非洲人的手段進行恫嚇和交涉。正如義大利公使薩瓦戈的觀點及德國公使海靖所表現出來的，他們認為大吵大鬧是對付中國人的最好辦法。他們向總理衙門遞交照會的時候總是盛氣淩人，以命令的口吻要求清廷就範，還動不動提出四十八小時為期限，否則後果不堪設想云云。

令人擔憂的是，在清廷這邊主管外交的局面也發生了巨大的變動，一是位高權重、熟悉外務的恭親王奕訢在一八九八年去世，而在外國人中享有崇高威望的李鴻章也於一九〇〇年初調任兩廣總督。當時主管總理衙門的是慶親王奕劻，而他被外國公使們普遍認為「好對付」，而下面雖有幾個大臣熟悉洋務，但因為品級太低而難有發言權。

正因為如此，當時的中外溝通出現嚴重的困難甚至誤解。一八九八年十二月，慈禧太后為了向外國示好，曾特意接見了各國公使的夫人們。據美國公使康格夫人描述，她們在這天不僅見到了慈禧太后，還見到了光緒皇帝。慈禧太后拉起她們的手，給每個人的手指上都戴上了一枚鑲有珍珠的鏤金戒指，還對她們說：「一家人，我們都是一家人。」反覆說了兩遍。為此，這些公使夫人們極為興奮，康格夫人的中國管家對女主人說：「夫人，您遇上了不起的事了！皇帝是下凡到人間來的，沒有外國女人見過他，就是中國男人見過他的也不多。他可是天子啊，您真是幸運啊。」

但荒唐的是，義大利公使薩瓦戈卻利用覲見皇帝的時候玩弄小動作，甚至以此為外交的重大突破。一八九九年六月，薩瓦戈前去向光緒皇帝遞交國書，按禮節外國的國書應該放在御案上，但薩瓦戈卻有意伸長胳膊，將國書遞到御案上方，並特意看了皇帝一眼。光緒猶豫了一下，隨之一笑，伸出手接過國書。慶親王急忙跨上一步，但這時已經遲了。回去後，薩瓦戈見人就吹噓自己是第一個將國書直接交給皇帝的人，而那些外國公使們竟然還為此來向薩瓦戈慶賀，他們認為這是一種外交上的勝利。

使館裡的外交官和夫人們大都厭惡在北京的生活，在他們眼裡，北京簡直就是噩夢。義大利公使薩瓦戈曾這樣描述當時的生活：「北京，真可怕！舉步維艱的街道，沒有電燈，奇冷的嚴冬和悶熱的酷暑。更重要的是，尾大不掉、散發著腐爛氣味而且充滿敵意的王朝，不僅外國人對它信不過，甚至連它自己的臣僕都懷有異心。在北京，時間過得很慢，百無聊賴。使團的夫人們講完了閒話，避開凋零破敗的首都，到灰塵滿天的郊區去野餐幾次，到極少幾個可以旅遊的地方轉轉，然後就是從一家的客廳轉到另一家的客廳，除此之外，這個城市還能提供什麼呢？」

在每一次的茶會上，外交官的夫人們總是在抱怨北京的生活，她們的願望便是早點離開中國。德國公使海靖的夫人對北京的生活尤為深惡痛絕，即使像搜購古董這樣的活動在她眼裡也成了「與泥土和惡臭搏鬥的探險」，隨後而來的克林德夫人則是這樣描述中國士兵的：「（這些人）前呼後擁，吵吵嚷嚷，推推搡搡。這些烏合之眾就是中國人稱之為『軍人』和『員警』的貨色，魔鬼般的模樣，渾身臭不可聞。」

在這種情緒之下，中外之間的溝通自然很成問題。即使在外國公使之間，他們也是矛盾重重。義大利公使薩瓦戈在後來的筆記中清楚地記載了他們之間的不信任：「當時英國人擔心德國人，而所有的人又擔心俄國人；當德國人向清廷強烈施壓的時候，英國人又擔心會削弱他們在中國的領導地位；在德國侵占膠州灣的時候，英國甚至認為這是在對自己宣戰，因為當時英國自認為是中國的保護人，當時英國公使竇納樂及夫人與德國公使海靖及夫人甚至互不理睬；義大利人也曾公開指責俄國人在搞陰謀，而且是與中國人勾結好了的；法國公使畢盛也認為『俄國朋友的行為很可疑』，但英國人又對此默不吭聲，因此其他國家的公使都認為，俄國沙皇和英國女皇是親戚，他們之間可能達到了某種協議——由他們來瓜分中國而不許其他國家參與。」

值得一提的是另外兩位使館外的重要人物，一個是海關總稅務司赫德，另一位是法國主教樊國梁，這兩個人都在中國待了很長時間，在中國的經驗遠比那些外交官要豐富得多，但在庚子年的那次事件中，他們不但沒有在當時的中外交流和溝通上發揮應有的作用，令人遺憾的是，樊國梁主教甚至還引起火上澆油的反作用。

英國人赫德於一八五四年來華，先後在英國駐寧波和廣州領事館擔任翻譯和助理，一八五九年起任粵海關副稅務司。一八六三年十一月後，赫德開始擔任海關總稅務司，而且連續任職達四十八年。在主持中國海關的近半個世紀中，赫德不僅在海關建立了總稅務司的絕對統治，而且多次以總理衙門顧問的身分參與中外交涉和洋務等，也深得清廷的信任。但是，這樣一個老資格的「中國通」卻被那些外交官們認為是觀念陳舊、既固執又脆弱的老糊塗。

一九〇〇年的時候，赫德已經六十五歲了。也許是在中國待的時間太長了，赫德的行為在周圍的人看來越來越古怪，據說每到耶誕節，他都會重複一句話：「今天又是耶誕節，但我一點感覺都沒有！」在他的日記裡，他還稱自己是個「無家、無友和老朽」的可憐人。

那些新上任的外交官最不能容忍的，便是赫德對各國的新外交政策抱有微詞。面對各列強高漲的劃分勢力範圍甚至瓜分浪潮，赫德感到憂心忡忡，他經常在公開場合表示他對列強這種爭奪方式的反對和反感。但是，他的聲音很快被淹沒在眾多的喧囂聲中，那些新來的外交官對赫德大惑不解，甚至背地裡譏諷赫德徒有虛名。後來，赫德也就乾脆選擇了沉默，他給英國政府提供的局勢分析也變得雲遮霧障，晦澀難懂，讓人感到高深莫測，不知所云，令英國外交部十分不快。從這段時期的赫德日記來看，赫德所記載的內容確實讓人感到頭疼，不知道他到底要表達什麼意思。對於赫德的狀況，相信總理衙門也會感到十分的失望。

至於法國主教樊國梁，他是在華外國人中可以與赫德旗鼓相當的人物。樊國梁是法國遣使會會員、天主教北京教區的大主教，他執掌北京城北那座著名的西什庫教堂已經有三十多年的歷史了。他曾寫過一本享有盛譽的書（即《北京指南》），以至於每個重要的外國人物來北京，都會因為他的權威和對中國事務的瞭解而前來拜訪他。事實上，樊國梁在清廷的地位也頗為顯赫，他還曾接受過清廷授給他的官銜。

樊國梁之所以沒有在一九〇〇年的事件中發揮好的作用，很大一方面原因是義和團（原稱義和拳）的針對對象首當其衝便是教會和教民。在一九〇〇年之前，樊國梁通過傳教士的各種管道瞭解到事態的發展並為之而焦慮，而這種焦慮在外國人之間很快便轉化為外交官的壓力。在樊國梁誇大其詞的描述下，北京的那些外交官也由之陷入了一種幾近恐慌的氣氛，這對後來的決策多多少少發揮了不該有的誤導作用。

由此看來，庚子年的災難，板子並不能只打在那些愚昧迷信的拳民（義和團參與者）和顢頇無知的滿清貴族及守舊大臣身上，所謂一個巴掌拍不響，那些對中國國情毫無瞭解的外國公使們，也要承擔相應的責任呢。

外交僵局

公使施壓與清廷發布上諭的多方牽扯

一九〇〇年一月十一日，清廷就山東等省的反洋教活動發布了一道上諭，其中稱：「近來各省盜風日熾，教案屢出，言者多指為會匪，請嚴拿懲辦。因念會亦有別，彼不逞之徒，恃眾滋事，估屬法所難宥。若安分良民，或習技藝以自衛家身，或聯村眾以互保閭裡，是乃守望相助之義。地方官遇案不加分別，誤聽謠言，概視為會匪，株連濫殺，以致良莠不分，民心惶惑，是直添薪止沸，為淵驅魚。」為此，清廷提出：「各省督撫受恩深重，共濟時艱，必能仰體朝廷子惠元元、一視同仁之意。嚴飭地方官，辦理此等案件，只問其為匪與否，肇釁預購，不論其會不會，教不教也。」

在十幾天之前，英國傳教士卜克斯在山東境內被殺，而在此之前，山東拳民（義和團參與者）的反教事件也有愈演愈烈之勢，原山東巡撫毓賢還因此下臺，改由袁世凱出任新的山東巡撫。袁世凱入主山東後，將其編練的新軍也同時帶到了山東。為此，數名禦史上摺要求朝廷給予袁世凱警告，防止他在山東一意進剿，以至於激起民變。這就是清廷發出這道上諭的基本歷史背景。

應該說，清廷的這個上諭和以往的政策相比本並無大的變化，但因為「卜克斯事件」的發生而變得格外敏感。卜克斯並不是第一個被殺的外國傳教士，但由於山東等地反教活動日益壯大，這個事件便具有了象徵性的意義。儘管清廷曾對此事以公開上諭的形式進行道歉，並特派軍機大臣王文韶親往英國使館表示弔唁，但英國公使竇納樂在得知卜克斯被殺後，立刻把它認定為一場反洋大陰謀的一部分。

經過簡短的磋商後，英、法、德、美四國公使決定向清廷施壓並於一月二十七日提出了第一個聯合照會。在照會中，四國公使指責清廷公開支持義和團，並認為一月十一日的上諭將導致拳民繼續攻擊基督教徒，並可能引發災難性的後果。因此，四國公使要求清廷無條件地發布鎮壓拳會

在清廷與外國公使的不斷爭執中，義和團已經開始陸續進城。

（義和團組織）的上諭，並要求禁止所有的拳會組織。

四國公使同盟的成立，法國公使畢盛在其中發揮了很大的作用，是他首先提出建立公使聯盟的。而在此之前，耶穌會傳教士貝克神父曾給畢盛寫了一封長信。在信中，貝克神父誇張地認為中國政府正有計劃地將基督徒趕出中國，這個計畫的主謀是前山東巡撫李秉衡和仇洋的董福祥。如果這個計畫得以實施，對基督徒的大屠殺便指日可待了。由此，貝克神父呼籲英法德美四國公使立刻採取聯合行動，否則中國的基督徒不可能抵抗得住來自異教徒的攻擊。

畢盛在讀完此信之後十分激動，他很快便站到了支持英國公使竇納樂的一邊並積極促成四國公使同盟的成立。可惜的是，外國公使們選擇了一個極其糟糕的時間進行抗議。就在三天前，清廷頒布建儲詔書，端王載漪的次子溥儁被立為大阿哥，而公使們非但對此沒有任何的表示，反在三天後提出聯合照會對一月十一日的上諭進行抗議，這未免使得清廷特別是端王載漪等人覺得外國公使們似乎另有所指。

對於外國公使的抗議照會，總理衙門本是習以為常。但這次很不一般，因為這是外國公使們的第一次聯合照會，這表明清廷傳統的「以夷制夷」的外交方法將失去效用，而公使們的聯合行動使得清廷不免要懷疑他們的動機。早在一年前，德軍在日照和高密的暴行已經引起了清廷的警覺，而這次聯合照會幾乎可以看成是列強瓜分中國的前兆；如果不是的話，外國公使的行為只能理解為對慈禧太后政權合法性及「己亥建儲」的不滿並意圖恢復光緒的權力，而這恰好是慈禧太后最擔心的地方。

在這個問題上，清廷和外國公使顯然存在著嚴重的誤會和理解偏差，這也是當時中外溝通困難所導致的必然結果。在清廷看來，外國公使完全沒有必要為這種事情大驚小怪，畢竟剿滅這些缺乏組織性又無甚實力的拳匪並不是件難事，而外國公使對此一直揪著不放倒顯得動機不純。外國公使顯然沒有想到這一點，他們是被傳教士的報告弄得驚慌失措以至於神經過敏，他們認為只有不斷地向清廷施加壓力才是解決問題的好辦法。

雙方的誤解加上中國的傳統春節將近，使得清廷對四國公使們的聯合照會並沒有理會。對此，四國公使們更是怒不可遏，他們於二月二十一日再次聯合要求清廷對此做出明確答覆。無奈之下，清廷終於在二月二十五日做出答覆，說公使們要求頒布禁拳上諭完全沒有必要，因為在二月十九日清廷已經發出廷寄，要求各省督撫嚴禁拳匪，保護外國人。但四國公使對此毫不理解，他們固執地要求清廷在《京報》上正式發布上諭，而對廷寄這種更有效的方式漠不關心。事實上，清廷使用內部廷寄的方式，主要是不想讓外國公使覺得自己是受到他們的壓力才這樣做的，而外國公使們卻把這種非公開的方式認定為清廷和義和團有合作陰謀。至此，雙方的溝通已經出現了嚴重的問題，而這個責任主要在北京的那些外國公使「門外漢」身上。

於是，四國公使決定再次向清廷提出聯合照會，而這次連義大利公使也加入了進來。義大利在一八九九年效仿德國向中國索取浙江三門灣的租借權，但清廷當時已經被戊戌政變後的守舊派大臣所掌握，他們將義大利的照會不拆封並原件退回，這讓義大利政府感到極其憤怒，他們認為自己蒙受了奇恥大辱。後來，義大利人在不具備實力的情況下向清廷提出最後通牒，但清廷仍舊不予理會，義大利的這次外交慘敗成為了國際間的笑柄。作為另一個結果，清廷在這次外交鬥爭中意外的大獲全勝，這多多少少地觸發了他們日後的強硬態度。

一九〇〇年三月二日，五國公使代表向總理衙門提交了第二次聯合照會，再次要求清廷在《京報》上發布正式的「禁拳」上諭。公使們的行為讓清廷覺得不可思議，他們一再解釋廷寄的實際效果要比上諭好得多，但公使們依舊在總理衙門大吵大鬧，讓慶親王奕劻和總理衙門的大臣們既感到震驚，又啼笑皆非。總理衙門的大臣們不想向公使們解釋一月十一日的上諭實際上是為了防止袁世凱採取不分良莠、血腥鎮壓的政策，但公使們卻一口認定清廷對反教的拳會採取積極支援的態度。經過這次交鋒後，雙方的誤解越來越深，變成了一場曠日持久的心理戰和外交僵局。

直到三月六日，總理衙門才向公使團送交了一份正式的解釋信。他們在信中指出，官方的《京報》發行範圍很小，上諭並不能產生公使們期待的效果，而廷寄是發往各省督撫，對保護外國人更加有利，因此，完全沒有必要再次發布類似的上諭。為了向公使們解釋廷寄的優越性，總理衙門大臣許景澄還特地造訪了海關總稅務司赫德，希望他能夠向公使團解釋清楚，但可惜赫德表示無能為力，他當時並不想涉及此事。

五國公使接到總理衙門的解釋信後，於次日再次召開了聯席會議。在會上，公使們對總理衙門的解釋不屑一顧，德國公使克林德甚至建議將此信原件退回，以示嘲弄。對此，義大利公使薩瓦戈當然是舉雙手贊成。不過，這個舉動被認為是太過分而沒有被採取。

在一番討論後，五國公使也開始擔心起來，因為他們害怕清廷不肯就範，由此形成對外強硬的先例，這將使得他們在各自的政府面前很難交代。於是公使們最後決定，再向清廷提交一次聯合照會，如果清廷不肯做出滿意答覆的話，就請求各自的政府進行聯合海軍示威，以逼迫清廷就範。

而正在這時，清廷宣布原山東巡撫毓賢擔任山西巡撫，這讓本就緊張的中外關係發揮了火上澆油的作用。毓賢本來是在外國公使的抗議下而去職的，後來他回到京城後與端王載漪等人交往甚密，意氣相投，由此謀得了山西巡撫一職。美國公使康格對此最為憤怒，因為他認為毓賢的去職是他所促成的，而其復職等於是對他的汙辱。之後，英國公使竇納樂也對總理衙門發出警告說：「如果中國政府再不接受五國公使的要求，我將向女王政府報告，敦促它採取保護英國在華公民的其他措施。」

有意思的是，為了緩和當時的中外緊張關係，慈禧太后在三月八日（也許是巧合）再次邀請了公使夫人們到皇宮做客。也許是上一次（戊戌政變後）的宴請很成功，慈禧太后大概想讓這些公使夫人們給他們的丈夫吹吹枕邊風，以緩解下外交上的壓力。可惜的是，中國人的這種傳統做法並不奏效，公使夫人們在赴宴之前便被他們的丈夫所提醒不得過多干涉外務，因而這次宴會比上一次明顯要冷清許多。

這次外交對峙一直持續到四月上旬，清廷仍無任何退讓的跡象。在各國公使的一再請求下，美、法、德、義、英五國政府陸續批准了在中國海域進行一場海軍示威活動，其中美國派出了一艘軍艦，義大利和法國各派出兩艘軍艦，克林德被授權可以動用駐紮在青島的德國艦隊，而英國也得到了兩艘軍艦的支持。在這個問題上，只要有一個國家派出了軍艦，其他國家都不想落在後面。

但即使到了這種緊張的時候，清廷仍堅持不發布禁拳的上諭，因為他們相信列強不會因為這個而開戰，由此外交僵局依舊沒有被打破。為此，英國公使悻悻然地說：「我從來沒有見過中國政府如此頑固不化，自我感覺良好。我不認為南非一定與此有關（當時英國人在南非陷入了「布林戰爭」的泥沼），但義大利去年在三門灣問題上的失敗必定與此有關。義大利軍艦來到中國，滯留觀望了一段時間，又悻悻地離開了，而且義大利公使被召回，這些豬尾巴（對中國人的蔑指）因此大獲全勝。」但是，竇納樂仍舊認為：「如果中國政府受到一次沉痛的教訓，它就會屈服。」

清廷突然變得強硬可能和兩個原因相關。第一是在戊戌政變後，以剛毅為代表的守舊派官員占據了朝廷的主流，這些人大都主張維護中國傳統，對外洋事務知之甚少或者根本就是一無所知，而他們主張對外強硬的觀點也得到了一些御史的呼應，由此在朝廷上形成一股強大的輿論。另外，在「己亥建儲」的過程中，以端王載漪為代表的滿族親貴迅速崛起，由於他們認為洋人阻撓了他們廢帝的計畫，使得這些人與那些守舊派大臣一拍即合，清廷的朝政在很大程度上受到了他們的影響和控制。

另外，這種局面的形成，和之前恭親王奕訢的去世及其李鴻章的外調也有很大關係，雖然南方的大多數地方大員都主張剿滅拳匪，但朝廷裡暗中支持義和團反對洋人的大有人在，這其中不能不說是夾帶他們自己私利的。

清廷敢於一直對抗五國公使聯盟的另外一個原因是他們看到駐京的各國公使間並不團結，其中特別以俄國最為突出。當時的日本雖然也想站在五國公使同盟的一邊，但他們找不到任何可以加入的理由，因為這次事件完全是因為基督教徒所引起。對於俄國人來說，他們對基督徒的問題從來就是漠不關心，甚至對這個傳教國同盟感到極度的反感和厭煩。俄國公使格爾思是最反對公使間的合作行動的，事實上，他是外國公使中唯一在夜間與中國官員進行密談的公使。當然，俄國公使不參加傳教國同盟的主要原因是他們在中國並沒有民教衝突的問題，山東的拳亂對他們來說本就是毫無關係。

俄國公使格爾思的冷漠和單獨行動使得五國公使對他極為不滿，當時很多外交官都暗地裡認為格爾思是公使團的叛徒與告密者，他們認為清廷之所以如此強硬，一定是格爾思在背地裡給予了支持。從事實上來看，俄國公使的自行其事和超然事外的確給了清廷信心，因為他們發現外國公使也並不是鐵板一塊。正如赫德當時說的：「一批列強正在告訴中國：『如果你不宣布拳民為匪並消滅他們，我們就要親自動手，並打擊中國政府！』同時，另一批列強則安撫中國說：『我們是你的朋友，如果其他列強打擊中國，我們將不會袖手旁觀。』儘管這種要加以干涉的承諾不過是為了在中國分得更多的好處，中國則錯誤地認為有同盟和獲得外國保護的可能。」

就在這時，被認為是「清廷的好朋友」的俄國公使格爾思突然站出來打破外交僵局。在四月十五日與總理衙門大臣聯芳的會面中，格爾思指出目前拳匪的形勢非常嚴峻，他勸告清廷不要錯失剿滅拳匪的良機。更重要的是，格爾思在話裡話外中透露出列強的確有武裝干涉的企圖，他還特別強調俄國在華北沒有傳教活動，他的忠告主要是為了清廷的利益著想。從格爾思的動機來看，他似乎擔心列強一旦真的進入華北，將會影響到俄國的利益。

格爾思的話讓清廷感到十分警覺，因為他提到了列強出兵的可能性，這顯然是不能掉以輕心的。由此，清廷隨後在《京報》上發表了直隸總督裕祿要求禁拳的奏摺，這個做法終於讓五國公使鬆了口氣。雖然清廷只是部分的滿足了五國公使的要求，但這畢竟打破了持續了近三個月的外交僵局，於是外國軍艦也開始陸續返航。

不過，令人奇怪的是，清廷在四月二十一日再次就拳匪問題發布上諭，其中直接引用了曾國藩的原話「只問匪不匪，不論會不會」，這次的上諭與一月十一日的上諭措辭幾乎如出一轍，但這次外國公使們卻毫無反應，這其中的原因或許是這些公使們已經厭倦了這種持久的外交僵局，或者他們之前的行為僅僅是一個面子上的無謂爭鬥。

庚子年這場持續了數月之久的外交爭端帶來了兩個嚴重的後果：一是使得外國公使們更加堅定了使用武力向清廷施壓的決心，其二則是使得清廷對外國的壓力變得更加的憎惡，由此也使得朝廷中仇洋的情緒急劇高漲。很顯然，外國公使們完全低估了清廷此時捍衛自己主權的決心。

很遺憾的是，五國公使對此毫不知情，反而對這次外交上的虛假勝利而感到沾沾自喜。譬如英國公使竇納樂，他早在一八九九年二月就曾提出：「以我的看法，整個中國問題其實十分簡單——只要給我一支部隊（當然不是中國軍隊），譬如像一八八二年開羅駐紮的那支部隊，我（或者任何人）都能在一年之內解決中國問題……治療中國這個病夫只有一個辦法，得用刀子，其他辦法都不能奏效。」美國公使康格也在四月十六日得意洋洋地向華盛頓報告說：「中國政府總算以自己的方法及時地按照五國公使的要求去做了。當然，我們還要看看他們在剿匪方面是否成功。」

這次列強的聯合海軍示威為後來事態的惡化開了一個極壞的先例，因為各國公使們認為這次外交的勝利完全是來自於武力的威脅，而由此也變得更加迷信武力。在他們看來，對於清廷這種頑固不化的政府，與其和他們進行耐心而有禮貌的外交談判，倒不如直接施以高壓來得更為有效。後來的事實證明，外國公使們在調派使館衛隊進京和西摩爾聯軍的入侵，和這次有關上諭的反覆衝突是有著直接關係的。

在另一方面，這次的事件也使得清廷對外國勢力對中國事務的干涉抱持了極大的戒心。在甲午戰爭的慘敗和德國公然侵占膠州灣事件後，清廷為了在國人面前有所交代，必須在公開場合以強硬的姿態維護已是傷痕累累的國家尊嚴。正如清廷在一道諭旨中指出的：「近來各省督撫，每遇中外交涉重大事件，往往預梗一和字於胸中，遂至臨時毫無準備。此等固習，實為辜恩負國之尤。茲特嚴行申諭：嗣後儻遇萬不得已之事，非戰不能結局者，如業經宣戰，萬無即行議和之理。各省督撫必須同心協力，不分畛域，督飭將士殺敵致果。和之一字，不但不可出於口，並且不可存諸心。」特別在「三門灣事件」後，清廷似乎增加了對抗外國勢力的信心，雖然那次外交的勝利很可能是出於偶然。

另外值得重視的是，在戊戌變法被扼殺後，慈禧太后身邊聚集了一批反洋務的守舊大臣。他們在不瞭解外部世界的情況下，往往激於義憤而反抗洋人的霸道，而多年的儒家傳統則令他們感到民心民氣的重要性，這多多少少會使得清廷在對外決策中偏離理性的軌道，由此帶來的後果也將在後來的事實中得到證明。值得特別指出的是，以端王載漪為中心的滿族親貴小集團，他們在仇洋的同時，其實是夾帶有自己的私利——這就是試圖將主張維新並得到外國支持的光緒皇帝趕下臺，他們利用義和團是有自己的小算盤的。但不幸的是，這些人對義和團所導致的無序和混亂後果顯然是極為無知且沒有心理準備的。

另外，清廷一直不能啟齒的問題是，作為異族統治的滿族親貴集團在甲午戰爭後名譽掃地，在面對外國勢力的緊逼下又束手無策，這無疑會激起廣大漢人的憤怒和強烈不信任。因此，清廷對於剿匪問題一時間也難以痛下決心，終究還是以區分良莠的辦法安撫拳民，以防激起民變，最終形成無可收拾的局面。

令人乍舌的是，在這場危機並沒有得到真正解決的情況下，北京的這些外國公使們卻並不為此感到擔憂。在經過了幾個月的緊張對峙後，在華外交官和他們的家屬們當時最盼望的便是何時開始他們的暑期度假。日本使館的武官柴五郎在給國內的祕密報告中說，他簡直不能相信，公使們一方面表示對拳會的擔憂，但另一方面卻在饒有興致地討論到何處度假的計畫。他們大談租度假房的問題，同時又說要將在大沽口外的海軍抽調一批使館衛隊進京，這豈不是成了笑話？好像是請使館衛隊進京留守，公使們便可以心安理得地去度假了。

日本武官柴五郎以一個亞洲人的邏輯，推斷出這些歐美外交官過於幼稚而且各自心懷鬼胎。後來的事實也也證明，當時這些外國公使的確是對華外交的「門外漢」，他們對於之後的悲劇實在是有脫不了的關係。

攪亂北京

西摩爾聯軍進京遇襲與公使遭戕

一九〇〇年的春天，當北京的外國公使們還在為上諭問題與清廷鬧得不可開交時，直隸一帶的義和團活動已經風雲初現。

目前有研究者認為，這裡的義和團活動興起是因為袁世凱在山東的嚴厲鎮壓導致拳民流入直隸，這種觀點不完全對。事實上，在山東拳民鬧事的時候，直隸一帶也有類似的活動，但其規模和影響力遠不及山東，而且其活動範圍也主要集中在直隸與山東交界的地區，若要說是受到山東方面的影響，也不為過。

但進入一九〇〇年後，直隸境內的義和團活動開始由南部向北部蔓延，並逐漸接近北京和天津。在清廷舉棋不定的政策影響下，拳民們引發的失控狀態日益明顯。一九〇〇年五月三十日，在京津線上的重要連接點豐台車站被義和團燒毀之後，各國公使前往總理衙門要求清廷立即批准接受各國衛隊進入使館區，並聲稱要在次日淩晨六點前得到答覆。

在處理不當便會決裂的情況下，清廷不敢怠慢，他們在經過一番緊急的磋商和請示後，於五月三一日的清晨兩點由總理衙門通知英國公使竇納樂，告訴他們外國公使館的警衛隊可以進駐北京。這個通知時間搶在公使們限定的時間前，暫且避免了外交甚至是軍事上的決裂，也保全了清廷那點可憐的體面。清廷之所以批准了使館衛隊入京，原因不外乎兩條：一是一八九八年有使館衛隊入京的先例；二是使館衛隊的人數有限，應該不會造成很大的麻煩。因此，總理衙門要求各國衛隊的人數不得超過三十人，這也是一八九八年的先例。

可惜的是，洋人並沒有把清廷的人數限制放在眼裡。就在五月三十一日的當天傍晚，第一批使館衛隊從天津登上火車前往北京。據美國公使康格的夫人記載，這次美國方面來了五十六名海軍士兵，他們帶著一挺速射機槍；英國士兵七十五人；法國士兵七十五人；日本士兵四十人；俄國士兵七十五人；義大利士兵四十人，共計三百六十一人。從火車站到公使館，警衛隊沒有遭遇到任何不愉快的事情。

由於五月下旬後局勢的持續惡化，來到大沽口外的外國軍艦已經達到十數艘。六月九日晚，英國公使竇納樂在發電報通知英國駐天津領事杜士蘭和大沽口洋面上的英國海軍司令官西摩爾中將，通知

聯軍統帥西摩爾。

傲慢魯莽的克林德。

他們做好進軍北京的準備。與此同時，美國公使康格也給他們的軍艦發出了同樣的電報。

第二天（六月十日），慈禧太后以處理洋兵入京的事情態度「曖昧不明」為由將總理衙門大臣廖壽恒罷免，而派端郡王載漪兼管總理衙門，禮部尚書啟秀、工部尚書溥興、內閣學士兼禮部侍郎那桐為總理衙門大臣上行走。由此，總理衙門便形成了端郡王載漪與慶親王奕劻的「雙王」領導體制，但在當時的形勢下，仇洋的載漪一派顯然更加的咄咄逼人。事實上，這次對總理衙門大臣的調整，也說明了守舊仇洋勢力在清廷中開始占據上風。

就在清廷改組總理衙門的同一天（六月十日），西摩爾聯軍也開始由天津向北京強行進軍。對此，直隸總督裕祿束手無策，因為西摩爾聯軍聲稱如果中方不同意的話，將直接搶奪車皮，自行其事。裕祿告知聯軍前方鐵路已被破壞中斷而無法通車，但西摩爾聲稱將自備修理鐵路的物資，一定要出發。裕祿見阻攔無效，但他又害怕擔負引發中外武裝衝突的責任，只好任由洋兵強行登車。

最開始的時候，法軍和俄軍並不想立刻行動，他們希望能夠等到大批俄軍到來後再進軍北京，但西摩爾不以為然，他一再堅持可以乘火車進京，即使被告知沿途鐵道被破壞也無所顧忌。西摩爾之所以急於進京，一來是大批俄軍的到來將影響到英國在這種遠征活動的地位，二來他對清軍的戰鬥力極為的藐視。在四十年前，西摩爾的叔叔邁克爾·西摩爾就是英國遠東艦隊司令，當時的英法聯軍在進攻北京的途中所向披靡，清軍毫無招架之力。可惜的是，當時作為低級軍官的西摩爾因為生病沒能參加英法聯軍的行動，這讓他一直引以為憾也促使他這一次表現的如此急急火火。

在西摩爾的堅持下，三百多名英軍、一百多名美軍和四十名義大利水兵首先登上火車。在這種情況下，法、俄等雖然非常不滿於西摩爾搶頭功的舉動，但也只好隨後跟上。就這樣，這兩千多人分別登上了五列火車、四列運兵，一列運彈藥給養和鐵路維護材料等，向北京進軍。

同一天，各使館在得知西摩爾聯軍已從天津出發的消息後，當天晚上他們都紛紛準備足夠的車輛，以便在次日淩晨四點前往車站接回聯軍士兵。六月十一日的淩晨四點前，各國使館派出了浩浩蕩蕩的車隊（每個使館有二十到四十輛馬車）去迎接他們的士兵，就連北京飯店的瑞士老闆沙莫夫婦也志願帶著馬車前往車站幫忙。義大利公使薩瓦戈甚至親自前往車站去迎接他們的水兵，這在公使團裡是獨一無二的。在他的回憶錄裡，薩瓦戈對自己的壯舉十分得意，因為其他公使還沒人敢這樣做，他似乎也想搶得首先迎接洋兵的頭功。

但是，當薩瓦戈等人來到車站後，卻發現本應該整點到達的洋兵們蹤跡全無。令他們感到不妙的是，當時的電報線已經被掐斷，火車也已經停開，而且有清軍在車站附近駐紮。據薩瓦戈的記載：「快十一點的時候，一位沿著鐵路跑過來的中國護路工告訴車站站長，聯軍部隊在二十公里以外的鐵路被破壞的地方停了下來。」薩瓦戈見車站停著三個火車頭，便想用其中的一個去接他們。一位美國火車司機願意去開車，但當他們把四節車廂接上了火車頭、一切準備妥當的時候，那個火車司機開始猶豫，說沒有司爐工的幫助他沒法去。於是薩瓦戈便從他帶來的四名水兵中挑選了一個給他當司爐，但那個美國人又說火車頭壞了，車站站長小聲地告訴薩瓦戈說：「這個火車司機喝醉了！」

時間一點一滴地過去，加上一點消息也沒有，薩瓦戈終於等得不耐煩了，他隨後便讓使館的中國員工和馬車留下繼續等待，而自己帶著四名水兵及另一個使館人員返回。據薩瓦戈的記載，他正要動身的時候，日本書記官杉山彬過來請他告訴日本使館，說他要在這裡再等幾個小時，可能要晚些回到城內。於是薩瓦戈在大約兩點時回到了使館區，他在路過日本使館的時候，將杉山彬的話傳給了其中的一位祕書。但是，不幸的事情發生了，「三點鐘左右，一位中國僕人上氣不接下氣地跑來，說日本使館的書記官被義和團殺了。」

薩瓦戈這時想起了他們在回來的路上有驚無險的一幕：當他們的馬車穿過董福祥甘軍的防線時，曾被清兵喝令他們停下，所幸駕車的中國馬夫非常靈活，他見勢不妙，趕緊將馬車趕入田野，繞了好大一圈才躲過了甘軍的騷擾。而日本書記官杉山彬就沒那麼好的運氣了。

據《西巡迴鑾始末記》中《日使署書記生杉山彬遇害記》的記載：「十三日（六月九日），董軍由南苑陸續拔隊起程。十五日（六月十一日），入永定門。其時各國使署因見事急，已由天津檄調洋兵進京保護。適時日使署書記生杉山彬乘車出城迎視，遂與相遇於途。董軍見之，喝問：『何人？』杉山彬據實以告。各兵譁然曰：『既是書記生，官階藐小可知，乃敢僭坐紅帷拖車乎？』即提其耳下車。杉山彬見勢不妙，乃婉言相告曰：『僭越之罪，誠不敢辭，願見大帥以謝。』各兵又大嘩曰：『吾大帥乃天上人，豈汝倭子所能見！』杉山彬曰：『然則當請大帥至敝使署，由敝公使謝罪，如何？』言及此，及營官不待其辭之畢，已抽刀向前，直刺其腹。杉山彬遂死。」

事後，很多公使都懷疑清廷有殺害公使的預謀，但從真實的歷史來看，這似乎是甘軍士兵軍紀失控、任意所為的偶然事件。董福祥的甘軍一貫排外，人盡皆知，而且其紀律敗壞，也是不爭的事實。杉山彬被殺後，其屍體遭到了殘忍的對待，據稱頭和四肢被砍斷，這似乎反映出甲午戰敗後中日之間的仇視情緒。無論如何，這種殺害外交人員的野蠻暴行都應該予以嚴厲的譴責，斷不可以冠之以「愛國」之名義。且不說當時已經通行世界的外交豁免權，中國自古以來也有「兩國交戰，不斬來使」的傳統，甘軍的殘暴行為實在是令人髮指。

在事件發生後，清廷在六月十三日的上諭中也對此譴責說：「十五日永定門外，有日本書記官杉山彬被匪徒殺害之事，聞之實深惋惜。鄰國客卿，本應隨時保護，今匪徒蜂起，尤宜加意嚴防。迭經諭令各地方官，著派巡緝密為保護，奚止三令五申！乃輦轂之地，竟有日本書記被害之事！該地方文武，既不預為防範，兇犯亦未拿獲，實屬不成事體！著各該衙門上緊勒限嚴拿兇犯，務獲盡法懲治。倘逾限不獲，定行嚴加懲處。」

但《西巡迴鑾始末記》中卻記載了這樣一個細節：「慈禧太后將董福祥招來痛責並欲派員查辦，董福祥力辯其無，並說：『即果有之，斬奴才無妨，如斬甘軍一人，定然生變。』慈禧太后聽後，『默然良久』。」董福祥後來去端王府，載漪「撫其背，並伸拇指而讚美之曰：『汝真好漢！各大帥能盡如爾膽量，洋人不足平矣！』」從這段可以看出，當時的清廷不僅失去了對洋人和義和團的控制，連資以保護的甘軍也有失控之嫌，不然慈禧太后何以「默然良久」？

在這個不幸的事件發生後，榮祿本人親自到日本使館致歉並代表慈禧太后向杉山彬的家人致哀。日本使館對此也保持了相應的克制，西德二郎公使只是冷靜地要求歸還屍首，但有關方面開始的時候對這個要求也不配合，經過日本公使再三要求之後才將杉山彬的屍首送回日本使館。對於杉山彬的遇害，歐美公使們雖然感到震驚，但還是沒有給予足夠的重視——在很大程度上可能是因為杉山彬不是白種人，加上公使們認為西摩爾聯軍即將到來，沒必要大動干戈。

杉山彬的遇害加劇了公使們對清廷的不信任，他們不再相信清廷真心保護他們甚至懷疑在局勢失控的情況下，清廷是否有保護他們的能力。由此，公使們堅定地相信，要想獲得安全，就必須依靠他們自己的軍隊。但正如清朝官員說的：「任何國家都不會允許外國軍隊駐紮在自己的領土上。」雙方的要求似乎都具有一定的正當性，而此時雙方的互不信任和任何一方的盲動都會導致災難性的後果。譬如西摩爾聯軍強行前往北京的事件便引發了一個重大的惡果，那就是使得仇洋守舊派在清廷中迅速占據輿論的上風，其乘機縱容義和團進入北京也就成為可能。

回頭再來看看西摩爾聯軍。由於電報中斷，各國公使，也包括清廷及天津方面，都不知道西摩爾聯軍到了哪裡，也不清楚他們的具體狀況。當時各國公使們懷疑清廷切斷使館和外界的聯繫是一個屠殺外國人的預謀，但破壞北京到天津電報線的並不是清廷，而是義和團。因為清廷在電報線中斷後（六月十四日後被徹底斷絕，後敘），與天津的通訊方式也只好恢復傳統的驛傳制度，通過三百里到八百里的加急傳遞來獲取最快的資訊。可惜的是，公使館當時並不具備這個條件，他們只能通過送信人的方式來獲得外界的資訊，但這種方式既不安全也不快捷。從某種意義上來說，資訊的失真和不對等，這也是導致庚子年那場混亂的一個重要因素。

事實上，西摩爾聯軍在最開始的時候進展還算順利。他們從天津出發後，火車馳騁在華北大平原上，一路暢行無阻，下午便到了距離北京大約一百二十里的落垡車站，這意味著西摩爾聯軍已經走了一半的路程。但令西摩爾震驚的是，落垡車站過去後，鐵路被破壞的程度遠遠超過他的想像。當時他看見鐵路沿線的電報線被砍斷，電線杆被拔出，很多地方的鐵軌被掀翻，甚至連枕木都被燒毀，損壞情況非常嚴重。

當時破壞此處鐵路的為倪贊清等人率領的拳民，他們大都是廊坊本地農民。在此之前，他們曾與奉命保護鐵路的聶士成部交過火並吃了大虧，後來聶士成部奉命前往天津，這些人便將落垡一帶的鐵路給撬了個底朝天。六月十日，西摩爾聯軍來到落垡，在他們修路的時候就發現很多拳民在周圍觀望，於是西摩爾便下令開火，打死了拳民五十餘人，並最終將他們驅散。當晚，西摩爾聯軍便在落垡宿營，準備明天繼續修路前進。

西摩爾等人沒有想到的是，在他們熟睡的時候，倪贊清等人已經通過傳貼召集附近的拳民，準備打擊西摩爾聯軍——這是一次完全自發的抗洋活動，與清廷沒有任何的關係。第二天（六月十一日），大約有兩千多名拳民和西摩爾聯軍再次發生衝突，結果又有二十多名拳民被打死，而西摩爾聯軍無人傷亡。但是，拳民們並沒有因為損失慘重而退縮，他們的人數反越來越多。

六月十二日，西摩爾聯軍在修復鐵路後，留下三十名英國水兵留守落垡車站，其他士兵繼續上路。在這天的下午，西摩爾聯軍到達了廊坊車站，這裡距離北京大概還不到一百里。但是，在他們到達之前，倪贊清率領的義和團已經將廊坊前面的鐵路拆毀一空，枕木被燒毀，還搬來了很多大石頭攔在原鐵路上。西摩爾這才認知到，繼續乘火車前進的可能性已經不大了。

在此情況之下，西摩爾聯軍只能邊修邊走，進軍的速度奇慢無比。不僅如此，在六月十四日的下午，西摩爾聯軍再次遭到義和團勇猛的衝擊，雖然他們用步槍和機槍打倒了一些拳民，但那些人毫不畏懼、視死如歸的精神氣勢讓洋兵感到震驚和恐懼。當晚，義和團再次趁夜發動襲擊，五名站崗的義大利水兵因為在玩牌而被剁成碎塊，這讓西摩爾聯軍感到驚恐，士氣開始變得低落了起來。

六月十五日，西摩爾在聽說落垡一帶的鐵路再次遭到破壞後，便讓一隊德軍留守廊坊車站，隨後率部返回查看。西摩爾隨後看到的場景是令他震驚的，落垡到天津的鐵路和電報線已經完全被義和團拆毀，即使西摩爾聯軍想乘坐火車返回天津，這也已經是不可能完成的任務了。由此，西摩爾聯軍不但失去了與北京公使們和天津方面的聯繫，連他們自己也陷入了極大的困境：無論是繼續前往北京還是返回天津，看來他們都得放棄火車。但是，西摩爾聯軍大都是水兵出身，他們對下車作戰有著天生的恐懼。此時讓他們放棄火車幾乎就像放棄軍艦一樣困難，特別是在寬闊的華北平原上被螞蟻般聚集的義和團民包圍時，他們的兩千多人幾乎是如此的微不足道。

六月十六日，西摩爾接到北京的公使們派人送來的信函，他們在埋怨聯軍進軍的速度太慢的時候，刻意強調了使館所處的危險境界。在此情況下，西摩爾決定放棄乘火車進軍北京的計畫而改沿白河繼續前進，當年的英法聯軍就是這麼做的。於是，西摩爾率聯軍返回楊村車站，並蒐集船隻準備從白河北上。從某個意義上來說，西摩爾不肯放棄北上的其中一個重要原因是，清廷的正規軍並沒有參與對他們的進攻。

但六月十八日的事件改變了西摩爾的看法，因為當天駐守廊坊的德軍首次發現有清軍出現，這支清軍便是董福祥所部的甘軍。董福祥本來是受命在北京城外修築工事準備迎擊聯軍的，但等了好幾天也不見聯軍的蹤跡，於是董福祥便派分統姚旺出城巡查，並在義和團的幫助下在廊坊找到了留守在廊坊車站的德軍。在姚旺的指揮下，義和團首先向德軍發動了攻擊，雖然效果不大但造成的傷亡慘重，隨後正規軍開始進攻。

德軍很快便意識到這次攻擊非同以往，因為對方的戰鬥力和武器裝備明顯不同於之前的義和團，後來好在一批英法水兵及時趕到，德軍的防線這才沒有被突破。儘管如此，這是聯軍首次遭到重大打擊，他們在這次真正的戰鬥中被打死十人，重傷五十多人。當然，清軍和義和團的傷亡至少是他們的十倍以上。

當從廊坊回撤的德軍等載著聯軍士兵的屍體和重傷患返回楊村的時候，西摩爾終於意識到，進軍北京已經不可能，他們當時能考慮的，只能是祈盼上帝能讓他們安全地返回天津。但是，這個任務也並非是輕而易舉就能完成的。

在西摩爾聯軍在京津線上進退不得的時候，北京也隨之陷入了混亂。從六月十二日開始，便有大批的義和團陸續進入北京。據各種文獻的記載，這和「太子黨」的載漪和載瀾等人的行為是密切相關的。這些義和團大都來自於北京附近地區，當時剛毅前往涿州對義和團進行曉諭安撫，但並沒有使得他們解散，反而使得本沒有攻城實力的義和團進入了京城。這是庚子年中最為致命的錯誤，這和守舊派的剛愎與端王載漪等人的私心是分不開的。

大量無組織的義和團輕易地進入北京後，其結果可想而知。由此，北京的局勢便開始一步步走向失控。六月十三日後，義和團繼續按照他們「神鬼之戰」的觀念，開始在北京城內如右安門、崇文門、宣武門、順治門等地焚燒教堂和教民民居，其中也不乏殺害傳教士和教民之暴行，京城內的局勢立刻緊張了起來。據當時的目擊者稱，拳民們「竟敢白晝持械，橫行街市，三五成群，任意劫殺強掠，夜則廟宇、民居聚集成黨，鋪肆幾至關閉，家居日夜不安」。這種情況在後來更是嚴重，正如前文說敘：「二十二日（六月十八日），外州縣各村義和團，不分晝夜，魚貫而來，……通衢大街，儘是大兵，團民滔滔而行。」

在此情況下，義和團與在京的外國人（包括使館人員在內）也開始發生衝突。據義大利公使薩瓦戈記載，在十三日的中午，有幾個拳民坐著馬車從使館區通過，其中有一個人炫耀地拿出大刀在鞋上擦拭。這時，德國公使克林德恰好路過，他立刻被拳民的行為激怒了。於是克林德拿著手杖去襲擊拳民，其他人都跑了，但抓住了一個十三、四歲的小拳民。克林德痛打了這個男孩，並把這個渾身是血的男孩拖進德國使館關押了起來。

少年無端被綁的消息傳開後，義和團更加憤怒，傍晚的時候便有數百拳民聚集在使館區附近。隨後，拳民們開始攻擊使館區最北邊的奧地利使館，這個使館離英、法等國使館較遠，因此容易受到攻擊。奧地利使館衛隊便使用機槍掃射，但沒有打死拳民，因為他們似乎是有意調高了準星做恐嚇之狀，但拳民們則認為是自己的「刀槍不入」在起作用。

在其他的地方可就沒那麼和平了。在十三日的晚上，天主教在北京的東堂和南堂遭到焚毀，周圍主要由教民居住的房屋也被燒毀，當天晚上被殺的教民可能有數千人。就連大清帝國的海關也被燒毀，總稅務司赫德在匆忙間只帶出了一個箱子，幸好他的日記被人及時地帶出。第二天上午，當法國使館衛隊趕到東堂時，整個建築已經被夷為平地，只剩下被燒死的教士、教民的遺骸，其中法國教士多雷也在其中。

衝突無處不在。從六月十三日開始，在救援教民的旗號下或者根本就是出於憎恨義和團的動機下，使館衛隊和在京的外國人開始主動出擊，就連外交官也不例外。前面提到的北京飯店的瑞士老闆沙莫夫婦組織了一些長期包房的外國人前去救援教民，他們在行動中打死了數十名拳民。《泰晤士報》的記者莫理遜在日記中說：「我們殺掉或者說宰掉了四十五人……我自己至少幹掉了六個。」奧地利使館衛隊的柯拉中尉後來得意地說：「我用左輪手槍擊斃五人，也沒有看到一個能逃脫的『天兵天將』。」公使們也參與了這場攻擊行動。十四日，克林德看到拳民們在皇城下習拳操練，便下令衛隊立刻放槍，二十多名拳民當場斃命。比利時公使姚士登剛剛來北京上任，他雖然心臟不好，身體孱弱，但也不甘示弱，也親自殺死了拳民數十人。就連身材矮小、有點神經質的赫德，那時候也成天在屁股後面吊著一把大號的左輪手槍。

外國人（包括外交人員）的行為在世界外交史上是極為罕見的，這種被稱為「獵取拳民的行動」發生在一個國家的首都，實在是令人震驚而不可思議的。美國使館衛隊長邁耶斯在後來說：「當時我們意識到這些主動剿殺拳民、拯救教民的行動會更加煽起仇洋情緒，但當我們看到渾身受燒傷和砍傷的教民不斷地逃到使館區時，我們這些血肉之軀不能不向他們提供幫助，並將其他的教民從惡魔般的拳匪手中解救出來。」

從人道主義的角度看，邁耶斯的辯解固然有一定的道理，但他們的這種行為顯然大大超越了治外法權的範圍並構成了對一國主權的嚴重侵犯。對這樣一個複雜的問題筆者不想做過於深入的探討，但必須指出導致這種不可理喻事件的原因只有一個，那就是局勢的完全失控。本該保護自己國民（教民）的清廷被載漪等別有用心的人所控制，不但沒有採取應有措施去保護教民和控制局面，反而抱著自己的私心使得局勢進一步惡化（也可能是他們的能力有限）。庸奴誤國，誠然如此！

在此情況下，慈禧太后連續召開了三次御前會議，討論戰與和的問題。據惲毓鼎在《崇陵傳信錄》中說，慈禧太后曾拿出一份洋人的照會，稱其中提出四條要求：一、指明一地，令中國皇帝居住；二、代收各省錢糧；三、代掌天下兵權；四、勒令皇太后歸政。慈禧太后隱瞞了第四條，但前三條已足以激起滿族親貴們的義憤，使得會議轉向了決戰的一邊。

不過，真正讓慈禧太后下決心與洋人決裂的不是這個照會（真假尚且不得而知），而是來自直隸總督裕祿發自天津的報告。裕祿在六月十七日上午六時接到洋人一份遲到的最後通牒，要求在十七日淩晨二時將大沽口炮臺交出（後來的事實是，在通牒到達之前，戰爭已經開始了）。考慮到當時電報通訊中斷，裕祿的報告應該在十八日或者更晚些到達慈禧太后那裡，因為十八日慈禧太后第三次召開御前會議的時候，仍舊沒有對是否決裂作出決斷，但到了十九日的第四次御前會議上，慈禧太后的態度發生了巨大轉變，這無疑是和天津方面的變故相關的。

作為對洋人最後通牒的外交反應，慈禧太后命令總理衙門照會各國公使：索占大沽「顯是各國有意失和，首先開釁」，並要求各國公使和使館人員在二十四小時內離開北京。這個照會總共有十二份，分別由總理衙門在十九日下午送交十一國公使，另一份則是單獨送給海關總稅務司赫德的。這個照會實際上是要將外國公使和使館人員全部驅逐出境，但考慮到洋人在天津的無理要求，清廷的反應也不算過分，何況清廷當時藉口（或說是理由）是京城局勢混亂，難以進行周全的保護，這似乎也有甩包袱、避免洋兵入京的考慮。

公使們接到這份同樣類似「最後通牒」的照會後，不免也陷入了慌亂當中。由於他們對天津的事情一無所知，公使們對總理衙門「最後通牒」的第一個反應，便是「譴責軍人的愚蠢行動，向中國政府提交最後通牒的決定應該由外交官來做出，而不是軍人」。

埋怨歸埋怨，如何處理清廷提出的要求才是公使們最緊迫也是最為頭疼的問題。當晚，各國公使發生了激烈的爭吵，大家在憤怒、絕望和恐懼中相互指責，荷蘭公使諾貝爾居然在會議上哭了起來。最終，公使們決定接受「最後通牒」，但要求延長期限，理由是一天時間無法準備好足夠的車輛。當然，他們也可能是希望西摩爾聯軍能夠奇跡般地出現在他們面前，殊不知此時的西摩爾聯軍早已放棄了進軍北京的計畫。

在辯論達六個小時之後，公使們達成一致意見並各向總理衙門提交了一份基本內容一致的照會，要求明日上午九點在總理衙門與大臣會晤，並主張中方提供足夠的車輛和派出幾位大臣親自陪同護送到天津。但是，德國公使克林德的照會和其他公使的內容有一處不同——克林德在照會中明確聲稱，不管中方答覆與否，明日上午九點他將到總理衙門；而其他公使則只是提出希望中方儘快答覆。

事實上，公使們也應該知道，他們要求中方在次日上午九點前答覆的要求是不現實的，因為他們的照會是在晚上才發出的。按中國的習慣，當時總理衙門的高級官員不可能在署內，也不可能有時間向紫禁城裡彙報。因此，後來指責清廷有預謀的殺死克林德，這顯然是子虛烏有之事。

六月二十日早上八點，公使們再次聚集開會，但他們等到九點的時候，正如上面所說的，總理衙門仍舊沒有任何反應。在緊張的壓力下，部分公使的情緒開始失控，他們大罵中方這是在有意刁難外交官。英國公使竇納樂在後來的報告中說：「到了九點半還沒有答覆，大部分公使認為我們應該繼續在使館裡等待。如果沒有答覆就貿然前往，坐在總理衙門等著大臣們召見有損我們的尊嚴。此時，克林德這個愛激動、性情暴躁的人，一拳砸在桌上說：『我去衙門坐等，即使坐上一夜，也要把他們等來。』俄國公使格爾思建議大家一起去，而且要有武裝護衛。克林德說：『沒有什麼危險，昨天和前天我派我的翻譯出去過，他一點也沒有受到騷擾。』格爾思說：『既然如此，為什麼不派翻譯先去跑一趟探探消息呢？』克林德說：『好主意，就派他去』。」義大利公使薩瓦戈也有類似的記載。

但不知道為什麼，克林德後來又改變了主意，要親自前往，也許是他覺得自己話已經說出去了，不去的話會很丟面子（或許他也深知「面子」在中國的重要性）。於是他回到德國使館後吩咐準備兩頂禮轎（一頂猩紅色的，一頂綠色絨布的，以顯示外交官的地位），他和翻譯柯士達各乘一頂，帶著兩名護衛，出發了。

據柯士達的說法，他們的轎子在路經哈德門大街的時候，輕輕地擦到一輛滿載清軍的大車上，一個清軍士兵便舉起槍，在離禮轎窗子不到一米的地方對著克林德頭部開了一槍，克林德立刻咽氣了，轎夫們嚇得四散逃命。在混亂中，柯士達也腿部受傷，他掙扎著走到一家美國教會才撿回了一條性命。

從柯士達的描述來看，他試圖把這個事件說成是一場有預謀的謀殺，但在他的描述中漏洞是很多的，如果真是有預謀的話，何以解釋他自己腿部受傷卻能逃脫這次殺身之禍？也許柯士達意識到在混亂沒有顧及公使克林德而獨自逃走是一種可恥的行為，而有意想掩飾些什麼。據其他方面的記載，一家在上海發行的德文報紙刊登了一位當時在北京的中國人的日記，據他的描述，當克林德路過哈德門大街比利時使館附近時，克林德的護衛人員手槍走火，比利時使館衛隊以為是清軍開槍，於是便也開槍射擊，隨後清軍反擊。在槍擊中，克林德被擊中了。

《西巡迴鑾始末記》中的記載和這個大同小異，但卻認為走火的那把槍是克林德本人所攜帶的手槍發出來的，這才引起了比利時衛隊「蜂擁趕出，開門放槍」，於是清軍「還槍轟擊，槍彈橫飛之際，轎中人已中其一，蓋即德使克林德也。其翻譯官某見之，恐甚，急即舍轎而奔，入附近某教堂暫避。」

《庚子大事記》中說：「公使先在轎中開手槍，恩海讓過亂彈，即發一槍，槍聲響處，轎夫棄轎逃散。恩海至轎前拖出公使，已氣息奄奄。」這個恩海便是當時在哈德門大街巡邏的清兵小隊長，柯士達說殺克林德的就是他。事發後，恩海一邊派人去向上級報告，一邊親自守衛克林德的屍首，在這過程中，他順手牽羊地拿走了克林德的銀懷錶。八國聯軍攻下北京後，他因為將此塊懷錶在當鋪當出，結果被順藤摸瓜的抓到，後來被德國軍隊親自處決。

最奇特的是，在當時中外資訊中斷的情況下，一家英國的報紙在四天前便報導了德國公使克林德被殺的「假」新聞，這就不得不佩服這位記者未卜先知的超前能力了。不過話說回來，在當時的緊張混亂情況下，發生公使被戕事件也是偶然中的必然。

對外宣戰

清廷圍攻使館的真相與招撫義和團

一九〇〇年六月二十日，在德國公使克林德被殺後，北京的各國公使們陷入了恐慌，他們更加堅定地認為清廷將要對他們進行有預謀屠殺，於是立刻取消了撤出使館的計畫，並打算在北京使館區固守待援，等待天津出發的各國軍隊。

由於距離英法等主要使館較遠，比利時、荷蘭、奧地利三國使館的外交人員隨後離開了他們的使館，來到防衛較好也比較寬敞的英國使館。當時的英國使館是使館區中面積最大、房子最多的，院子裡有個很大的花園，還有五口淡水井和兩口鹹水井。隨著局勢的不斷惡化，在京的外國人（近九百人）也都紛紛躲進了英國使館，還有很多傳教士也帶著他們的一些中國教民來到使館區避難。

英國使館原本只住了六十多個人，這些人到來後讓使館完全變了樣，就連馬廄裡都擠滿了人。不過，避難者也帶來了他們的私人物品，包括一百五十匹馬和騾子、一小群羊，還有一頭奶牛。另外，英國使館還囤積了大量的食品，兩百噸的白麵和大米，成箱的葡萄酒，必要的時候還可以屠宰馬和騾子。

就在六月二十日這一天，清廷發布上諭，稱：「近日京城內外，拳民仇教，與洋人為敵，教堂教民連日焚殺，蔓延太甚，剿撫兩難。洋兵麇聚津沽，中外釁端已成，將成如何收拾，殊難逆料。」隨後，清廷又將上諭以六百里加急的速度發給各省督撫，要求本省「通盤籌畫於選將、練兵、籌餉三大端，如何保守疆土，不使外人逞志；如何接濟京師，不使朝廷坐困」；並要求「各督撫互相勸勉，聯絡一氣，共挽危局。時勢緊迫，企盼之至」！當天下午，清軍便向使館區發動了進攻。

長期以來，人們一直以為攻打使館的主要力量是義和團，而清軍則在暗中保護使館，事實上這完全是一種誤解。時人李希聖在《庚子國變記》中說，六月二十日（下午），「董福祥及武衛中軍圍攻東交民巷，榮祿自持檄督之，欲盡殺諸使臣。炮聲日夜不絕，屋瓦自騰，城中皆哭，拳匪助之，巫步披發，升屋而號者數萬人，擊動天地」。

從這段話可以看出，當時拳民們並沒有親臨攻擊第一線，他們雖然人數眾多，

庚子年中，被清軍炮轟後的使館區雖然面目全非，但絕大多數的使館人員卻安然無恙。

有心殺賊，但只能「升屋而號」，並沒有直接進攻使館區。事實上，從拳民們進入北京到使館最終解圍，除了極少數拳民的零星活動外，義和團自始至終都被隔離在戰線之外，並沒有能夠直接地、大規模地進攻過使館區，也遠未構成對使館的真正威脅。

從邏輯上來說，義和團並不是不想去焚燒或進攻使館區，而是他們做不到。原因很簡單，早在六月十六日的時候，榮祿的武衛中軍便奉命保衛使館，義和團根本就靠近不了使館區。類似的證明還有很多，譬如在英國公使竇納樂的報告、普特南・威爾所著的《庚子使館被圍記》和中國教民鹿完天所寫的《庚子北京事變記略》中，均為反覆講到清軍的進攻，而對義和團的進攻行動隻字不提或者匆匆帶過。

清軍的進攻開始後，首先遇到攻擊的是劃在主要使館之外的比利時使館和奧地利使館，由於這兩個使館的人員已經撤退到英國使館，因此留守的衛隊士兵幾乎未經抵抗便撤出。當天晚上，這兩個使館被大火燒毀。

使館衛隊緊接著放棄的是荷蘭使館和義大利使館，因為荷蘭使館在使館區外，而義大利使館處於使館區防線的突出部位，兵力薄弱，難以防守，因此清軍一進攻，使館衛隊便主動放棄。事後，義大利公使薩瓦戈還極為惱怒地稱這是一個「誤解造成的極大失誤」，因為義大利人在撤出後，使館也很快被焚毀。

六月二十一日，清廷正式發布「宣戰詔書」。這份詔書是由軍機章京連文沖寫的，使用的是離騷體，文采很好，曰：

「我朝二百數十年，深仁厚澤，凡遠人來中國者，列祖列宗，罔不待以懷柔。迨道光咸豐年間，俯准彼等互市。並乞在我國傳教，朝廷以其勸人為善，勉允所請。初亦就我範圍，詎三十年來，恃我國仁厚，一意拊循，乃益肆梟張，欺淩我國家，侵犯我土地，蹂躪我人民，勒索我財物。朝廷稍加遷就，彼等負其兇橫，日甚一日，無所不至，小則欺壓平民，大則侮慢神聖。我國赤子，仇怒鬱結，人人欲得而甘心。此義勇焚燒教堂，屠殺教民所由來也。」

「朝廷仍不開釁，如前保護者，恐傷我人民耳。故一再降旨申禁，保衛使館，加恤教民。故前日有拳民教民皆我赤子之諭，原為民教解釋宿嫌，朝廷柔服遠人，至矣盡矣。乃彼等不知感激，反肆要脅，昨日複公然有杜士立照會，令我退出大沽口炮臺，歸彼看管，否則以力襲取。危詞恫喝，意在肆其猖獗，震動畿輔。平日交鄰之道，我未嘗失禮於彼，彼自稱教化之國，乃無禮橫行，專恃兵堅器利，自取決裂如此乎？朕臨禦將三十年，待百姓如子孫，百姓亦戴朕如天帝。況慈聖中興宇宙，恩德所被，浹髓淪肌，祖宗憑依，神祇感格，人人忠憤，曠代所無。」

「朕今涕淚以告先廟，慷慨以誓師徒，與其苟且圖存，貽羞萬口，孰偌大張撻伐，一決雌雄。連日召見大小臣工，詢謀僉同。近畿及山東等省，義兵同日不期而集者，不下數十萬人。至於五尺童子，亦能執干戈以衛社稷。彼尚詐謀，我恃天理，彼憑悍力，我恃人心。無論我國忠信甲冑，禮義幹櫓，人人敢死，即土地廣有二十餘省，人民多至四百餘兆，何難翦彼兇焰，張國之威！其有同仇敵愾，陷陣衝鋒，抑或仗義捐資，助益餉項，朝廷不惜破格茂賞，獎勵忠動。苟其自外生成，臨陣退縮，甘心從逆，竟做漢奸，即刻嚴誅，決無寬貸。爾普天臣庶，其各懷忠義之心，共泄神人之憤，朕有厚望焉。」

這個以光緒皇帝名義發布的詔書是耐人尋味的。首先，清廷以洋人強行索要大沽口炮臺為由進行宣戰，殊不知此時大沽口炮臺早在六月十七日便已失陷，只不過被直隸總督裕祿隱瞞未報而已。換句話說，聯軍在六月十七日攻占大沽口炮臺的行為，其實是構成了事實意義上的宣戰，而清廷在六月二十一日的所謂「宣戰」反落在了後面。

其次，清廷在詔書中並沒有指出宣戰的具體物件，而只是使用了一個帶有藐視的代稱「彼等」。因此，這在國際公法上能不能算是對外宣戰，這恐怕還是個問題。事實上，後來也沒有任何國家宣布正式應戰。作為反證，清廷和日本在甲午戰爭時是相互宣戰的，這可以排除清廷不懂國際慣例的可能性。

其三，清廷這個詔書的目的主要是向國民解釋朝廷為何要做出如此決策並呼籲共同禦敵，這看起來似乎不是對外宣戰，而像是一個對內的戰爭動員令。這是很讓人費解的。

由此，認為清廷在庚子年對十一國宣戰在法理上是站不住腳的。

在二十一日發布詔書後，清廷的一個重要舉措便是將義和團稱為「義民」，並聲稱要將之編為民團，由端王、莊王和剛毅統率。表面上看，這似乎是清廷「由剿改撫」政策的根本轉變，表明清廷已經與義和團合流，但實質上真是這樣嗎？

作為一個簡單的事實，義和團被招撫後並沒有完全投靠到清廷門下，他們仍舊保持了自己的獨立性和無組織的特性，認為清廷試圖依靠義和團來保衛政權的觀點看似有道理，但那只是一廂情願而已。事實上，即使清廷在公開招撫義和團之後，這也並不代表對義和團的能力加以信任。當然，正當權的剛毅和載漪等人是例外，他們在褒獎義和團為「義民」的過程中可能起了重要作用。

作為動機而言，剛毅可能因為見識短淺或者根本就是上當受騙而相信了義和團，但載漪等人卻不乏有利用義和團趕走洋人並製造混亂局面以乘機奪取皇位的私心。譬如在六月二十五日早晨，「端莊二王（載漪和載勳）與貝勒載廉、載瀅，率領義勇六十餘人，膽敢闖入大內，搜拿教民……大聲鼓噪，云以我等頗願見皇上，因有緊要之事等語。言畢口出不遜，竟敢詈上（光緒皇帝）以二毛子。」所幸的是，慈禧太后及時趕到，這才制止了這場試圖弑君的政變。

由此看來，清廷此時對義和團的招撫看來更像是權宜之計，目的是安撫並防止拳民暴動，而其對外宣戰則給了拳民一個怒氣的宣洩口，同時也是在失控的局面中維護了清廷的合法性地位。換句話說，在義和團大量進入北京城且局勢失控的情況下，清廷必須順應義和團，扮演一個「愛國愛民」的朝廷。如果此時貿然剿殺義和團的話，恐怕等不到外國干涉清廷便已經亡於拳民之手了。只有領悟到這點，才能體會到清廷「宣戰詔書」的深刻含義，而這也是這個所謂的「宣戰詔書」對內而不對外的原因所在了。

事實上，有很多證據可以證明清廷的用意。就在六月二十日發布的上諭中，清廷便提到「近日京城內外，拳匪仇教，與洋人為敵，教堂教民，連日焚殺，蔓延太甚」而導致的「剿撫兩難」困境；六月二十八日，清廷又向列強表示「此種亂民，設法相機自行懲辦」。

六月三十日，清廷在向各省督撫解釋「宣戰」原因時，稱：「此次義和團民之起，數月之間，京城蔓延已遍，其眾不下十數萬，自兵民以至王公府第，處處皆是，同聲與洋教為仇，勢不兩立。剿之，則即刻禍起肘腋，生靈塗炭。只可因而用之，徐圖挽救。奏稱信其邪術以保國，亦不諒朝廷萬不得已之苦衷矣。」「禍起肘腋」的含義，可謂是不言自明。

隨同慈禧太后西逃的知縣吳永（曾國藩的孫女婿），他在《庚子西狩叢談》中記載了慈禧對當時失控局勢的描述：「拳民們『勢頭也大了，人數也多了，宮內宮外，紛紛擾擾，滿眼看去，都是一起兒頭上包著紅布，進的進，出的出，也認不定誰是匪，誰不是匪，一些也沒有考究』，因此更不敢輕說剿辦。」這種情形，大概就是所謂的「法不及眾之憂，尾大不掉之勢」。

在面臨危機考驗時，決策者只能暫時順應民意所指，不然即會引火焚身。

太常寺卿袁昶曾奏稱：「現禁城有拳團三萬餘人，來者穰穰不止，日久必生變，既不能部勒使受約束，不如導使隨往津禦洋兵，少兩得之。」《石濤山人見聞志》也有這樣一段記載：「聞各路兵及莊王、榮相、董軍門、各統兵大臣，皆設密法收撫團眾。有不受撫者，均遣至各處攻打前敵，少有退縮，迎以大炮，一炮休矣，升天矣。實露半撫半剿之法。」

袁昶後來因為載漪「撫拳」的政策而被殺，但他的說法是很值得玩味的。所謂的「兩得之」和石濤山人說的「半撫半剿」，正好是理論與實踐的結合，其用意不過是在表面「招撫」的名義下將大批拳民引出京外，以減輕朝廷的危險和壓力；同時，又可以通過拳民們暫時抵擋一下洋人的軍隊，稍微延緩其進軍北京的速度；再者，又可借洋人之手消滅義和團，或者清軍乾脆直接上陣剿殺。慈禧太后這種「中外平衡、一石雙鳥、多重功效」的陰險策略，恐怕就不是拳民的智商所能洞察的了。

這個策略，清廷在七月二十二日給東北地區大吏的上諭中明顯的透露了出來：「我仍可作彈壓不及之勢，以明釁不自我開。各該省如有戰事，仍應令拳民作為前驅，我則不必明張旗幟，方於後來籌辦機宜可無窒礙。」

由此，回過頭來看使館之圍就沒有那麼複雜了。很顯然，清廷對於外國公使們決無加害之意，他們一再要求公使們離開北京前往天津的用意，不過希望在局面失控中儘量減輕自己的壓力或者試圖甩掉這個包袱，而絕不是公使們認為的「有預謀的大屠殺」，這只能證明了這些公使們對中國事務和中國人的思維方式實在是太不瞭解了。

如果做一個大膽的推測，假定公使們在六月下旬接受清廷的提議並在使館衛隊和清軍的保護下離開北京，前往天津的話，庚子年的災難可能會小得多。當然，在當時義和團蜂起的局面下，公使們懷疑清軍的保護能力甚至動機也不是沒有道理，歷史本來就是由太多的偶然性構成的。

在瞭解了這個基本前提後，使館之圍也就變得好理解了。當時參加圍攻使館的主要是董福祥的甘軍和榮祿直接指揮的武衛中軍，另外還有少量由慶親王奕劻指揮的軍隊。在整個進攻過程中，榮祿和奕劻都是很狡猾的，他們想必也能體會慈禧太后的良苦用心，並十分清楚攻擊外交人員會在日後帶來極大的危害。至於董福祥的甘軍，他們仇恨洋人是發自內心的，但他們的武器裝備相對落後，正如當時的一個笑話說，李鴻章得知進攻使館的軍隊是董福祥的甘軍後，他大笑著告訴外人：「儘管放心，使館無恙！」

董福祥當時與極端仇洋的端王載漪等人走得很近，他在接到進攻使館的命令後自然是盡心盡力，但慈禧太后在圍攻使館的決策中也相互矛盾，圍攻使館時斷時續，並不是一個持續的過程。吳永在《庚子西狩叢談》中也記載了慈禧太后這樣一段話：「我本來是執定不同洋人破臉的，中間一段時間，因洋人欺負得太狠了，也不免有些動氣。但雖是沒攔阻他們，始終總沒有叫他們十分盡意地胡鬧。火氣一過，我也就回轉頭來，處處都留著餘地。我若是真正由他們盡意地鬧，難道一個使館有打不下來的道理？」

慈禧太后說的「他們」，顯然指的是載漪等人，儘管中間可能會存在失控的情況。慈禧太后控制不了義和團，但對於載漪、董福祥他們大體上還是能掌控的。事實上，慈禧太后的做法也很陰險，她在事後也是把圍攻使館的責任推到了載漪等人身上，殊不知她才是最後的決策者。

也許有人要問，既然不想傷及公使，慈禧太后又何必要命令圍攻使館呢？這可能有兩方面因素。第一是在詔告義和團為義民後，在義和團反洋情緒高漲的時候，清廷必須要有所表示，那圍攻使館就具有很好的象徵意義——與其讓義和團去圍攻使館最後弄得不可開交，倒不如讓可控的清軍來完成這個表演。當然，這個表演還不能演的太假。

慈禧太后下令圍攻使館的另外一個原因，恐怕是為了給公使們製造一定的壓力，類似於通常說的「以戰促和」，或者乾脆把公使們變成「人質」。在第二次鴉片戰爭的時候，清廷曾經用過這種策略，那就是將當時英法談判代表巴夏禮等人拘捕，用以挾制英法並迫其接受停戰（雖然這被證明不甚成功）。

林華國先生在《庚子圍攻使館事件考》一文中詳細闡述了類似觀點：「庚子年對使館的進攻，很像是故技重演。西太后的目的是想把租界內的洋人變成自己手中的人質。清政府的方針是：一方面想攻占肅王府使英使館陷入『無法防守』的險境，另一方面盡力避免對英使館內的外國使節及其家屬造成重大傷亡。除猛攻肅王府外，清軍還力圖攻占位於英使館東南方的法使館，這似乎也是為了對外國使節加大心理上的壓力。」

「看來，清政府的目的並不是真要『夷平使館』，而是要通過攻打使館使外國使節陷於『準人質』的危險境地，以此作為向外國求和的一種輔助手段。既然如此，進攻必然兼有兩方面的特點：一方面，為了對外國使節形成較大的威脅，進攻必須有一定的猛烈程度；另一方面，為了避免對使館人員（特別是外交官員）造成重大傷亡，給議和造成新的障礙，進攻又必須留有餘地而不能是摧毀性的。」

在理解了這層含義後，使館圍而不克的道理便是不言自明瞭。不然的話，以使館極度缺乏重武器且不到五百人的衛隊豈能抵抗大隊清軍的進攻？用慈禧太后的話來說，倘若真有心來攻，「難道一個使館有打不下來的道理？」

事實上，當時被圍困的人在後來的回憶錄中，都曾提到清軍當時奇怪的進攻，譬如美國公使康格的夫人在後來的《北京信箚》中就曾說：「中國人的射擊角度總是過高，他們甚至還『繳獲了一些來福槍』。」（這似乎與榮祿暗中給使館運送軍火的傳聞相關）。

當然，即使是流彈，也能對使館區裡的人員造成很大的傷亡，但外國人主要聚集的英國使館卻並沒有受到太多攻擊，各使館中的主要人員大都安然無恙，除了那個膽小的荷蘭公使諾貝爾，他在使館被圍攻的過程中就一直躲在英國使館的地窖裡不肯出來，但在使館解圍的當天，他從地窖中出來察看聯軍是否到達的時候，被一顆流彈擊中大腿——該他的躲也躲不過，諾貝爾也由此成為當年唯一受傷的公使。

使館被包圍的時間長達四十多天，但真正受到攻擊只有二十多天（六月二十日至七月十三日，八月十一日至十四日），中間的局勢大都以緩和為主。在最開始的時候，周邊的戰鬥還是很激烈的，使館防線一次次被突破，險情不斷出現。到七月十三日的時候，清軍攻占肅王府和法使館的意圖已接近實現，據英國公使竇納樂當時估計，如果清軍繼續這樣進攻的話，最晚在七月二十日即可將這兩處地方完全占領。但在七月十四日後，清軍攻勢突然減弱，十六日後更是基本中止了進攻。

導致清軍發生如此變化的無外乎兩個原因，一是逼迫公使們的目的已達到，二是天津戰局的急劇惡化。與圍攻使館幾乎同時進行的是，清軍也一直在進攻天津的紫竹林租界，但七月十三日後，增援的聯軍反攻天津並於十四日晨攻破天津城。慈禧太后意識到洋人的軍隊難以抵抗，如果戰爭一直持續下去的話就更加難以收拾，於是便加緊進行求和活動。

在這段時間裡，雙方的信使往來不斷，清廷還給使館送去了西瓜、蔬菜、大米、麵粉等等。在此期間，「投擲石塊代替了槍炮，雙方都習慣了與敵人近距離對峙。隨著號角之聲發起的夜襲，實際上只是毫無意義的突然的槍聲大作，然後又停下來，人們稱之為『起床號』。」（義大利公使薩瓦戈的回憶）。

在八月一日後，清軍又恢復了象徵性的炮擊，隆隆炮聲雖然給了使館人員恐懼，但炮彈大都是在空中呼嘯而過。直到八月十一日，八國聯軍開始逼近北京，清軍這才再度對使館發動十分猛烈的進攻，但這種報復性的進攻只持續了三天，北京便宣告淪陷。八月十四日下午四點的樣子，英屬印度軍團經西直門進入內城，在被圍困的人們的歡呼聲中進入公使館。

頗具諷刺意味的是，那些聯軍部隊原本以為「這些被圍困的人應當是筋疲力盡、饑腸轆轆、衣裳襤褸，或者是受了傷甚至氣息奄奄再或者根本就已經死亡了」。但實際上，當他們進入使館區的時候，「紳士們衣著得體地出現在眼前，許多人，如英國公使竇納樂、義大利公使薩瓦戈和美國公使康格都新刮了鬍子，雖然穿著便裝，但都整整齊齊的；女士們則穿著優雅的夏裝，戴著帽子、打著洋傘。聯軍中有人開玩笑地說：『我們是不是意外地走進了一個宴會會場？』」相比之下，反倒是那些「解放軍」寒酸多了，他們大都蓬頭垢面，軍裝上沾滿了泥土和汗水，皺巴巴地掛在身上。這或許部分透露了庚子年那場奇特的「使館之圍」的真相。

值得注意的是，後來《辛丑條約》的正式措辭並不是戰敗後所使用的 peace treaty，而用的是 Final Protocol for the Settlement of the Disturbances of 1900。Protocol 的意思是「議定書」。之所以用「議定書」，恐怕還是因為清廷當時的「宣戰詔書」並沒有指明交戰物件，而只是用了「彼等」這個含糊的用語，而列強並沒有宣布迎戰。事實上，在清廷發布宣戰詔書之前，列強軍隊已經對大沽口炮臺實施了軍事行動，這實際上是構成了對中國的侵略戰爭，責任一方反在列強。因此，說慈禧太后對列強宣戰不但在法理上說不過去，在事實上也不成立。對於列強來說，他們認為自己的軍事行動意在解救公使和在華的外國人，並未與清廷構成戰爭關係。正如他們自己所稱的，其軍事行動是幫助清廷「剿除拳匪、恢復秩序」，其實是掩蓋他們侵犯中國內政、發動侵略戰爭的事實。

中俄之戰
入侵東三省與血染黑龍江

在中國近代史上，歐美列強對華大多採取攫取商業利益的方式，但俄日兩國則在商業利益之外，還有侵占中國領土的野心，危害也較其他列強更大。

一八九六年六月，俄國利用清廷在甲午戰敗後的困境，以「共同防禦日本」的藉口誘迫清政府簽訂了《禦敵互相援助條約》（又稱《防禦同盟條約》），學術界一般稱為《中俄密約》。在這個條約中，清廷允許華俄道勝銀行建造一條由黑龍江、吉林至符拉迪沃斯托克的鐵路，並規定無論戰時或平時，俄國均有權使用該鐵路運送兵員、糧食和軍械。由此，俄國修建的西伯利亞大鐵路通過中國領土上的中東鐵路，直達符拉迪沃斯托克。

庚子年，當京津一帶的義和團進行得如火如荼之時，東北地區的拳民也有所活動，這使得中東鐵路上的俄國人感到了威脅，於是他們停止築路之事並將沿線的職工及其家屬和護路隊等都集中於哈爾濱。

在局勢不斷惡化的情況下，俄國在五月底便在中俄邊境線上集結了七萬人的遠東邊境部隊，隨後中東鐵路沿線的「護路」部隊也由原來的四千五百人激增至一萬一千人。俄國此舉，雖名曰「護路」，其中亦不乏火中取栗之用意，從第二次鴉片戰爭中所簽訂的中俄《北京條約》

和《璦琿條約》中的收穫來看，俄國可謂是箇中高手。

一九〇〇年七月九日，沙皇尼古拉二世趁著局勢混亂之際，其以「保護」鐵路僑民為由，兵分五路，分別從伯力、滿洲里、布拉戈維申斯克（海蘭泡）、烏蘇裡斯克等方向，向東北發動了全面進攻，總兵力達到十幾萬人。

七月八日，俄國以「護路」為藉口，要求把集結在海蘭泡的數千名俄軍借道璦琿、齊齊哈爾開往哈爾濱。黑龍江將軍壽山拒絕了這個無理的要求，並警告稱：「江省鐵道，當由敝國自行保護，倘貴國必欲發兵前來，則本將軍惟有以軍火從事。」隨後，壽山又給璦琿副都統鳳翔發電報，稱：「如俄兵過境，宜迎頭痛擊，勿令下駛！」

對於壽山的保證，俄國人並不信任；至於壽

哈爾濱俄國東正教尼古拉堂。事實上，俄國教會在中國並沒有引起太多麻煩，但這阻止不了俄軍在庚子年對東北的進攻。

山的警告，那更是置若罔聞。七月十二日後，滿載軍隊和戰備物資的俄國兵艦和駁船，從水路下航黑龍江，準備運往哈爾濱等地。七月十四日，俄國人逼近瑷琿沿岸，並尋機挑釁。由於瑷琿的清軍已經接到阻止俄軍下行的命令，俄國人在論理不通的情況下發槍恐嚇，結果引發了雙方的衝突。在此情況下，俄國一面向瑷琿大量增兵，一面對江東六十四屯和海蘭泡的中國居民狠下毒手，製造了黑龍江上的驚天慘案（後敘）。

據《東三省失守始末記》中記載：「七月二十二日，有俄馬步兵六千名，從黑河上游五道河偷渡黑河，崇統領營中曾登高望見之，而以其衣華軍號衣，疑為漠河金礦護礦之兵，遇亂逃回，故未敢開炮轟擊，迨其登岸，始知為俄軍，已措手不及。隨後，俄兵即由西山陸路直撲瑷琿，鳳副都統傳令全軍出隊迎敵，徇師而誓曰：『有退後者斬！』兩軍既相接，鳳副都統自統前隊督戰。前軍童統領稍退卻，即傳令斬首示眾。童懼，奮勇直前，後軍乘勢繼進，我軍勇氣百倍，大敗俄軍；鳳副都統亦以率隊督戰故，自辰至酉，親放槍四百餘響，力竭不少休，左腿右臂受槍子兩傷甚重，墮馬者三，遂由左右扶之回營，至晚，嘔血數升而死。」

鳳翔死後，瑷琿城失陷，俄軍長驅直入，而黑龍江將軍壽山「平日辦事勇敢，頗為人所稱許，顧以爾時各路軍情迭變，警報遝至，方寸遂亂，不暇簡練士卒，惟日操練義和團百餘人恃為長城。」八月二十八日，俄軍圍困齊齊哈爾，壽山見勢不可為，吞金自殺，於是黑龍江省落入俄人之手。

在瑷琿城淪陷的時候，呼倫貝爾也被俄軍攻陷，到八月中旬，吉林全境已落入俄軍之手。另一路俄軍於七月底攻下琿春後，繼而圍攻寧古塔，在清軍的頑強抵抗下，雙方在寧古塔僵持了四十多天，但清軍終因彈盡糧絕，寧古塔於八月底被攻陷。旅順口的俄軍循海陸兩路北上，相繼攻陷營口、海城等地，十月一日進入瀋陽。僅四個月時間，俄國軍隊就已基本控制了東北全境。此外，在攻占北京後，俄國又由天津派出它的軍隊攻占山海關、錦州等要地。

對此，《東三省失守始末記》的作者分析非常深刻：「俄人之窺伺東三省也久矣……其欲奪東三省之意，雖三尺童子亦自知之，不自今日始也。今歲乃乘北省團匪之亂，藉保護鐵路為名，遣重兵入內地。許之，則強賓奪主之勢成而禍將在日後；不許，則彼之啟釁為有辭而禍將在目前。壽將軍既有守土之責，臥榻之側，豈容他人鼾睡？其力拒俄請，卒至兵戎相見，蓋亦勢所宜然，不能為將軍咎也。將軍受事日淺，軍實空虛，不足禦敵人，蓋諒之；惟誤信團匪，倚為幹城，實有忠有餘而智不足；卒至地失身亡，以死報國，識者蓋哀之矣！」

最後，作者忍不住嘆道：「嗚呼！自古至今，啟釁之微，失地之速，蓋未有如東三省近事者已！」其實這也不奇怪，只不過說明了俄國人居心叵測、早有圖謀而已矣。

歷史不能忘記的是，俄軍在此期間所製造的「海蘭泡大屠殺」和「江東六十四屯大屠殺」。海蘭泡原名孟家村，位於黑河鎮的對岸，原來是中國的一個居民村。在第二次鴉片戰爭後，俄國通過前述條約侵占了黑龍江以北的中國領土，當時東西伯利亞總督穆拉維約夫將它改名為布拉戈維申斯克（意為「報喜城」）。

到十九世紀末，海蘭泡的居民大約有近四萬人，其中半數以上是中國人。江東六十四屯位於黑龍江左岸，精奇里江南岸，這塊地區開發較早，到十九世紀末有居民三萬五千人，其中主要是中國居民，並受瑷琿副都統管轄。

可以肯定的是，在七月十六日到二十一日裡發生的大屠殺，具有明顯的殺戮和恐嚇性質，目的就是要把海蘭泡和江東六十四屯的中國居民全部趕出俄境，雖然這些中國居民早在俄國人之前已經在此世代定居。在那極其悲慘的幾天裡，整個海蘭泡和江東六十四屯地區變成了中國人的血淚場，數萬同胞在如兇神惡煞般俄國兵的驅趕和殺戮下，哀鴻遍野，血流成河，滾滾黑龍江的江水都為之變色。

據《東三省失守始末記》中的記載，七月十六日到十七日，「俄派馬隊數旗至璦琿城東，驅二十八屯居民聚之一大屋中，焚斃無算，逸去者不及半。其在海蘭泡貿易之華商約六千餘人，先於十九日被俄兵驅之江邊，許以派船護送歸國。商民聞言，即在江邊忍饑露立待之一日夜之久。二十日下午忽有俄馬隊持槍兵三十名，持斧兵二十名，向商民擊砍，槍斧交下。商民出其不意，惶遽奔逃，均墮黑河而死，其泅水得免者僅百數十人。蓋亦慘矣！」

據當時的一個西方人記載，哥薩克士兵命令中國人游過江去，被迫下水的人很快被淹死，而懼怕下水的人或被士兵射殺，或被用木棒打死。不到半小時，江岸上便堆滿了中國人的屍體。

親歷這一慘案的一位老人追憶道：「俄國兵像往鍋裡下餃子似的把中國人往江裡推，不願下水的就用刺刀紮，用大斧子砍。推倒江裡的人有會鳧水的，俄國兵看到還開槍打死。這還不算，俄國兵還把三個、兩個中國人的辮子拴在一起，然後再推到江裡去，他們想盡辦法不讓有人活著渡過江來。」

《璦琿縣誌》記載俄兵將中國商民，「圈圍江邊，俄兵各持刀斧，東砍西劈，斷屍粉骨，傷重者斃岸，傷輕者死江，未受傷者均投水溺亡，骸骨漂溢，蔽滿江洋，有隨波力擁過江者八十名，赤身露體，昏迷不能作語。」「逃至江幹者，又複開槍轟擊，僵僕相望。」

類似的記載還有很多，足以讓人追憶起一百多年前的那個悲慘時刻：

「到達上布拉格維申斯克（即海蘭泡）時，東方天空一片赤紅，照得黑龍江水宛若血流。……手持刺刀的俄軍將人群團團圍住，把河岸空開，不斷地壓縮包圍圈。軍官們手揮戰刀，瘋狂喊叫：『不聽命令者，立即槍斃！』隨即，俄國兵一齊開槍射擊。喊聲、哭聲、槍聲、怒罵聲混成一片，淒慘之情無法形容，簡直是一幅地獄的景象。」

「這個地區，在我穿越它之前不到四個星期，曾經是一個戰場。歐洲的媒體對這個戰場已經進行了大量的報導，但是它真正的特點卻全然被忽略了。」「這不是在黑龍江岸邊發生的、有組織的交戰雙方的一場武裝較量，這是一場對手無寸鐵的全體居民的冷血屠殺以及對其家園的是統毀滅。」

「二百餘年積蓄，迫為國難，一旦拋空，黃童離家長號，白叟繼產叫哭，扶老攜幼，逃奔瑷琿。對過長江阻梗，繞越不能，露守江灘，群號慘人。」「江東屯倉，俄兵舉火燒平，愁煙蔽日，難民避無處，哀鴻遍野。」

這些紀錄，今天看來仍舊是觸目驚心，恍如隔世。鮮血染紅了黑龍江水，屍體浮滿了江面。在七月十七日到二十一日的大屠殺中，大約有一萬五千名中國居民死於非命。此外，在伊爾庫次克、尼布楚、伯力、符拉迪沃斯托克、庫頁島及黑龍江以北、烏蘇里江以東其他地方，俄國軍警對世代居住在那裡的中國居民也發動了同樣的大屠殺。在俄國境內的中國人，「被槍斃、水淹、火焚不下十餘萬」。

慘案發生後，俄國人還為自己的暴行百般抵賴，甚至狡辯說「中國人圍攻海蘭泡，俄國人是正當防衛」、「中國人是主動撤離，俄國人並沒有驅趕」等等。更無恥的是，某些俄方人士聲稱，海蘭泡、江東六十四屯這些地方，「自古以來就是俄羅斯領土」。但在一份俄國人的正式報告中卻又承認：「目擊者的全部供詞令人相信，這實際上不是渡江，而是把中國人斬盡殺絕和淹死。」屠殺發生三個星期後，一名俄國軍官在江邊看到屠殺的慘景後記述說：「很難估計我們這一天趕上了多少屍體，但是……僅在一個小沙嘴上，我們共數出一百五十具。可以想見，中國人的屍體是不少的。」

瑷琿紀念館有一幅大型銅雕，叫《痛失》：一位母親抱著自己的女兒，儘管她的女兒還很豐腴，但她卻靜靜地死在母親的懷中。這大概就隱喻著海蘭泡和江東六十四屯等地區的喪失吧。

而就在瑷琿的河對面，如今俄羅斯布拉格維申斯克（海蘭泡）的博物館裡，也有一幅油畫，描繪的卻是「中國人在圍攻海蘭泡」的場景：城內燃著熊熊的大火，中國人像潮水一樣從四面八方圍攻海蘭泡，而「英雄的」俄羅斯兒女正在為捍衛自己的「故土」而奮戰。具有諷刺意義的是，一九〇〇年海蘭泡的慘案，在這裡卻被描繪成了俄國人偉大的「衛國戰爭」。

「江東六十四屯今猶在，何日光復大江東。」曾經負責交涉收復江東六十四屯的清代瑷琿副都統姚福升當年曾寫下這樣一首名為《龍江吟》的詩。作為一個中國官員，面對國人被屠、國土被奪的遭遇和當時這樣一個不可能完成的任務，這種無奈與心酸，讀者自當感之鑒之。

趁著庚子年的混亂狀況，俄國隨後便急不可待地要求與清政府訂立條約，以使占領東三省合法化。一九〇〇年十一月，俄方便擬定了一個《奉天交還暫且章程》九條，並以該「暫且章程」以後可以改換為由，誘迫盛京將軍增祺簽字畫押。這個「暫且章程」的主要內容如下：保護鐵路、供給俄軍糧食住房、遣散清政府在東北的軍隊，交出軍械，平毀炮臺、中國在東北設立行政機關及主要官員的任免都要經過俄國的認允等九條（光緒二十六年十二月二十五日駐俄使臣楊儒致慶親王奕劻電）。

清廷在派遣駐俄使臣楊儒前往俄國談判交收東三省事宜後，俄方百般阻撓，毫無誠意，並不斷玩弄各種欺詐之手法。俄國人的舉動讓英、日等國也極為不滿，因為俄國獨占東北三省大大損害了他們的利益，於是他們也向清廷施加外交壓力，以阻止清廷承認俄國人的條約。

就在《辛丑條約》的談判過程中，俄國公使格爾思不斷到李鴻章處進行威逼利誘，他聲稱：「中國如聽各國讒言，不願立約，則東三省必永為俄有。試問東三省是何國所占？是何國交收？各國豈能攙越？」又稱「交還東省，本國兵部及武官不願，幸外部力持，若聽各國浮言，猶豫不決，兩國邦交大局甚有窒礙」（光緒二十七年二月初七日慶親王奕劻等電）。

對於如此重大的事件，清廷也不敢妄下決定。在內外壓力下，清廷最終指示楊儒不得在俄國人所擬條約上畫押。一直到一九○二年四月，經過與俄國的多次談判，俄國最終同清廷簽訂了《中俄交收東三省條約》四款，其中規定「俄軍分三期撤退，每期六個月，共十八個月撤清」。但是，狡猾的俄國人加了一個附加條件，那就是：「如果再無變亂，並他國之舉動亦無牽制，即將東三省俄國所駐各軍撤退。」這實際上是為俄國日後拒不撤兵埋下了伏筆。

果然，在撤兵條約訂立後不久，俄方便藉口地方上有「胡匪遊勇，散布鐵路兩旁」，不僅不執行撤兵計畫，反將已經撤出的軍隊重新開了回來。俄國的蠻橫做法激起了國人的極大憤怒，當時上海各界人士便舉行了「拒俄大會」，並以「駐滬各省紳商」和「十八省國民」的名義發電抗議，留日學生和革命黨人也紛紛以集會等形式對俄國進行了聲討，激進的青年志士甚至組建了「拒俄義勇軍」，要前往東北採取行動。

俄國的行為也遭到了英、美、日等的強烈反對。特別是日本，其對《馬關條約》中的「三國干涉還遼」一直耿耿於懷，它見俄國將自己看中的東三省搶去，隨即表示不惜以武力決一勝負，這不僅僅是一九〇四年日俄戰爭的由來，同時也為後來的「九一八」事變及其日本侵占東三省埋下了隱患。

正義失控

極度仇洋、傷及無辜的義和團

一百多年前的庚子事變曾給我們這個古老的國度帶來了無盡的創傷和迷惘，至今都在人們的心目中充滿了矛盾、模糊和衝突。義和團到底是什麼？是怎麼產生的？這些問題並不是一言兩語可以釐清的。不過，在那個炎熱的夏天，這個令世界震驚的事件還是留下了很多斑駁的特點，而作為事件的主角，他們又是怎樣一個眾生態呢？試述之。

一、旱災與焦躁情緒

一九〇〇年五月二十一日，英國駐華公使竇納樂在致英國外交大臣的信中曾這麼說過：「我相信，只要下幾天大雨，消滅了激起鄉村不安的長久的旱象，將比中國政府或外國政府的任何措施更迅速的恢復平靜。」

很奇怪的是，庚子年北方各省的自然災害與往年以澇為主的態勢相反，這次是普遍而嚴重的乾旱，譬如當時直隸的旱情記載：「光緒二十五年（一八九九年）春天至冬，未得下雨，汗（旱），春麥未種……直隸三省未下透雨。」北方的這次旱災蔓延甚廣，除了山東與直隸外，山西、河南與陝西等地也飽受乾旱之苦。在很多地方的縣誌中，當年都有「春夏大旱」、「十室九空」、「晚禾盡萎，大饑」的記載。由此，歷史上描述旱災「赤地千里」、「易子而食」的悲慘畫面再次出現，其記載令人不忍卒讀。

從某種意義上來說，旱災比水災更加可怕。一般來說，水災有時間限定性，暴雨不可能一直持續，只要大水退去後，災民尚可以回到家園重新恢復生活，而且洪水帶來的淤泥還能增加土地的肥沃度，有利於提高作物的產量。再者，水災造成的焦慮情緒往往可以通過追究瀆職的水利官員得以宣洩，並可以通過疏浚河道、加高河堤等措施來恢復信心。換句話說，水災是一目了然的，但旱災就不一樣了。

旱災給人們帶來巨大的心理壓力，往往在於它在時間上的不確定性，它是一種持續性的、漸進式的苦難和折磨。水災一旦發生，便已經成為一個過去的事情，人們基本上可以確定它的結束日期並規劃災後的生活，但旱災的不確定性則讓人充滿焦慮。正如柯文在《歷史三調》中說的：「旱災持續的時間越長，

庚子年的義和團團民。誰也不知道他們叫什麼、來自哪裡，他們的生命曇花一現，但在歷史上留下了濃重的一筆。

這樣的問題就越急迫：『什麼時候下雨？乾旱什麼時候結束？它會結束嗎？』簡言之，水災形成後，人們最關注的是已發生之事，而旱災形成後，人們最為關心的是尚未發生之事。可以說，旱災給人們造成的心理壓力更大。」

從中國傳統的災荒觀來看，旱災往往被解釋為得罪了上天（玉皇大帝），因此皇帝和官員們往往會舉行莊嚴的祈雨儀式，祈求上蒼原諒，賜以甘霖。但是，並不是所有的祈雨活動都會得到回報，譬如庚子年的乾旱就並沒有因此而得到緩解。

乾旱使得直隸、山東等地的農民無所事事，義和團也由此得以蔓延。據《天津政俗沿革記》中記載：「光緒二十六年（一九〇〇年）正月，山東義和團其術流入天津，初猶不敢滋事，惟習拳者日眾。二月，無雨，謠言益多，痛詆洋人，仇殺教民之語日有所聞。習拳者益眾。三月，仍無雨，瘟氣流行。拳匪趁勢造言，云：『掃平洋人，自然得雨』。四月，仍無雨。各處拳匪漸有立壇者。」

最為巧妙的是，義和團宣揚的反教觀念正好為緩解乾旱帶來的焦慮煩躁情緒提供了一個宣洩口，這便是在義和團的揭帖中反覆強調的，當時北方久旱不雨，原因是「洋人得罪了老天爺」，所謂「天無雨，地焦乾，只因鬼子止住天」，「天久不雨，皆由上天震怒洋教所致」，只有「掃平洋人，才有下雨之期」。

中國有句老話叫做「天怒人怨」，在人的能力範圍之內無法解決問題的時候，尋找一個替罪羊便顯得十分必要了。洋人洋教與中國傳統及文化的格格不入，正好為天庭震怒找到了原因。正如法國社會學家勒龐在《烏合之眾》中說的：「群眾不善推理，卻急於採取行動。……那些教條，具有不容討論的專橫武斷的力量。」

反過來說，假如是洋人洋教得罪了天庭導致乾旱，那普降甘霖豈不又證明了他們的無辜？正如時人王照在《行腳山東記》中說的：「當德國人在山東修建鐵路時，當地人『喧傳凡鐵路所經若干里內，禾稼皆死』，於是『齊向洋人拼命』，但『他日見禾稼不死，即為悅服洋人之日矣』。」事實上，當年六月，直隸、山東交界一帶下了一場透雨，附近一帶的義和團便紛紛回籍，正如某佚名士大夫記載的：「團即返奔，途中自相語曰：『天雨矣，可以回家種地矣，似此吃苦何益？』」但是，並非是所有地區都像直隸、山東交界一帶那麼幸運，直隸北部等地區的旱情就一直沒有得到緩解，這也是造成庚子年那場混亂的重要原因之一。

事實上，那些在華的傳教士也在不停的祈求上帝賜予人們一場大雨。一個傳教士在信中說：「拳民們威脅要搶劫並殺害傳教士和教民……人民無所事事，只談論如何殺洋人和教民……形勢越來越險惡，如果一直不下雨，什麼樣的暴力事件都可能發生，我們知道，如果上帝願意，他會普降甘霖來解救我們。」另一個傳教士也說：「雨水對我們來說意味著安全，正是由於久旱無雨，他們才在這裡鬧事，並不是因為義和團……他們本來都是安分守己的人，但他們現在被饑餓折磨得絕望了。」

二、反洋與排外行為

持續旱災帶來的焦躁情緒往往會使人失去了理性，正如勒龐說的：「群眾不善推理，卻急於採取行動。」出於對洋人與洋教破壞國人傳統生活的憎恨，義和團對一切外來事務都持一種非理性的排斥態度。除了焚教堂、殺教民之外，義和團對洋貨也是深惡痛絕，正如《天津一月記》中記載的：「團中云，最惡洋貨，如洋燈、洋磁盂，見即怒不可遏，必毀之而後快。於是閒遊市中，見有售洋貨者，或緊衣窄袖者，或物仿洋式，或上有洋字者，皆毀物殺人。」

對於義和團此類活動，當時有很多記載，譬如楊典誥在《庚子大事記》中說：「自教堂教產燒畢後，所有城內外凡沾洋字各鋪所儲洋貨，盡行毀壞，或令貧民掠取一空。並令住戶人等，不得收藏洋貨，燃點洋燈。於是家家將煤油或箱或桶潑之於街。又傳言殺盡教民後，將讀洋書之學生一律除去，於是學生倉皇失措，所有藏洋書之家，悉將洋書付之一炬。」仲芳氏也在《庚子紀事》中說：「又哄傳各家不准存留外國洋貨，無論巨細，一概砸拋，如有違抗存留，一經搜出，將房燒毀，將人殺斃，與二毛子一樣治罪。」更有甚者，《拳事雜記》中記載說：「當拳匪起時，痛恨洋物，犯者必殺無赦。若紙煙，若小眼鏡，甚至洋傘、洋襪，用者輒置極刑。曾有學生六人，倉皇避亂，因身邊隨帶鉛筆一枚，洋紙一張，途遇團匪，亂刀並下，皆死非命。」

由於洋貨在很多方面的確具有先進性並為老百姓提供了方便，因此除了毀壞之外還有另外一種解決辦法，那就是給洋貨或者帶「洋」的貨品改名換姓，譬如「洋藥」改稱「土藥」，「洋布」改稱「土布」或者「西布」，「洋貨鋪」改稱「廣貨鋪」，就連從日本引進的東洋車，本不屬於「反洋」系列的產品（畢竟，日本人在國人眼中乃同文同種，和西方人還是有本質區別的，庚子年的事件本與日本無關），但車夫們還是忙不迭地將之改名為「太平車」，並用醒目的紅紙貼在車尾，以防不測。

如此一來，義和團在精神上獲得了勝利，老百姓也由此得了便利，減少了損失，倒不失為一個萬全之策。義和團在語言是統上革新頗令人忍俊不禁，如柴萼在《庚辛紀事》中說：「德宗（光緒皇帝）謂之一龍，禮王（世鐸）、慶王（奕劻）謂之二虎（也有說是奕劻和李鴻章的），百官謂之百羊，百姓年三十以上或與洋人相關者謂之二毛子，年四十以上或間接與洋人相關者謂之三毛子，洋人謂之鬼，洋錢謂之鬼鈔，洋炮謂之鬼銃，洋槍謂之鬼杆，火藥謂之散煙粉，鐵路軌道謂之鐵蜈蚣，機關車謂之鐵牛，電線謂之千里杆，老婦謂之老寡婦，少艾謂之小媳婦，女陰謂之小妖洞，強姦謂之攪小妖洞……。」甚至連「洋」也改成右邊加個「火」字，意思為「水火左右交攻」。

在義和團的眼中，就連光緒皇帝也不是好人，因為他在康有為的慫恿下背叛祖先，搞變法維新就是引進西方的那一套東西，這是義和團所不能容忍的。王照在《山東行腳記》裡就記載了當時的很多謠言，說他在山東萊州府一帶遊歷時，聽到的街談巷議，大抵不外「天滅洋人」、「李鴻章賣江山」、「光緒爺奉教」、「袁世凱造反」、「康有為封六國聖人」之類。很顯然，這幾個人都是傾向於洋務的，這才會遭到義和團的詆毀（流亡國外的康有為做了「六國聖人」，意思做了漢奸賣國賊）。

物極必反。一九〇〇年六月十六日（五月二十日），義和團在焚燒「老德記」西藥房等洋貨鋪的時候，連帶北京南城最繁華的大柵欄商業地區一千八百多家店鋪和七千多間民房被焚，其火勢之兇猛，連巍峨的正陽門城樓都被殃及並燒毀坍塌。李希聖在《庚子國變記》裡說：「這次大火焚正陽門外四千餘家，京師富商所集也，數百年精華盡矣。延及城闕，火光燭天，三日不滅。」仲芳氏也在《庚子記事》中記載說：「及至延及旁處，團民不許撲救，仍令各家焚香，可保無虞，切勿自生慌擾。既至火勢大發，不可挽救，而放火之團民，已趁亂逃遁矣。是以各鋪戶搬移不及，束手待焚，僅將帳目搶護而已。」

在這個事件之後，當時很多人開始反思義和團到底在幹什麼？譬如仲芳氏在《庚子記事》的前一部分中用肯定的語氣記載義和團的種種活動與傳聞，但是大柵欄大火之後，仲芳氏的態度發生明顯的變化，他在文中指責義和團造成了一場「從來未有之奇災」，並認為「義和團如此兇橫，是正耶，是邪耶，殊難揣測」；「若看其請神附體，張勢作威……焉有殺人放火之神靈乎？且焚燒大柵欄老德記一處之房，遂致漫延如此大火，何以法術無靈；以此而論，又似匪徒煽惑擾亂耳。」

對於義和團的此類行為，楊典誥也在《庚子大事記》中認為，義和團「雖有法力，只可以倡亂，不足以成事。……聞者驚以為神術，遂開千古未有之奇禍……四月，保定有燒電杆，毀鐵路之舉。不知電杆，鐵路乃國家營造者，既懸『保清滅洋』之旗，而又燒焚公家之物，是直與國家為難，非亂民而何。……而老成謀國者，以為亂民不可恃，兵端不可開。」由此可見，當時清醒的人還是為數不少的。

三、暴戾性殺戮

毫無疑問，在庚子年的那場浩劫中，華北地區的居民們都親眼目睹了一場野蠻殺戮的恐怖場景。一開始是義和團殺中國教民，其中也包含了極少數的外國傳教士或者洋人甚至外交官（日本書記官杉山彬和德國公使克林德）；接著是清軍與義和團及其八國聯軍的相互攻擊，義和團與清軍死傷慘重；最後是八國聯軍對義和團乃至中國無辜平民不加區別地殘酷報復。在這個酷烈的夏天，天津的附近河流中幾乎每天都有死屍漂流，而且大多是無頭或者肢體不全，有時候屍體多到將河段擁堵。

根據馬士在《中華帝國對外關係史》中的統計，在這場浩劫中的外國遇難者為兩百三十一人，但被殺的中國教民和無辜百姓，目前已經無法統計出具體數字。但根據中外各方的動輒數以百計乃至數以千計的記載來看，這個數位必然是外國遇難者的上百倍甚至是上千倍不止。據統計，僅山西一省就有五千七百餘名教民被殺，而直隸、北京、天津的遇難人數更為巨大，如《庚子國變記》中的記載說：「城中焚劫，火光蔽天，日夜不息，車夫小工，棄業從之。近邑無賴，紛趨都下，數十萬人，橫行都市。夙所不快，指為教民，全家皆盡，死者十數萬人。殺人刀矛並下，肢體分裂。被害之家，嬰兒未匝月亦斃之，慘無人理。」

在北京和天津等城市湧入了數以萬計甚至十萬計的義和團後，可以想像當時的社會秩序將是何等的混亂，而在這種無政府狀態下的華北平原上，也同樣可以想像那些孤立的教民們當時所處的悲慘境地。在當年的七月中旬，某士大夫管鶴逃出天津，他在《拳匪聞見錄》中描述說：「沿河所見，浮屍甚多，或無頭，或四肢不全。婦人之屍，往往乳頭割去，陰處受傷，男婦大小，愴形萬狀，不忍矚目，氣味惡臭，終日掩鼻，或謂此皆教民，為拳匪所殺，平人不敢過問也。」類似的記載還有很多，譬如劉孟揚在《天津拳匪變亂紀事》中說：「義和團殺人之法，一刀斃命者甚少，多用亂刀齊下，將屍剁碎，其殺戮之慘，較之淩遲處死為尤甚」。

義和團不分青紅皂白地殺害教民乃至無辜者，這是一種得到充分宣洩的群體性暴戾。這種暴戾在當時被賦予了「正義性」，在失控的特殊時期裡，他們因為人多勢眾甚至不需要承擔責任。正如勒龐在其著作《烏合之眾》中指出的：「群體是個無名氏，因此也不必承擔責任，群體感情的狂暴，會因責任感的徹底消失而強化。意識到肯定不會受到懲罰，而且人數越多，這一點就越肯定，以及因為人多勢眾而一時產生的力量感，會使得群體表現出一些孤立的個人不可能有的情緒和行動。在群體中間，傻瓜、低能兒和心懷妒忌的人，擺脫了自己卑微無能的感覺，會感覺到一種殘忍、短暫但又巨大的力量。」由此，勒龐得出一個結論，這便是「群體在智力上總是低於孤立的個人，其行為主要看環境如何，他可以成為犯罪團體，也可以成為英雄主義團體。」正因為如此，「群體數量上的強大使它感到自己勢不可擋，孤立的個人不可能焚燒宮殿或洗劫商店，但成為群體的一員後，足以讓他產生殺人劫掠的念頭並立刻屈從於這種誘惑。」

對於這場災難，清廷中以載漪為首的那些守舊派需要承擔相當的責任，他們不僅為這種殘暴行為拍手叫好，莊王載勳還曾出告示懸賞殺洋人：「募能殺洋人者，殺一男夷賞銀五十兩，女夷四十兩，稚夷二十兩。」這種殘暴無理之舉，足以反映出這個親貴集團的愚昧凶蠻之程度。事實上，這個親貴集團為了一己之利，甚至想突行「非常之事」，所謂殺「一龍二虎」，奪得王位也（「龍」指光緒皇帝，「二虎」指禮親王世鐸和慶親王奕劻）。

在權貴們的支援下，義和團更是肆無忌憚，任指他人為教民，甚至藉機報以私仇。據記載，如有良民被指認為教民後，便強令燒香焚表，倘若紙灰不起，便誣稱為教民，結果往往是「槍刀並下，眾刃相交」，或者是「亂刀剁死，就地掩埋」等。另外，還有一種辨認教民的方式便是看額頭十字，但額頭豈能看出什麼字！不過是隨意指認，隨意誣指，多幾個冤殺鬼罷了！

最為荒唐的是義和團殺白蓮教徒。據《西巡迴鑾始末記》中的記載，說義和團「攻交民巷西什庫，既屢有殺傷，志不得逞。而教民亦合群自保，拳匪不敢前，乃日於城外掠村民，謂之白蓮教，以與載勳。載勳請旨交刑部斬於市，前後死者男女百餘人，號呼就戮，哀不忍聞，皆愕然不知何以至此也。觀者數千人，莫不頓足嘆息，憐其冤。」據時人推測，義和團之所以要誣指無辜村民為白蓮教，原因是「攻人無績，故以此效忠」，這個結果便是一百多人無辜送命。臨刑的時候，街上人看到那些窮苦黑瘦的饑民，說：「如此樣兒，亦想做皇帝耶？」更荒唐的是，官人在行刑前問劉大姊、二姊：「你們習白蓮教耶？」大姊、二姊皆驚問什麼是白蓮教。

在失控狀態下，暴力便代表了「正義」。更令人恐懼的是，類似的事情在後來八國聯軍對義和團民的屠殺中，得到同樣甚至是加倍的報復。在暴戾性殺戮面前，愚昧與文明幾乎沒有本質性的區別，加上後來那些清軍殘兵敗勇的劫掠暴行，老百姓才是這場浩劫中的最大犧牲品。

四、謠言與從眾行為

庚子年是個謠言盛行的時期，正如時人所說：「謠言謬說，日盈於耳。」這個時期的謠言基本是繼承了之前三十年的反洋教鬥爭傳統，內容也大同小異，無外乎傳教士「拐騙男女幼孩，取其精髓，造作丸藥」、「童子割腎，婦女切乳，剜眼取胎，嬰孩同煮」；入教後「子淫其母，兄淫其妹，父奸其女，翁奸其媳」。這些謠言，目的是將外國傳教士醜化成妖魔鬼怪，雖然都是些捕風捉影的無稽之談，但由於其形象突出、鮮血淋漓，倒也具有極大的煽動力。

謠言之所以能夠廣泛傳布，在於當時社會上的一種普遍彌漫的焦慮情緒。而在政府權威缺位、資訊嚴重不對稱的情況下，這種焦慮情緒往往導致民眾的緊張和盲目性，進而導致社會心理學中所說的「從眾行為」，俗稱為「隨大流」。所謂「言者不知其妄，聞者信以為真」，「言者如是，聞而傳者如是，傳而力爭者復如是」，結果是一傳十，十傳百，人云亦云，異口同聲，待到「假到真時真亦假」的時候，這種強烈的社會輿論和環境氛使得人們不得不信，反而對自己的理性思考持存疑的態度（因為謠言至少可以緩解因不確定性帶來的緊張焦慮情緒）。

正如前文所說，義和團在快速傳播過程中使用當時一個非常有效的手段，那就是在傳單揭帖的末尾都有諸如「傳一張能免一家之災，傳十張免一方之災」或「傳三張，免一家之災；傳十張，免此方四鄰之災；如見不傳，必受刀頭之罪」一類的恐嚇性內容，這使得義和團的觀念，當然也包括謠言在內，能夠在最短的時間內得以傳播，這也是義和團迫使人們「順從」或「從眾」的一種手段。

謠言對當時人的生活影響還是很大的。其中，義和團使用最為成功的一個謠言是教民往公用水井中投毒，這在激起普通民眾與教民的對立乃至仇視中發揮了非常有效的作用，甚至造成了華北部分地區的恐慌。由於局勢劇烈動盪，普通百姓在驚惶恐懼中很容易受到謠言的影響，譬如《潛園瑣記》中曾描寫庚子年義和團高潮時期，山西太原「百十村莊因訛言而傳擾者大半」，每當訛言一起，即「人民驚惶，群相奔走」，「悲啼呼號，男負其妻，子負其母，披星踏露，四散遁逃」。例如七月七日夜半，「街市傳言教民來攻城，闔城士庶奔走相蹂躪」，等到天曉，始知無事；過了幾天，又傳「柳林莊教民亂」，「各村人民驚恐無措，鳴銅鑼，繕守禦，田畝農夫僉負耒而歸，老弱婦女咸仰屋而泣」，後來才知道根本是子虛烏有，虛驚一場，「民乃不擾」。

類似的事情，在天津等地也多有發生，可謂是稍有風吹草動，便立即草木皆兵，這也反過來說明瞭社會正出於一個失控的動亂時期。為了消除心中的焦慮和出於自身安全的考慮，普通百姓即使沒有加入到這場鬥爭的漩渦，但他們也必然為當時的社會形勢所逼迫，最終做出超乎尋常的事情，其所謂「寧可信其有，不可信其無」是也！

五、神術與騙局

義和團為了贏得更多人的支援，往往到處宣傳他們「受術於神，傳之（於）人，刀劍不入，槍子不中，掣雲禦風，進退自在」；能使敵人「槍炮不燃」、「可咒其火藥自焚」、能「居一室斬首百裡外，不以兵」等等。

事實上，義和團最基礎的神術是「刀槍不入」，其原本是一種硬氣功，但這種功夫需要長時期的訓練，而且效果有限，最多只能承受住冷兵器砍砸，絕抵擋不了火器的攻擊，至於使得洋人的「槍炮不燃」，那絕對是無稽之談。說到底，義和團之所以要採用迷信的方式誇耀自己的「神術」和「法力」，其主要原因還在於用神化的觀念來彌補自己在武器裝備的落後。

當然，這種精神勝利法對於稍有理智的人是無效的，因而大師兄們常發展一些社會見識有限、智力尚未完全開化的青少年，正如《新民府志》中的記載：「義和團其可異者，一則回應之速，直有一日千里之勢，誠不解是何神通；一則無知幼童，一誦咒言，立即迷失本性，口眼歪邪，舞刀弄棒，竟於青天白日下慘喊殺聲，其獰惡不可向邇，又不解是何法力。」楊典誥在《庚子大事記》中也說：「神一附體，即不省人事，持刀亂撲，視死如歸。」

由於練習時間有限，「刀槍不入」的神術最後往往演變成一種魔術和戲法，或者根本就是江湖騙術。時為縣令的鄒謂三在《榆關紀事》中記載了這樣一次表演，說：「當時街面紛傳，此是真正神團，眾民眼見，用抬槍洋槍裝藥填子，拳民等皆坦腹立於百步之外，任槍對擊，彈子及身，不惟不入，竟能如數接在手裡以示眾，眾皆稱奇，以為見所未見，奔壇求教者入歸市。」不過，後來某高人當場拆穿了拳民的戲法，原來他們預先準備的槍子是「香面為丸，滾以鐵沙」，開槍的時候面丸化作青煙，受試者在絲毫無損的情況下，在槍一響的那瞬間以快捷的手法將手中先藏好鐵丸彈子佯作接住射來的槍彈，這基本就是魔術表演了。不過，這種表演也有失手的時候，另外也有很多記載證明了拳民在真槍炮面前當場飲彈身亡的例子（有時候是被逼迫的）。

為了維持神術的可信性，拳民們在真的中了槍彈後也得強加掩飾。譬如袁昶在《亂中日記殘稿》中說，拳民在被真槍打死了後，大師兄過來查看則說死者「勞累已極，睡著矣」，或者「設法取出槍子，以大聲呼其小名，其受傷淺而未死者，或偶活一二，則曰：『醒矣，斷無死理』。」；對傷情重不能復活的，「大師兄遍搜其身，或偶攜有他物，則曰是愛財，曾搶藏人物，故致死，萬不能活矣」。

但是，騙局終究是騙局，在熱兵器面前，義和團的神術統統失效。佚名者的《天津一月記》中記載了這樣一件事：「團中人自詡神通廣大，有受槍炮者，其師一撫摩即癒，陣亡者，念咒即復活。一日練軍出征，團為先鋒，一團受槍斃，練軍急呼曰：『老師速來看師臨視。』練軍曰：『老師速念咒。』師曰：『傷乎，死乎。』練軍曰：『死矣，聞老師有法術，死者可以復活，可速作法。』師扭捏曰：『人死豈能復生。』練軍立唾其面，師俯首而去。」

為了給失效的神術圓謊，義和團當時發明了大量的禁忌，譬如禁止那些「不潔」行為，如沾染女色，搶掠、偷盜財物等等，義和團認為這些道德的汙點會使得神術失靈，這還比較好理解。但另外一些禁忌就讓人覺得莫名其妙了，譬如天津的義和團一日忽然下令：「凡鋪戶居民之有婦女者，七日不可入市，七日不可纏足，男女七日內宜著紅衣褲，男女七日內宜蔬食。」而北京的義和團在攻打北堂時，「令人家煙囪上蓋以紅紙，又令將糞桶倒置，插紙花於上。」

在神術受挫之下，義和團往往將他們的失敗歸於洋人用了義和團禁忌所忌之物，譬如說天津租界「各洋樓架大炮甚多，每炮皆有一赤身婦人跨其上」。而對於進攻北京西什庫教堂的失利，義和團則聲稱：「此處與別處教堂不同，堂內牆壁，俱用人皮黏貼，人血塗抹，又有無數婦女赤身露體，手執穢物站於牆頭，又以孕婦剖腹釘於樓上，故團民請神上體，行至樓前，被邪穢所沖，神即下法，不能前進，是以難以焚燒。」可惜的是，虛幻終究是虛幻，神術本無效，解釋、禁忌再多也不過是無用功。

六、權威與反權威

在義和團蜂擁進入北京後，清廷試圖將義和團歸入其統轄和調度之中，這便有了拳民們赴莊王府「掛號報導」的鬧劇。不僅如此，直隸各地也競相效仿，將拳民編成鄉團，也被稱為官團。清廷宣戰後，更是褒獎拳民為義民，慈禧太后還拿出十萬兩私房錢發給拳民，以示鼓勵。另外，京城還在各地設點發米，這使得更多的拳民們湧入北京。

可惜的是，清廷的如意算盤最終還是落空了。那些已掛號或被編為鄉團的拳民們並不甘心受官府的約束調遣，就連在端王府「掛過號」的義和團都直截了當地跟載漪說：「王所遵者皇上，我們遵者玉帝。」對拳民們的不肯受撫、「桀驁相競」的混亂狀況，各地的地方官也是束手無策，直隸提督呂本元就曾感嘆說：「拳匪驕抗不馴，官誠無法制也。」

對於義和團來說，光有合法化還是遠遠不夠的，作為原秩序的衝擊破壞者，他們也要樹立起自己的權威。據各方記載，在當時的北京和天津街頭，義和團幾乎每晚要傳下壇諭，或「令家家向東南叩頭」；或「令各家燒香點燈，貼紅紙條，不准睡」；或命「用紅布寫『義和團之神位』張之門首」；或「傳令各家將煙囪用紅紙蒙嚴，不許動煙火，不許茹葷，三更時在院中向東南方上供饅頭五個，涼水一碗，銅錢百文，行三拜九叩禮」；甚至還荒唐地要求婦女不准梳頭、不准洗腳、不准出門，不准下坑等等。楊典誥在《庚子大事記》中也說：「義和團民傳知各戶，每晚門首各點紅燈一個，以助神道滅洋之舉。故大街小巷，夜間如火龍。」

在這種狂亂的氣氛下，義和團借助屠戮教民的血腥暴力和「降神附體」等各種迷信儀式，在極短的時間裡便取得了在正常秩序下不可企及的權威，這或許可以稱之為一種勃然而興的民間神權權威模式。對此，吳永在《庚子西狩叢談》中曾這樣記載：「各團領袖，皆稱大師兄。……大師兄躬代神位，口含天憲，因此聲勢赫耀，可以頤指而氣使，凡隸該團本域住民，無論富貴貧賤，生死禍富，舉出於其一言之下。此職率由地方豪猾充任，其威力遠出郡縣長官之上。」李希聖在《庚子國變記》中說：「謂神來皆以夜，每薄暮，什百成群，呼嘯周衢。令居民皆燒香，無敢違者。香煙蔽城，結為黑霧，入夜則通城慘慘，有鬼氣。神降時，距躍類巫覡，自謂能祝槍炮不燃，又能入空中，指畫則火起，刀槊不能傷。出則命市人向東南拜，都人崇拜極虔。有非笑者，則戮辱及之。僕隸廝圉，皆入義和團，主人不敢慢，或更藉其保護。稍有識者，皆結舌自全，無有敢訟言其謬者矣。」管鶴也在《拳匪聞見錄》中記載說：「於是日有焚毀教堂、捉拿教民之事。街上行人，見匪避道，畏之如虎。匪亦自命為神，生殺任意，無辜受戮者，不知凡幾。」

在義和團的最鼎盛時期，他們對昔日高高在上的官員們公然藐視，甚至連官員也敢殺。據李希聖在《庚子國變記》中的記載，神機營翼長慶恒（二品高官，清軍副都統）就是被義和團尋仇而殺，一家大小十三口無一倖免，連載漪等人都不敢過問。當時的一些達官貴人，如吏部尚書孫家鼐、大學士徐桐等人的家中都被拳民們搶劫（最可笑的是，徐桐乃是義和團的鐵杆支持者）。

高官們在義和團參與者面前威風掃地甚至命喪黃泉的記載在《西巡迴鑾始末記》中能找到：「侍郎陳學棻帶著司官丁某至各部驗看月官時，拳匪忽然突至，任意囉啅。陳叱之曰：『此何地！爾輩敢無狀乎！』匪怒以刀砍之，丁懼而遁。拳匪追之出署。時董軍在外，阻之曰：『此人不可殺！』丁始得脫。旋即聞槍聲兩排，月官死者三人，陳亦死焉。」另有「姚提督者，以保送入京，十四日，在市上遊行，因拳匪聲言須殺鬼子，姚叱之曰：『升平世界，爾輩弗得妄言！汝輩今欲殺鬼子，行看將為鬼子殺也！』匪聞言，即譁然曰：『二毛子來矣！宜先殺之！』時姚友有李某者，乃京營中之武弁，聞信馳至，力為剖辯。乃言待大師兄至再議。良久，大師兄至，瞪視良久曰：『必殺之！無任再辯！』李曰：『頃已允不殺，何背前言？』匪並欲殺李，李急策馬馳去，始免。姚身攜三百金及金鐲，馬匹等物，咸入匪手。姚親友等有來撫屍慟哭者，均為匪所殺。」就連新簡貴州巡撫鄧小赤中丞，出都時遇義和團：「叱問：『何人？』從者對曰：『貴州新撫台鄧大人也。』匪即叱令下轎。鄧不允，即拽之出。令跪，不從，則以數人按之跪。……褫其衣揮之去，鄧乃倉皇出走。」

在獲得了不可思議的權威之後，各種實際利益紛至沓來，已經是魚龍混雜的義和團也開始逐漸變質。拳民們本是一些貧苦農民，但在當時的情況下，當拳民的好處是顯而易見的。據仲芳氏在《庚子記事》中的記載，說「各鄉村團民，尚多粗食布衣」，但到了後來，便「衣多綢縐，人人洋洋得意，誇富爭榮」、「外鄉之團，則尋仇官長，勒捐富戶」、「種種私心，不可枚舉」。更有甚者，拳民們隨意指認街上的商鋪客棧內有奸細，卻將所存之貨運回壇中加以瓜分，時人劉孟揚記載了這樣一個騙局，說拳民們「從棧內搜出鐵銀櫃一個，指以示人曰，此是地雷，隨抬至僻靜處，砸開櫃門，將銀分取一空」；當時有這樣一首童謠諷刺義和團的行為：「大師兄，大師兄，你拿錶，我拿鐘；師兄師兄快下體，我搶麥子你搶米。」由此可見，在缺乏組織的情況下，傳統農民運動的弊端很快便在義和團身上得到了充分的體現。

最有意思的是，在義和團的高潮時期還曾出現過自立皇帝的事情。據時人記載：「某孝廉者，滄州南鄉人也……拳眾奉以為帝。其下置宰相、軍師。……於田野中結棚為殿，制洋布黃袍奉之，眾相率羅拜。迨剿拳令下，竟免於刑。」事實上，義和團雖然口號稱「扶清滅洋」，但他們對清廷並沒有什麼好感，這從他們對待官府的態度可以看出。在很多揭帖中，義和團宣稱「殺盡外國人，再與大清鬧」、「扶保真君主，挪位讓真龍」等等，這些都似乎表明「扶清滅洋」只是義和團的策略而已。

很可惜的是，義和團以神權起家，但這種暴發戶式的新興權威本身具有不可避免地內在缺陷，它嚴重缺乏經濟和文化資源的支撐，因此註定是機緣巧合的曇花一現。特別在後來熱兵器的考驗下，在更為強大的殺戮面前，義和團的神權無法保持它的權威，由此也很快在隆隆槍炮聲中銷聲匿跡。

八國聯軍

人民是這場浩劫中的最大犧牲品

庚子年的八月十六日，也就是聯軍攻入北京的第三天，一位在京的美國人麥美德登上前門城樓，他看到的是如下淒慘的場景：「這是一個令人悲哀的下午，我現在明白戰爭會使人間變成地獄。……城牆下橫七豎八地躺著清兵和義和團民的屍體，使館區附近的建築物都成了一片廢墟。我們看到一群一群的難民，男女老少都有，正在逃離這個死寂的城市。我們看到幾個城門的門樓在燃燒，還看到城中很多地方有大火。」

隨後，八國聯軍開始在北京和周圍地區到處搜尋並射殺義和團民，北京城內外頓時陷入了一片血雨腥風中。歷史是驚人的相似，和之前義和團任意指認他人為教民一樣，聯軍也任意指認他人為義和團，手段方法，幾乎是如出一轍——同樣的野蠻，同樣的殘忍。用當時一位美國指揮官的話來說就是：「我敢說從占領北京以來，每殺死一個真正義和團參與者，先前就有五十位被錯認為義和團參與者的無辜的苦力，或者農民包括婦女和兒童被殺。」

曾經殺人無數的莊親王府，在聯軍入城後再次成為生靈的屠宰場。為了報復，聯軍在將莊親王府放火燒光的同時，上千名被指認為拳民的人在此被處死。法國軍隊在王府井大街抓獲了二十名中國人，由於他們拒提供任何消息，「就被殘忍的殺害了」，有一個下士「用刺刀一口氣刺殺了十四個人」。這樣的記敘有很多，如英國記者辛普森就記載了法國軍隊用機槍把一群「拳匪、兵丁、平民相與攙雜」的中國人逼進一條死胡同後，連續掃射十五分鐘以至不留一人的的殘暴事件。一位行抵北京的英國軍官在他的日記中寫道：「有幾次，我看到美國人埋伏在街口，向出現在面前的每一個中國人開槍射擊。」

在聯軍進入北京後，麥美德又在日記中記道：「俄軍的行為極其殘暴，法軍也好不了多少，日軍在殘酷的燒殺搶掠……數以百計的婦女和女孩自殺而死，以免落入俄軍和日本獸軍之手，遭受汙辱和折磨……在通州的一個井裡有十二個姑娘，在一個大水塘裡，有位母親正在把她的兩個小孩往死裡淹。」義大利公使薩瓦戈說，在聯軍攻占北京後，總理衙門的一位下級官員在圍攻結束後來到使館，告訴他們發生在哈德門大街西邊令人髮指的暴行，後來薩瓦戈親自去了那裡，看到小孩被劈開腦袋，婦女被脫光了衣服，被殘殺，還可能先是被強姦了。薩瓦戈痛苦的說：「我真希望我能夠否認這一切，

八國聯軍進入北京城，一場浩劫開始了。

但我不得不承認，這都是事實。」

此時的北京，已經如同地獄。義和團的紛亂、殘敗清軍的搶掠、八國聯軍的屠殺，北京的街道上滿是屍體，有的地方甚至是堆積如山，慘不忍睹。由於當時已是七月酷暑，屍體一旦腐爛，不僅臭不可聞，還很容易引起瘟疫。

洋兵們於是到大街上強行抓人去揹屍體出城埋掉，不管你是達官貴族還是平頭百姓，只要抓住，就被強迫來揹屍，稍有不順，就一頓皮鞭猛抽。據《王公大臣受辱記》中說：「怡親王為某國軍所拘，既如楚，復令為諸兵浣衣，督責甚嚴，卒以困頓不堪而自裁。克勤郡王亦與慶部郎寬同時被拘，楚辱備至，復使同馱死屍出棄之，日往返數十次，不准稍息。日食以麵包一枚，清水一盂。二人頤養素優，不耐其苦，數日後乘隙往訴李相（李鴻章），哭求設法。李無如何，慰而遣之。」

因戰亂而引發的災難還遠不僅僅是屠殺。日本人植松良三在《北京戰後記》中記載說：「北京城內外慘狀，頗有可記者。……居民四面逃遁，兄弟妻子離散，面目滲澹，財貨任人掠奪者有之，婦女任人淩辱者有之。更可恨者，此次入京之聯軍，已非復昔日之紀律嚴明。將校率軍士，軍士約同輩，白晝公然大肆掠奪。此我等所親見……據某華人云：『北清婦女懼受淩辱，往往深窗之下自刎者不少，其未受災害者，僅於房外樹一某國順民之小旗，堅閉門戶，苟延殘喘，情殊可憫。不幸而遇掠奪軍人來，將銀錢獻出，以求保性命而已。』」

羅惇曧在《拳變餘聞》中記載：「城內外民居市廛，已焚者十之三、四。聯軍皆大掠，鮮得免者。其袒匪之家，受傷更烈。珍玩器物皆掠盡，其不便匣藏者，皆賤值售焉。婦女慮受辱，多自剄。朝衣冠及鳳冠補服之屍，觸目皆是。有自剄久，項斷屍墜者。其生存者，多於門首插某國順民旗，求保護。」一些官吏和家屬，他們身穿朝衣鳳冠自殺，屍體無人看管，吊的時間久了，首頸斷裂，其慘狀可知。至於洋兵闖入居民家中搶劫的時候，遇到井裡填滿死人乃是常有之事。

據《崇陵傳信錄》、《西巡迴鑾始末記》等清人筆記的記載，在北京城破後自殺的官員頗為不少。主張仇外的尚書崇綺，北京城破後逃到保定，聽說其全家自殺身亡，於是也在保定的蓮池書院服毒自殺。

安徽巡撫福潤，全家自盡，福潤的老母已經九十多歲了，也不得善終。祭酒王懿榮夫婦和媳婦，一起投井自殺。主事王鐵珊和祭酒熙元，也都自殺身亡。宗室庶起士壽富與弟弟富壽，還有兩個妹妹及婢女一起服毒自殺，其他人都死了，兩兄弟一時未死，壽富於是橫刀自刎，富壽處理完這些屍首後也從容引刀自盡。

八國聯軍進入北京後，曾公開准許士兵搶劫三天，但事實上，直到侵略軍撤離之日，搶劫行動也沒有停止。當時一個英國人說：「凡是士兵所需要的，都是派出一隊一隊的士兵去搶劫中國人的財產而得來的。如果士兵需要一些東西，而中國人稍一遲疑的話，就免不了送命。」另外，洋兵通常以捕拿義和團、搜查軍械為名，「在各街巷挨戶踹門而入，臥房密室，無處不至，翻箱倒櫃，無處不搜，凡銀錢鐘錶細軟值錢之物，劫擄一空，謂之擾城。稍有攔阻，即被戕害。……此往彼來，一日數十起。」

英國記著辛普森對這些搶掠行為做了繪聲繪色的介紹，在他的筆下，野蠻的印度兵「於昏夜中走入教民婦女所居之屋，各搶女人頭上所戴之首飾，即一小銀簪亦搶之」；矜持的德國人從鄉村「騎馬而行，鞍上滿是巨包，前面驅有牛、馬等獸，皆於路上掠得」；兇猛的俄國人在滿載頤和園中的擄掠之物後，還要將那些不便帶走的珍貴物品施以破壞，「於是有三個美麗無價之大花瓶遂受此劫，尚有玉器數件，雕刻奇巧，亦同時粉碎」，諸如此類，不勝枚舉。就連當時參與了這些劫掠活動的辛普森也對此頗為微詞，稱各國軍隊雖服裝、面貌各異，其實都是「盛裝騎馬之盜賊」，「其所為之事無異，皆殺人耳，搶劫耳」。

面對這些暴行，北京城內的老百姓只得想盡一切辦法來保護自己，他們掛出白旗或者匆忙間製作的各國旗幟，或者請洋人寫些字條，大意是他們家已經被掠奪過了或者標明此處財產已被某個歐洲人所占有，希望能使自己倖免於難。但是，據辛普森的介紹，房主即使張貼了類似的標誌和旗幟，「嘲笑著的搶劫者們」仍舊會把它們扯下，並毫不手軟地進行劫掠。

康格夫人曾在《美國信箚》中記載了這樣一個令人心酸的故事：「有一天，兩個俄國士兵闖進了一個中國人家裡，一路搶劫，並試圖侮辱那家的女人和孩子。作為丈夫和父親，那個人反抗了，但沒有用。最後他拿出短笛，開始吹奏俄國的國歌。那兩個士兵放下搶下來的東西，終止了惡劣的行徑。他們在這個樂手面前站得筆直，安靜地聽著那動聽的樂曲，最後一個樂符結束時，他們向樂手致敬，那後空手走到了街上。」筆者認為這個故事很偶然也很偽善（也許僅僅是個故事），據說這位樂手大概是赫德樂隊的成員之一。

後來聯軍統帥瓦德西給德皇報告說：「此次中國所受毀損及搶劫的損失，其詳數將永遠不能查出，但為數必極重大無疑。」瓦德西只說對了一半，民間搶掠的當然無法算清，但下面公家損失的一些資料已經夠驚人了，據內務府後來報告：

皇宮失去寶物兩千餘件，內有碧玉彈二十四顆、四庫藏書四萬七千五百零六本；日軍從戶部銀庫搶走三百萬兩銀子和無數綾羅錦緞，還從內務府搶走三十二萬石倉米和全部銀兩；聯軍洗劫的紫禁城、三海、皇史城、頤和園等地，天壇損失祭器一千一百四十八件，社稷壇損失祭器一百六十八件，嵩祝寺丟失鍍金佛三千餘尊、銅佛五十餘尊、銅器四千三百餘件等；法軍從禮王府搶走銀子兩百餘萬兩和大量的古玩珍寶，又從立山家裡搶走三百六十五串朝珠和約值三百萬兩白銀的古玩；法軍和德軍還搶去了古觀象臺的天文儀器，德軍搶走了諸如天體儀、紀限儀、地平經儀、璣衡撫辰儀和渾儀等，並將它們運到德國柏林，直到一九二一年才歸還中國。一八六〇年英法聯軍曾毀壞過的《永樂大典》和《四庫全書》，這次再遭浩劫（不過現在倫敦和巴黎的博物館裡還能看到它們）。事實上，在法國、美國或者英國的大博物館中看到任何一件中國的國寶奇珍的時候，人們都有理由聯想到一九〇〇年北京的那次劫掠，正如時人的記載，當洋兵們撤出北京的時候，「每人皆數大袋，大抵皆珍異之物，垂而來（如前圖），捆載而往」。

在毫無節制、持續了許多天的搶劫中，各國的參與者們都充分體現了他們鮮明的特點，譬如俄國人的粗野、法國人的凶蠻；相對而言，美國人要稍講紀律，但美國的官兵大都是冒險家，他們「頗具精明巧識，能破此種禁令，為其所欲」（瓦德西語）。日本人和英國人的搶劫同樣是無節制的，但卻是搶劫活動中組織得最好的。日本軍隊的搶劫多為集體行動，據稱他們在每一次行動前，指揮官的懷裡都揣著北京的藏寶圖，按圖索驥，因而是收穫最豐的。

而且，日本人搶得的財物都歸屬於日本國家所有，並不是分給士兵個人。英國人稍有區別，他們的搶劫是自發的行動，但搶得的東西都由指揮官來進行拍賣，拍賣所得作為獎賞金在軍隊內部進行分配。據稱，英國人的拍賣活動進行了將近兩個月，除星期天外，每天都有交易，最終金額達到了三十三萬美元，分配時每份為二十七美元，分配份額如下：中將指揮官十份，將級軍官八份，校級軍官七份，上尉六份，中尉、少尉五份，準尉和印度軍官四份，未受任命的英國軍官三份，未受任命的印度軍官兩份，英國士兵兩份，本土士兵（印度和本土）一份。很顯然，這些只是已經上繳的搶掠品而已。

連傳教士們也加入了搶劫的隊伍。據一個外國記者報導，有幾個著名的傳教士說：「蒐集那些被丟棄的東西不是搶劫，而只有從所有者手中獲得財物才叫搶劫」，所以他們都得到了很好的皮貨。有些報導則說傳教士占據了北京王公富人的住宅，並打著為貧窮的中國教民募款的旗號，把其中的東西廉價出售。令人吃驚的是，有些傳教士還參與了北京及其近郊地區的劫掠活動，到教會受到攻擊或者遭到破壞的鄉村地區去進行「納貢遠征」。

一九〇〇年聖誕前夜的《太陽報》在刊載了對美國傳教士梅子明的採訪記錄。在採訪中，梅先生聲稱劫掠是正當的，他重複了其他一些基督教傳教士的話：「美國人溫和的手比不上德國人的鐵拳，如果你用溫和的手對付中國人，他們就會利用它。」美國著名作家馬克．吐溫隨後發表一篇名叫《給坐在黑暗中的人》的文章，對此進行嚴厲的抨擊。

在文章中，馬克．吐溫以辛辣的筆調嘲諷了這種所謂的「傳教士的道德」：「梅子明牧師已為每一個被殺害者索到三百兩銀子，並強迫對所有被毀損的教徒財產給予充分的賠償。他還徵收了相當於賠款十三倍的罰金」；「梅子明先生從貧困的中國農民身上榨取十三倍的罰款，因此勢必會讓他們、他們的妻子和無辜的孩子們慢慢地餓死，而可以把這樣獲得的代價用於傳播福音。他這種搜刮錢財的絕技……正具體地表現出一種褻瀆上帝的態度，其可怕與驚人，真是在這個時代或任何其他時代都是無可比擬的。」

馬克．吐溫的正義之言，不免讓人想到四十年前法國作家雨果對當年英法聯軍劫掠圓明園的評價：「一天，兩個強盜闖進了圓明園。勝者之一裝滿了腰包，另一個裝滿了他的箱子。他們臂挽著臂歡笑著回到了歐洲」；「我們歐洲人是文明人，我們認為中國人是野蠻人。而這就是文明對野蠻的所作所為」；「歷史記下了一次搶掠和兩個盜賊」。

海關總稅務司赫德也說過，在歐洲人面前放一點點誘惑，就會很容易地使他們「退化到野蠻狀態」。據當時在中國的攝影師詹姆斯．裡卡爾頓說，李鴻章在參加後來談判時，他對西方文明國家的所作所為也感到非常費解。據他說，李鴻章在翻閱了「摩西十誡」以後，建議「把第八條戒律（不可偷竊）修改為『不可偷竊，但可以搶劫』。」李鴻章雖然無力阻止聯軍的暴行，但他總會抓住機會拐彎抹角地諷刺文明國家那些搶掠的暴行。

在對北京的占領期間，德國人是最引人注目的。德皇聽說公使克林德被殺，怒不可遏，立刻派出瓦德西大帥，點兵七千，殺氣騰騰地趕往中國。一九〇〇年七月二日，威廉二世在為德國遠征軍的首批部隊送行時，他咆哮道：「德國旗幟受到了侮辱，德意志帝國遭到了嘲弄。對此，必須進行具有示範意義的懲罰和報復……我派遣你們前往征伐，是要你們對不公正進行報復，只有當德國的和其餘列強的旗幟一起勝利地傲視中國，高高飄揚在長城之上，強令中國人接收和平之日，我才會有平靜之時。」

七月二十七日，威廉二世再度聲稱：「你們應該對不公正進行報復。……你們如果遇到敵人，就把他殺死，不要留情，不要留活口。誰落到了你們手裡，就由你們處置。就像數千年前埃策爾國王麾下的匈奴人在流傳迄今的傳說中依然聲威赫赫一樣，德國的聲威也應當廣布中國，以至於再也不會有哪一個中國人敢於對德國人側目而視。」

在德皇的命令下，德軍在北京的劫掠及其隨後的遠征活動中最為的肆無忌憚。據楊柳青的某士紳記載，德軍每經過一地，「如疾風暴雨之驟至」，所到之處，無論官紳百姓，都有被殺被傷者。北京附近的永清縣，時任縣令的高紹祥記載了當時德軍的如下暴行：「一九〇二年二月十三日，一千多德軍來到永清縣西門，未加警告便開槍打死清軍和百姓兩百餘人。高縣令和一位游擊出城說理，被德軍士兵用槍托打倒在地，並將兩人的辮子結在一起，罰其長時間的跪在雪地裡。隨後，德軍又將城內來不及逃走的四百多人困在城中，直到勒索了一大筆銀子後，德軍才打鼓吹號、搖著旗子回去了。」高紹祥最後寫道：「餘回城內，見死屍狼藉，惻裂心肝。」

最令人震驚的是，聯軍在攻占保定後，竟然將護理直隸總督廷雍等人擅自加以處死。在庚子年義和團鼎盛之時，保定城內的教堂悉遭焚毀，當時已陷入「城內拳匪公殺教民，官不敢問」的無政府狀態。當時的按察使廷雍是站在義和團一邊的，因此被聯軍認為是罪魁禍首。

一九〇〇年十月中旬，英、法、德、意四國聯軍分別由京津兩處前往保定，當時的護理直隸總督廷雍（當時直隸總督裕祿已於八月自殺）親自率領僚屬開城門迎接。聯軍進入保定後，第二天便將廷雍等人抓起來進行審判，最後以「縱匪仇教」等罪名將之處死（另外還有三名官員也是同樣遭遇）。荒誕的是，聯軍在審判這個清朝的二品大員時，他們使用的依據竟然是大清律例。

聯軍的這種懲罰的遠征進行了很多次，遍及北京、直隸、陝西等地區。在每次遠征前，聯軍總以「剿除拳匪、解救傳教士和教民」為由，但事實上他們往往是打聽到某處有財寶才會採取行動。這些純粹是搶劫的行為，往往被冠以軍事行動的名義，當時被聯軍稱為「懲罰野餐」。

在遠征娘子關的一次行動中，德、法聯軍甚至因為誤會而相互攻擊，「德兵入關占領，嗚炮祝賀，而忘將炮內子彈取出，直向娘子關射去，命中關門」，當時娘子關已由法兵駐守，在黑夜裡，他們以為清軍反攻，隨後雙方便交上了火，直到黎明後才知道是一場誤會，但此時德法兵已經是死傷累累。

在經過了長時間的騷亂、動盪和殺戮後，京津一帶死屍遍野，慘不忍睹。攝影師詹姆斯·裡卡爾頓在此期間拍攝了大量的照片，據他所說，在當時天津的白河上，每天都要派人用長木杆到特定的河段去「疏散擁堵的屍體，使之順流而下」、「在這些漂流物中看到了不少人頭和許多無頭的屍身」。另一個外國人艾瑪·馬丁在沿運河從北京到天津的路上，也對此作了以下描述：「沿途有許多被槍打死的中國人的屍體，這些屍體在陽光在腐爛發臭，任憑狗咬蛆吃。許多屍體漂浮在水中，發出陣陣惡臭。」類似的記載，在當時進入北京的法國軍人綠蒂（後來成為作家）的著作《在北京最後的日子》中還有很多。

李希聖在《庚子國變記》中說：「京師盛時，居人殆四百萬。自拳匪暴軍之亂，劫盜乘之，擄掠一空，無得免者。坊市蕭條，狐狸晝出，向之摩肩擊轂者，如行墟墓間矣。」綠蒂在其日記中曾這樣描述當時慘狀的：「遍地屍骸和瓦礫，除了出沒的狼群，還看得被人肉餵飽的兇殘的野狗在遊蕩，自今年夏天以來，牠們已不滿足於只吃死人了。」這篇日記時間為十月二十日，他描述的是早已成為廢墟的皇城一帶。

當時在京的美國人麥美德曾這樣反思：「人們會說中國是自取其禍。這不是戰爭，而是懲罰。但是，當我們能夠分辨善惡的時候，我們為什麼還要採用使歐洲文明史蒙羞的殘暴行為，在十九世紀的最後幾頁留下汙點呢？」

但歷史就是這樣的殘酷，殘酷的讓人扼腕嘆息。在義和團和八國聯軍之亂後，原來很多人來人往的繁華之地，已經成為一片廢墟，有的地方甚至白天都可以看見狐狸出沒。糊塗的決策和暴行，竟然把偌大的北京城毀敗到如此地步，而最終遭難的大多是那些無辜的百姓。

辛丑條約

列強的清算與中方揹黑鍋的官員

在清廷發布宣戰詔書、圍攻使館之前，慈禧太后便發出多個急如星火的上諭，要求時任兩廣總督的李鴻章迅速來京處理中外衝突問題。李鴻章在廣州登船準備北上之際，南海知縣裴景福問他有何辦法可以讓國家少受損失，李鴻章嘆道：「不能預料！唯有竭力磋磨，展緩年分，尚不知做得到否？吾尚有幾年？一日和尚一日鐘，鐘不鳴，和尚亦死矣！」

當年的李鴻章已是七十七歲高齡，他在簽訂馬關條約後飽受國人的非議和責難，但這一次，又到非李鴻章出馬不可的時候了。

在《辛丑條約》談判的最初，公使團最關心也是清廷爭論最激烈的，是「懲辦禍首」的問題。在會議上，各國公使要求除了處決那些對圍攻使館負有責任的王公大臣之外，其他各省犯有殺害外國人罪行的官員也應處以死刑，其中他們特別強調了甘軍首領董福祥和山西巡撫毓賢這兩個人的責任。

在懲凶的問題上，德國人表現最為激烈，他們向其他列強發出照會，要求以「清廷交出禍首」作為「進行外交談判的一個先決條件」。英國也主張嚴厲懲辦禍首，並試圖擴大懲罰範圍。對此，俄、美、日等國不以為然，他們主張從輕處理，不宜擴大打擊面，以使和談能夠順利進行。

在英、德等國的壓力下，清廷只得發布「上諭」，把庚子國變的責任推給了各王公大臣，說他們「昏謬無知，囂張跋扈，深信邪術，挾制朝廷，於剿辦團匪之諭，抗不遵行，反縱信拳匪，妄行攻戰，以致邪焰大張」，以至於「聚數萬匪徒於肺腑之下，勢不可遏，復主令魯莽將卒，圍攻使館，竟至數月之間」。隨後，清廷宣布將載漪、載勳、載瀾，載濂、載瀅、溥靜、英年、剛毅、趙舒翹等九人革去爵職或差事，並交有關衙門議處。但是，這道避重就輕的「上諭」顯然和英、德等國的要求相去甚遠，特別是德國，他們絕不會就此甘休。

當時一個極為隱晦但又很明白的問題是，對庚子年事件負有主要責任的慈禧太后是否需要懲辦？德國是一度想懲辦慈禧太后的，正如《庚子國變記》中說的，當時的聯軍統帥瓦德西對李鴻章說：「今罪人方居中用事，吾當自引兵往取之。」想必不是空穴來風，虛言恫嚇。

但其他列強在經過反覆考慮後，認為懲辦慈禧太后既不現實也無可能，因為一旦懲辦慈禧太后，

西方人眼中的仇洋派：甘軍將領董福祥。

西方人眼中的仇洋派：端親王載漪。

極有可能引起更大的動亂或造成瓜分中國的局面，這對列強的利益並無好處；再者，懲辦慈禧太后完全不符合東方人的傳統和文化。

英國外相索爾茲伯理在對德國駐英大使的談話中就明確表示：「懲辦皇太后是絕對不可能的。」當時的張之洞也曾強調說：「由於皇帝是太后陛下的嗣子，而且由於中國的政治依賴孝順的原則，如果皇帝陛下容許他的母親遭受恥辱，那麼，他就無面目見他的臣民或獲得他們的忠順。」張之洞的這番話事實上是提醒列強，之前那些外國公使因不懂中國國情而導致局勢惡化，這已經是一個很大的教訓了。

不但懲辦慈禧太后絕無可能，就連懲辦那些王公大臣也頗成問題。英國曾主張對照會中所列舉的罪犯一律處以死刑，這個提議雖然得到了法、德、奧、意等國的支持，但俄、日、美等國則認為對一些王公和敏感的大臣，如端王（載漪）、瀾公（載瀾）及董福祥等人處以死刑，既與中國的國情不合，也不利於和談的繼續。

經過反覆的磋商，各國外交團提出端王載漪判為斬監候，如果清廷赦免他，即應流放新疆，載瀾也應如此；對於英年、趙舒翹、毓賢等人，外交團則要求予以斬首。一九〇一年二月二十一日，清廷發布「上諭」，接受列強關於懲凶的全部要求，僅把對英年和趙舒翹兩人的刑罰由斬首改為「賜令自盡」。

《辛丑條約》的第二款是懲辦罪魁禍首，名單和懲辦方法如下：

一、端郡王載漪、輔國公載瀾，斬監候，如皇上以為應加恩免其一死，必須發往新疆永遠監禁，永不減免。

二、莊親王載勳、都察院左都禦史英年、刑部尚書趙舒翹，賜令自盡。

三、山西巡撫毓賢、禮部尚書啟秀、刑部左侍郎徐承煜，即行正法。

四、協辦大學士兼吏部尚書剛毅、大學士徐桐、前四川總督李秉衡均已身故，追奪原官，即行革職。

回頭看來，如果要追究庚子之亂中清廷官員責任的話，實際上是起於毓賢，成於端王載漪、剛毅等人，但要說最初的源頭，卻是原山東巡撫李秉衡。李秉衡本人是清官，但他為人偏執，見不得洋人洋派，見洋操衣服，則「作警視之狀」。在膠州灣事件中，李秉衡因為得罪了德國人，最後被朝廷貶去做長江巡閱使。在天津陷落後，李秉衡入京勤王，但他雖然統帥四軍，最終還是一敗塗地，在北京被攻下前便已吞金自殺。《辛丑條約》簽訂後，李秉衡雖已身亡，但仍舊被追官奪恤。

毓賢接班做了山東巡撫後，試圖招撫境內的義和團，但這個政策並不奏效。義和團在山東搶掠教民、焚燒教堂，毓賢對教士、公使們的抗議置之不理。最後，在公使們的壓力下，毓賢和前上司一樣，被免職召回北京。毓賢還算是善於鑽營，庚子年當權派載漪、剛毅等人正和洋人鬧不痛快，毓賢在他們面前誇讚義和團忠勇可恃，正中載漪等人下懷，於是毓賢鹹魚翻身，官拜山西巡撫。誰知這一去，既害了諸多山西洋教士和教民，也誤了卿家性命！

毓賢到山西後，令太原的鐵匠精製鋼刀數百把，刀上還鐫刻上「毓」字，發給幾百名「拳童」，以資鼓勵。《毓賢戕教記》中稱，在毓賢的鼓勵下，大批的義和團進入太原，隨後將太原城內最大的一座教堂焚毀，毓賢非但不救，反在官署內登高觀望，大呼「天意也」！他手下的營官想去救火，但反被毓賢制止。在大火之下，一個英國傳教士從教堂中奔出，他對那些義和團和圍觀者說：「光緒初年山西鬧災荒，我們曾湊了五、六萬兩白銀來賑濟災民，不知道救活了多少人，今天你們就這樣對待我們嗎？」另一個英國女子抱著小孩哭著說：「我是個醫生，每年要救活三、四百人，這還不夠換我們一條命嗎？」話未落音，亂兵衝過來用大棒將他們打倒在地，然後推入火中，再出則再推入，很多人不是被打死就是被活活燒死。

之後，毓賢又假稱山西兵力不足，讓全省傳教士到省城太原來集中保護。令人震驚的是，在一九〇〇年七月九日，毓賢竟然在巡撫衙門西轅門前將這批教士四十六人盡數殺死。據《西巡迴鑾始末記》中的記載，毓賢當時問主教：「你來中國，害人有幾多了？」主教答：「從不害人，只知濟世救人。」毓賢大怒：「你們當知，余今不怕你們了！」隨叱令動刑。拳匪營兵開始不敢下手，毓賢便親自動手，將鬚眉蒼蒼、已是一大把年紀的天主教山西北境教區正主教艾士傑給殺死。

更為令人髮指的，是他們還把一個教堂中的中外修女兩百餘人趕到當時桑棉局的大院裡，迫令她們退教；見她們不從，就先把為首的兩個殺掉，用碗盛上血逼著其他的人喝（此記載見於羅惇曧《拳變餘聞》）。對此暴行，朝廷中的大員啟秀卻拍案叫曰：「痛快！」剛毅則說：「若各省皆如此，事焉有不濟？」（此記載見於繼昌《拳變紀略》）。

在毓賢政策的影響下，山西全省共誅殺傳教士一百九十一人，殺死中國教民及其家屬子女一萬多人，焚毀教堂、醫院兩百二十五所，燒拆房屋兩萬餘間，是庚子年中外國人被殺最多的一個省。事後，山西為此付出的撫恤金和喪葬費等賠款計四百餘萬兩白銀，並停止山西科考五年。

在慈禧太后逃難的時候，毓賢在太原好生招待，但終究未逃一死。最開始的時候，慈禧太后只是將毓賢等人革職查辦，隨後將之發配新疆。但在列強的壓力下，毓賢剛走到甘肅，清廷只能丟卒保車，下令對毓賢即行正法。

被殺前，毓賢自挽二聯，其一云：「臣死國，妻妾死臣，誰曰不宜？最堪悲老母九旬，嬌女七齡，耄稚難全，未免致傷慈孝治；我殺人，朝廷殺我，夫復何憾！所自愧奉君廿載，曆官三省，涓埃無補，空嗟有負聖明恩。」

另一云：「臣罪當誅，臣志無他！念小子生死光明，不似終沈三字獄；君恩我負，君憂誰解？願諸公轉旋補救，切須早慰兩宮心。」

關於行刑的情景，蘭州有這麼個傳說：「劊子手為甥舅二人。外甥手生，顫顫抖抖，一刀砍去，只傷皮肉，毓賢疼痛慘叫，其隨從紛紛指責。阿舅見後搧外甥一個耳光，罵道：『夯客！連個人都不會殺！』遂持刀揮去，寒光一閃，毓賢頭顱已耷拉胸前，但未曾落地。此謂之『胸前掛印』。」或許是老劊子手念毓賢是個「忠臣」，為其留個全屍，以便於收殮。另有記載稱：「毓賢受刑時，『傷頸未死，毓賢連呼求速死，其僕憐之，助斷其項』。」看來，毓賢最後是遭了點罪的。

給毓賢監刑的是甘肅總督李廷簫，他原本是毓賢手下的山西藩司，當時執行毓賢的「殺洋令」最為堅決。李廷簫在埋葬了毓賢及其已自盡的小妾等三人後，他也自知難免一死，於是便回到寓所寫了一份「毓賢已死」的報告，然後緊閉房門，服毒自殺，以求全屍。

毓賢被殺的那一天是辛丑年正月初四（一九〇一年二月二十二日），正是大過年的時候。

就在前一天（正月初三），莊親王載勳在山西蒲州（今永濟）被賜令自盡。載勳是拳亂時京城的步軍統領，對義和團進入京城負有主要責任，而後又在府門口大開殺戒，甚至下令「能捕斬一夷人者賞五十金，生致者倍之，婦女嬰兒以差次受賞」。

北京淪陷後，載勳跟著慈禧太后西逃，談判開始後待罪蒲州。欽差大臣葛寶華前去宣詔，載勳「挺身而至，謂葛曰：『要我頭乎？』葛不語，但讀旨。莊曰：『自盡耳！我早知必死，恐怕老佛爺亦不能久活！』又謂葛曰：『與家人一別，可乎？』葛曰：『請王爺從速！』其時莊王之子妾亦至矣。莊王謂其子曰：『爾必為國盡力，不要將祖宗的江山送洋人！』其子哭不能答。妾則滾地昏闕，不知人事矣。莊曰：『死所何處？』葛曰：『請王爺入此房內。』莊入，見帛已高懸，掉頭謂葛曰：『欽差辦事真周到，真爽快！』遂懸帛於頸，不過一刻，即已氣絕。」這段記載可謂生動。

正月初六（二月二十四日），英年、趙舒翹被賜令自盡。英年曾是前都察院左都禦史，為人極膽小謹慎，可惜載勳為步軍統領的時候，英年為其右翼總兵，這才遭此大禍。英年被監禁後，終夜哭泣，謂人曰：「『慶王不應不為我分辨！』人不敢答。至元旦，眾皆以歲事忙碌，不暇之顧。英年哭至中夜，忽無聲。次午，家人見其伏地氣絕，滿面泥汙，眾趨視之，乃知其以汙泥蔽塞滿口而氣絕者。」

趙舒翹本在刑部任職，經剛毅的推薦進入軍機處。很多人以為他是剛毅一黨，其實不然。《西巡迴鑾始末記》中曾這樣記載：「太后曰：『上年載勳、載瀾諸人，自誇是近支，說大清國不能送與鬼子，其情形横已極，幾將禦案掀倒。惟趙舒翹，我看他尚不是他們一派，死得甚為可憐。』言至此，並為落淚。」趙舒翹的真正死因在於他曾去涿州招撫義和團，他見了拳民們的真實情況後，本對義和團不抱希望，但後來剛毅極力主張拳民可用，而趙舒翹又是因為剛毅之力才進入軍機處，這才沒有忤逆剛毅，而回報慈禧太后說：「拳民不要緊。」這個含混的「不要緊」三個字給他招來了殺身之禍。

北京城破後，趙舒翹也隨同逃到了西安。後來各國要求懲辦禍首，趙舒翹先被定為斬監候，洋人不滿意，後又被賜令自盡，由陝西巡撫岑春煊監刑。趙舒翹接到賜令自盡的旨意後，還不想死，一直追問岑春煊：「尚有後旨乎？」岑說：「沒有。」趙舒翹急了：「必有後旨也！」他老婆見他不死心，便拉他趕緊一起吞金自殺。

趙舒翹還想後面會有旨意饒了他，吞金太少，老死不了，痛苦萬狀，還罵道：「剛子良（即剛毅）害我！」岑春煊見狀不忍，讓他服用鴉片煙，仍不死。岑春煊只好命人再進砒霜，不料趙舒翹身體健壯，折騰到半夜還沒斷氣，口裡連說難過，岑春煊急了：「酉時覆命，已逾時矣！何為仍不死！」左右曰：「大人何不用皮紙蘸燒酒擱其面及七竅？當氣閉也。」如此，趙舒翹才算魂歸西天。

趙舒翹抱怨的那個大學士剛毅，其實責任是很大的。義和團得以進入北京，實際上就是剛毅導引所致。剛毅涵養並不深厚，卻喜歡賣弄，常以清正自詡，其為人極為仇洋，只要見到談洋務的，都斥之為漢奸。己亥建儲的時候，剛毅大力支持，由此與載漪一夥合流。庚子年事發後，剛毅屢屢稱拳民忠勇可靠，利用義和團消滅洋人，大有可為。慈禧太后西逃後，剛毅未到西安，便在路上病死，死後仍舊被追奪原官。

死後被追奪原官的還有大學士徐桐。徐桐本是漢軍翰林，以理學自命，對新學恨之入骨。老先生家住在東交民巷旁，為了不從洋樓前經過，徐桐每次出城拜客，都繞一大圈子從地安門出去；每見西人，以扇掩面。庚子年間，徐桐已經八十歲了，但對義和團卻很熱情，加上他受命與崇綺等人負責大阿哥的教育，由此與載漪、剛毅等人來往密切，遙相呼應。

八國聯軍攻破京城後，徐桐倉皇失措，其子侍郎徐承煜拿根繩子給他自盡，以保住大臣的體面。老先生開始不想死，兒子徐承煜非要拿繩子給他，說：「吾父庇佑拳匪，久為各國指目，洋兵必不見容。若被搜捕，闔家皆將不免。若父能死，既得美名，又紓各國之恨，家人或可倖免。惟兒輩則仍當隨侍地下耳。」無奈之下，老先生只好上吊了。後來，徐家十八位女眷集體自殺，最為慘烈。徐承煜自己卻沒有殉國，結果被日本兵抓到，後拘回刑部後在正月初八（二月二十六日）奉旨正法。

徐承煜當時是刑部侍郎，也是載漪、剛毅一黨，當時主和五大臣袁昶、許景澄、立山、徐用儀、聯元的被殺，都是由他監斬的。沒想到的是，「昔日監斬官，今日階下囚」，徐承煜也落得同樣下場。和徐承煜一起被處死的啟秀是徐桐的門生，當時官至禮部尚書，殺袁昶、和許景澄的詔書，便是出自他的手筆。慈禧太后逃跑後，啟秀沒有及時跟上，結果與侍郎徐承煜一起被日本兵抓去，兩人同時被殺。

真正幾個該殺的人反倒沒事。庚子年之禍首實際上是端王載漪和載瀾幾個人，他們因為是王公近親，不宜斬決，只能改為降輔國公，發往新疆，永遠監禁。載漪等人是因為各國公使不承認大阿哥的地位，由此極恨洋人。正好庚子年義和團興起並以滅洋為號召，載漪等人抱有私心，結果弄得形勢大亂，不可收拾。

載漪等人後來跟隨慈禧太后到了西安。議和後，載漪以為自己罪重，在聽說以懿親加恩發配新疆，永遠監禁後，「不惟不驚，而反大喜，謂人曰：『這已是皇上恩典了，咱們尚等什麼？快些往新疆走，不要動皇上盛怒了！』又急問左右曰：『咱們阿哥有罪乎？』眾曰：『不聞旨。』端王曰：『卻不與他相干，諒無妨也。』故奉旨之日，端王即兼程起行，深恐西人再加以正法之罪也」。

至於載漪的兒子大阿哥溥儁，雖然沒有性命之憂，但慈禧太后回鑾後，終究將之趕出宮禁，從此潦倒，默默無聞。溥儁當時十五歲，不喜讀書，所好者不過「音樂、騎馬、拳棒」。據說他的音樂學問極佳，別人唱戲的時候出錯，往往能立刻指出；而且他自己也會敲鼓板，扯胡琴，頗有天賦。可惜「太子」終究是春夢一場。隨著這位少年走出禁宮，「大阿哥黨」終於土崩瓦解。

至於惹是生非的甘軍首領董福祥，他本是回中梟雄，慈禧太后把甘軍調到北京後，老董說：「臣無他能，惟能殺洋人耳。」其實就是一個莽夫。甘軍一向軍紀敗壞，武器裝備也差，庚子年的事沒少添亂，搶劫殺人，都有他們的份。

對於董福祥的懲治，也是個較為棘手的問題。董福祥是回部將領，如果將他懲殺，恐怕會激起回民叛亂，最後清廷考慮再三，只是將之革職禁錮在家了事。董福祥革職後，含憤不平，曾給榮祿寫了一封信，訴說自己的委屈。

面對董福祥的質問，「把兄弟」榮祿也是心裡有愧，他承認，圍攻使館並非完全是董福祥的錯，其「原是武將，專任戰事者，驅之使戰，他能不戰乎？」在這些革職的人中間，唯獨董福祥在遺囑中報效藏金四十萬兩、洋槍一千六百枝，換得了開復生前的處分，也算了他的心願（可謂其忠也誠，其愚也堅）。

庚子之亂，慈禧太后吃了苦頭，無數臣民更是遭殃。那些死於拳黨、亂軍之中的姑且不說，光王公大臣在此次事變中死難的就有不少，如載勳、徐桐、剛毅、趙舒翹、崇綺、啟秀、立山、徐用儀、李秉衡、裕祿、毓賢、廷雍等，那都是親王、總督、巡撫、尚書級別的，至於那些無辜受難的百姓，在各方筆記和記載中更是難以勝數。

最後，要說說那個將德國公使克林德擊斃的小隊長恩海。恩海之所以被發現，是因為他當時拿走了克林德身上的那塊銀質懷錶，後來在八國聯軍占領北京期間，他將這塊表拿到當鋪裡當掉，不巧被日本記者發現這塊表上有個「K」的刻字，結果日本武官很快便順藤摸瓜抓到了恩海。

隨後，恩海被轉交到德國人的手中。在審判中，雖然恩海對殺害克林德的事實供認不諱，但審判的結果很難證明克林德被殺這是一場有預謀的行動。據時人記載，翻譯特意問恩海：「爾當時是否飲酒，乘興殺人乎？」恩海說：「否。酒是大好物，予平日嘗飲三五斤，不足為奇。惟是日確是涓滴不飲。君等猶以我為吐虛言而圖蔽罪者乎？恩海生平，不知有欺人之事也！」

整個過程中，恩海「侃侃而言，了無懼色」。據審訊的人說，恩海這個人「骨頭很硬」，「要求早日受刑」。受刑前，恩海「神態自若，保持尊嚴」，沒有任何求饒的表示。恩海被德軍處死的那一天，也是十九世紀的最後一天。

在辛丑議和過程中，年老力衰李鴻章因為多年的積勞成疾，終於一病不起。一九〇一年九月七日，李鴻章在《辛丑條約》上簽字回來後，再一次大口地吐血（醫生診斷為胃血管破裂），他在病榻上上奏朝廷：「臣等伏查近數十年內，每有一次構釁，必多一次吃虧。上年事變之來尤為倉促，創深痛巨，薄海驚心。今議和已成，大局稍定，仍希朝廷堅持定見，外修和好，內圖富強，或可漸有轉機。」

對於李鴻章當時的傷心與無奈，讀者自當感之鑒之，「賣國賊」三字出口之前，當慎之又慎。令人疑惑的是，李鴻章在條約上的簽字，貌似連筆，粗看上去有點像「肅」字（清廷曾封他為肅毅伯），實難辨認，這種用意恐怕只有李鴻章一個人知道。

《辛丑條約》簽訂兩個月後，李鴻章終於油盡燈枯，溘然去世。更可恨的是，俄國公使格爾思為獲得了東北的侵略權益，一再苦苦相逼到病榻之前，直到李鴻章臨終仍舊不肯離去。遠在西安的慈禧太后得知李鴻章病勢沉重後，言他「為國宣勞，憂勤致疾」，望他「早日痊癒，榮膺懋賞」。可惜的是，李鴻章已經等不到那一天了。

鉅額勒索

庚子賠款後各國退賠與否的態度

在《辛丑條約》談判中，賠款的多少和如何賠償的問題，是當時最實實在在、也是矛盾最尖銳、鬥爭最激烈的一個問題。

列強當時主要分為兩派：一派是以俄國和德國為首，他們都企圖從中國身上榨取盡可能多的賠款；另一派則是英國和美國，他們擔心過高的賠款會損害中國的市場購買力，從而損害到他們的在華貿易和其他經濟利益，因此主張從中國的實際承受能力情況出發，將賠款限制在一定的範圍之內，避免「殺雞取卵」的錯誤。

一九〇一年三月二十二日，英、德、法、日四國公使組成一個「賠款委員會」，以負責調查中國償付賠款的財源問題。隨後，該委員會邀請了一批在華的「中國通」來提供諮詢，其中包括海關總稅務司赫德、滙豐銀行經理熙禮爾、華俄道勝銀行經理璞科第等人。在這些人中，海關總稅務司赫德提交的意見書最為詳盡，後來《辛丑條約》中關於賠款問題的規定，基本上是來自於赫德的意見。

此時的赫德，已經擔任中國海關總稅務司一職近半個世紀，他對清朝財政的瞭解，使得他成為了當時中外交涉中所不可或缺的重要角色。在使館被包圍期間，當外國媒介都以為他葬身北京的時候，赫德一直很安全地待在英國使館裡並默默思考戰後的問題解決。作為「瓜分中國」政策的反對者，赫德在使館解圍後呼籲列強儘快結束戰爭；而作為老派的「中國通」，赫德提出「加於中國的和議條件，都應當是切實可行而又公平合理」的主張，幾乎為後來的和議定了調。

在接受「賠款委員會」的邀請後，赫德乘機拿出他精心策劃的賠款方案，其中主張賠款分年攤付，以海關、鹽釐、常關作抵，關稅提高到值百抽五（指對進出口貨物徵稅的比例）等等，這些意見都在後來被採納。赫德的「賠款分年攤付」方案，是在對清朝進出年項進行核算的基礎上做出的，實際上是把戰爭賠款轉化為長期債務。另外，賠款以關稅作擔保，這樣既加強了赫德在中外各方中的地位，又維繫了中國海關的外籍稅務司制度。對於列強來說，赫德的方案能夠使自己穩妥的獲得巨額賠款，當然也樂於接受；而在清廷看來，赫德的方案既杜絕了國際共管中國財政的危險，又避免了中國被瓜分的危局，因此對赫德這個「自己人」也是感激不盡。

至於賠款的數額，列強在爭論不休的情況下，採用了一個未經核算卻又意味深長的數字——四億五千萬兩白銀。這個空前的巨額勒索，是以中國當時人口四億五千萬平攤，每人一兩，共計四億五千萬兩，分三十九年還清（一九〇二至一九四〇年）。這筆鉅款連本帶息，總數近白銀十億兩，這幾乎相當於清廷當時年財政收入的十二倍（據估算，賠款數額為列強在華損失的十倍到二十倍）。

庚子賠款可謂是對國人的有意侮辱，老太后的一時糊塗，但列強的板子卻實實在在地打在大清每個子民的屁股上。對當時的中國人而言，庚子賠款的實際意義在於每人罰款白銀一兩，列強也確實有意讓每一個中國人感受到賠款的存在，同時也讓這個國家的國民蒙羞受辱，而列強們卻將之視為中國走向文明的代價。

由於各種原因，中國並沒有完全承擔全部的賠款責任，實際支付的賠款數額共約五億七千六百萬兩，約占總數的百分之五十八。中國少付的原因，最主要的是世界局勢的變化和各國的退賠。而在這一賠一退之間，國際交涉紛紜複雜，道義、良知、強權、均勢，各種力量、作用和影響，在近代國際社會這個大舞臺上，委實一言難盡，心酸自知。

最早和美國政府交涉退款的是駐美公使梁誠。梁誠是廣東番禺人，自幼受到良好的家教，一八七五年隨清廷所派第四批留美幼童生赴美留學，時年僅十二歲。一八七八年，梁誠進入麻省安度華學校及安姆赫斯學院就學，後因中美「交惡」而提前回國。回國後一直在清廷外務系統裡任職。庚子事變後，醇親王載灃依照《辛丑條約》赴德「謝罪」，幸好有梁誠交涉得當，才免去德人要求載灃向德皇下跪的有意侮辱。

一九〇七年，梁誠向美國當局提出核減賠款的提議，當時也得到美國國務卿海約翰的同

清末留美學生和清廷駐紐約領事館官員合影。官員們還留著長辮，學生們卻已經是新的髮型。

情。但不巧的是，海約翰隨後突然去世，退款一事曾一度偃息。不過，在梁誠的努力下，後來他又爭取到總統希歐多爾·羅斯福（就是那個以「大棒加胡蘿蔔政策」而聞名的老羅斯福總統）的支持，事情又有了轉機。

一九〇七年底，老羅斯福總統向國會提交議案，要求授權退還中國已多賠的庚子賠款，這項提案在國會順利通過後於次年生效，首次退賠達一千多萬美元，主要是用於留美學生及興辦清華學堂之用，第二次退款則作為發展教育文化之用。除此之外，美國人還在中國興建了十二所教會大學，包括後來赫赫有名的燕京大學。

說句公道話，當時美國在對華態度上，與其他侵略國的確有明顯不同。從某種意義上來說，美國所持的這種「與眾不同」的立場，與其「平等、公正」的建國理念及「民主、和平」的理想主義式外交理念是相一致的。也許美國另有自己的想法和目的，但客觀上來說，對中國的長遠發展還是有益的。

一九〇九年，北京設立了遊美學務處（清華大學的雛形），地址就設在皇家園林之清華園，並開始考選留學生赴美學習。一九一一年年初，在遊美學務處的基礎上，利用庚款而專門為培養赴美留學生的清華學校正式成立，在此後十多年間，由此派出的留美學生達一千多人。一九二八年，清華學校改名為清華大學，由羅家倫出任校長。清華從創建伊始，其年度預算都是由美國的庚子退款作保障的。

當年清華學校畢業走出去的留學生，如竺可楨、侯德榜、金岳霖、茅以升、葉企蓀、梁思成、王力等，在學成後的幾十年間，都成為了中國學術界的大師和泰斗級人物，這也算是機緣巧合，歪打正著吧！

一九一四年一戰爆發，中國於一九一七年八月參加協約國集團，對德、奧為首的同盟國集團宣戰，於是在當年即停付德國之賠款。一九一九年德國與奧匈帝國戰敗，《凡爾賽條約》第一百二十八款規定德國放棄一九一七年三月十四日以後的賠款，德國賠款即告終止。奧匈帝國一戰後瓦解，奧地利和匈牙利也分別於一九一九年和一九二〇年放棄所擁有的奧匈帝國賠款。

一九一七年，俄國發生革命，蘇俄政府宣布放棄帝俄在中國的一切特權，其中包括了庚子賠款中尚未付給的部分。

一九二一年，美國帶頭把尚未償付的庚子欠款全部退還。美國的退款對各國均發生示範作用，各國競相效仿。一九二四年，法國退還庚款；一九二五年，比利時訂立中比協定，退還庚款；一九二六年，英國國會通過退還中國庚子賠款議案，退款用於向英國選派留學生等教育項目；同年，荷蘭將庚款全部還給中國，其中指定用途：百分之六十五的退款用於水利事業，百分之三十五的退款用於文化事業；一九三三年，義大利退還庚款。

在列強當中，唯有日本的退款波折很大，爭執頗多。庚子事變中，日本獲益多多，對賠款的退還卻不積極、不配合，於情於理，都很難說得過去。事實上，在庚子年中，日本所受的影響很小，因為中國和日本同文同種，當時的義和團並沒有把日本人當作金髮碧眼的洋人看待，但日本在事變中卻出兵積極，其目的是為了在列強面前顯示自己的國力，並進一步增強對中國的影響，其野心昭然若揭。

日本軍隊攻占天津後，搶銀二十三萬餘兩，在通州又搶銀十二萬餘兩。攻占北京後，日軍搶在各國之前，先從戶部銀庫搶走近三百萬兩銀子送到日本使館，繼則從戶部的緞匹庫和顏料庫搶走大量的綾羅錦緞，並洗劫了內務府倉庫，搶走所有的倉米和銀兩。據統計，日本搶劫的物品價值共計三百六十七萬餘兩。

日本的搶劫，都是有組織的軍隊行為，其搶劫的對象都是清政府的官衙，所搶劫的銀兩、武器、糧食大部分歸於國家，其中交給日本中央金庫一百九十三萬兩，占總額的百分之六十六，其餘的則歸陸軍省支配。也許正因為如此，日軍才較少去騷擾民間，而俄、德、英等國士兵則多從民間搶劫。

不僅如此，日本在庚子賠款總額中，所得賠款本額占中國庚子賠款總數的百分之七點七。後在各國紛紛退賠庚子賠款時，日本態度消極，始終堅持以庚子退款的手段，在華搞所謂的「文化事業」。一九二三至一九三六年間，其部分事業略具親善旨意，但此時中日關係已經相當緊張，中國無一團體申請日本的退款補助。一九三六年以後，庚子賠款則全部用於侵華戰爭。

軍功起家

棄科舉投軍營的袁世凱

袁世凱（一八五九至一九一六年），字慰庭，號容庵，出生於河南項城。古代常以籍貫代替人名，因此袁世凱也常被人稱為「項城」。在數百年間，老袁家原本也是默默無聞，不過家道還算殷實，在免於饑饉之憂的同時尚有餘力，數代人都是以耕讀傳家。後來也不知是他家祖墳的篙子翹了，還是文曲星偶然路過他家，這袁家突然間便發了——父子進士，弟兄舉人，一門兩代四貴人，了不得啊，於是項城袁家也就成了當地望族。

父子進士，弟兄舉人，這和袁世凱都沒有直接關係。所謂的「父子進士」，指的是袁世凱的叔祖父袁甲三和堂叔袁保恒（袁甲三的長子）這對父子分別於道光十五年（一八三五年，比曾國藩早一屆）和道光三十年（一八五〇年，比李鴻章晚一屆）中了進士；所謂的「弟兄舉人」，指的是袁甲三的次子袁保齡和袁世凱的叔叔袁保慶（袁樹三的次子，袁甲三的侄子）分別中了舉人。

古代人常說，科舉乃是「一命二運三風水，四積陰功五讀書」。也就是說，要想科舉得中，一要靠命、二要靠運、三要靠祖墳的風水，四要靠先輩積得陰功，這第五才輪到讀書。您要是不信，看看那些考到白了少年頭的老童生便知。

大家想，當年這科舉考試是何等的難考，這舉人和進士哪個不是過五關斬六將，千里挑一甚至萬里挑一的超級高手（要不怎麼說范進在中舉後會激動得發瘋呢）？那時參加科考的讀書人多如繁星，考不中是正常，考中了那才叫稀罕。你想袁家不過區區兩代人，一下子就出了兩個進士、兩個舉人，真是不得了啊。

不過，老天爺又是公平的，這袁家雖然顯赫，但家裡做官的卻大都命不長。比如袁世凱的叔祖父袁甲三，當年也和曾國藩一樣文官將兵，並在疆場上與太平軍、捻軍以命相搏，幹的是刀口上舔血的營生，最終靠著無數顆人頭才染紅了頭上的頂子。大概是殺氣太重，袁甲三只活了五十七歲便見了閻王。袁甲三的兩個兒子，袁保恒和袁保齡，這兩位的壽命更淺，分別在五十二歲和四十八歲便告離世。

袁世凱的祖父袁樹三是袁甲三的長兄，他老人家和弟弟袁甲三相比，文才差得太遠，不過混了個秀才（而且還是捐的）。好在袁樹三的兒子袁保慶還算爭氣，不管怎麼說中了個舉人，算是給袁樹三掙回了點面子。

不過，袁保慶有一遺憾，那就是他年近四十卻依舊膝下無子，於是便在與父親商議後，從兄長袁保中那裡過繼了一個兒子。袁甲三的大兒子袁保中也是個秀才，他在功名上雖然不如弟弟袁保慶，但他比弟弟會生孩子，而且一口氣就生了六個兒子，這過繼給袁保慶的就是其中的老四。

這老四是誰呢，不說大家也猜到了，這就是鼎鼎大名的袁世凱啊。袁老四的運氣著實不賴，他七歲的時候便離開老家跟著嗣父袁保慶在外地的大城市生活，見過不少世面。袁保慶雖然只是個舉人，但在家族的蔭護下官運亨通，他曾經在濟南和南京等地為官，還當過鹽法道這樣的肥差。可惜的是，袁家的魔咒對這個舉人大老爺更加殘酷，袁保慶比叔叔袁甲三和兩位堂兄弟更要短命，他活到四十四歲便拋妻棄子，離開了人世。無奈之下，袁保慶的遺孀牛氏只好帶著十四歲的嗣子袁世凱回到項城老家，但就在第二年，袁世凱的生父袁保中也因病去世，他離六十歲那道門檻還差得遠了。

袁家當時乃官宦之家，吃穿固然不愁，但此時的袁世凱母子畢竟是孤兒寡母，也頗為可憐。這時，袁世凱的運氣又來了，他的堂叔袁保恒，這位在翰林院做編修的進士大老爺，在回鄉省親的時候看他們母子可憐，又見袁世凱年紀雖小，但看上去天資聰穎，似乎人才可造，於是便將這個侄子接到北京，打算讓袁世凱跟隨他讀書，日後走科舉之道。於是，十五歲的袁世凱便跟著堂叔袁保恒去了北京。

可惜的是，雖然袁保恒自己是個飽學的翰林，但袁世凱在其嚴格教導之下仍在鄉試的時候兩試不中，就連當時另一位在京為官的堂叔袁保齡也說袁世凱在學問上天分不高、前途不大。據說，袁世凱在羞憤之下將以前所作的詩文全部付之一炬，說：「大丈夫當效命疆場，安內攘外，豈能齷齪久困筆硯間自娛光陰耶？」

北洋軍正在操練。朝鮮的經歷，是袁世凱政治生涯中重要的起步階段。

袁世凱的話頗有意思，當年洪秀全因考不上秀才而撕了聖賢書大罵：「再也不考清朝試，再也不穿清朝服，老子以後要自己開科取士！」於是洪天王就另立門戶，造反了。不過話說回來，那時考不中舉人真是太正常了。比袁世凱年長一歲的康有為算是有才華吧，可他老人家考秀才考了三次，考舉人可是在十六年中考了七次，足足虛擲十六年的光陰哪！如此看來，科舉順利者如曾國藩、李鴻章多為守成之臣，而科舉之路坎坷者如康有為、袁世凱則多有叛逆之心，或者說更有改革的需求和願望，這也是在情理之中的事情。

袁世凱出身官宦世家，自然還沒想到要去造反那一步。但也許是定數，袁家的那個魔咒隨後找上門來，袁保恒於一八七八年因感染時疫而病逝於開封任上，袁世凱只好再次返回了項城老家，當時他剛滿二十歲。所幸的是，四世同堂的袁家正好在這一年分家，袁世凱以袁保慶唯一的嗣子身分分得了一份豐厚的家產。

由於袁世凱過慣了大都市的生活，因此他在老家待的時間並不長。在分家之後，他很快便搬到陳州居住。由於家中的長輩大都離世，年輕的袁世凱無人看管，他當時最愛好的活動便是飲酒交友，常常是一醉方休，或者郊原馳馬狂奔，行為放蕩不羈。陳州府的太守吳重熹是袁家的世交，見袁世凱不肯讀書應試，也常常加以勸戒，但袁世凱並不醒悟。

袁世凱不喜歡讀書是有原因的，他學習科舉制藝但又不守繩墨，不願受此束縛。譬如他喜讀周犢山的文章，但僅限於摘取文中豪邁不羈的語句而從來不肯卒讀，也不求甚解。有一次，袁世凱的老師王雁臣以「普天之下，莫非王土；率土之濱，莫非王臣」為題，命他撰寫一篇八股文。

袁世凱交卷後，王雁臣發現其所作之文有模仿周文皮毛之痕跡，但文章卻邏輯蠻橫無理，野性難馴，而且前後多不通順。其中有一段最為可笑，曰：「東西兩洋，歐亞兩洲，只手擎之不為重。吾將舉天下之土，席捲囊括於座下，而不毛者，猶將深入。堯舜假仁，湯武假義，此心薄之而不為；吾將強天下之人，拜手稽首於闕下，有不從者，殺之無赦！」王老師看完這篇文章，立刻昏了過去。

袁世凱曾有一個老師名叫曲沼，此人頗擅武藝，曾教袁世凱練過拳術，後來袁世凱喜歡馳馬試劍，估計與此有關。年輕時的袁世凱喜歡騎馬，而且善騎悍馬，他在歸里守制時最愛讀兵書，雖然不能通曉其中的含意，卻喜歡在客人面前侃侃而談，大加賣弄。

當時在他的書房中，曾擺滿了六韜三略一類兵書，各種版本都有，當時人送綽號「袁書呆」。對於這個綽號，袁世凱很不以為然，他曾經對人說：「過去我好奮匹夫之勇，現在學了敵萬人之書，才知道好勇鬥狠其實沒有什麼用處。三軍不可奪帥，要是我手上有十萬精兵，便可橫行天下。」

據傳，陳州府城隍廟前有一位很出名的相命先生名叫「瞿然驚神算」，有一次袁世凱請他看相，這位瞿然先生在對袁端詳很久之後，以極其嚴肅的口吻說：「公子天庭廣闊，來自富貴之家，少年英發，出人頭地，中年位躋公卿，五十微有挫折，但正是以退為進，禍為福倚，此後有七年大運，貴不可言。」

袁世凱走後，瞿然先生望著他的背影，又補了一句：「此子不同凡人，如宿命論定，必為亂世之梟雄。」當時陳州還有一位名叫段晴川的翰林學士號稱知人論世，頗有獨見之明，凡經他品題過的人，無不名聲噪起。袁世凱也曾慕名前往謁見，段翰林也認為袁世凱將來的功業極可能凌駕於其叔祖袁甲三之上，但才氣有餘而制藝不足。

分家後的袁世凱儘管已經自立門戶，但家裡人仍舊希望他走父輩的科舉之路，不過袁世凱倒還頭腦清醒，知道自己不是科舉這塊料，於是他在考慮再三後決定放棄功名，另尋出路。一八八一年五月，袁世凱前往山東登州投奔嗣父袁保慶的拜把兄弟吳長慶。

吳長慶和袁保慶是生死之交，當年袁保慶突然病逝的時候，便是吳長慶親自料理的喪事。當時的吳長慶是淮系的重要成員，統率慶軍六營駐防登州，督辦山東防務，深受李鴻章的信任和重用。袁世凱作為袁保慶唯一的嗣子，吳長慶自然是格外關照，袁世凱去後便在慶軍營務處任會辦一差。

在軍營的日子裡，袁世凱受吳長慶之命拜在他的幕府、後來的狀元郎張謇門下學習，但袁世凱的文章「文字蕪穢，不能成篇」，讓張謇無從刪改，深以為苦。不過，袁世凱雖然文章寫得糟糕，但處理起軍務來卻如魚得水，井井有條，似乎天生就是做實事的料。

歷史證明，亂世人才多以軍功起家，當年的曾國藩、左宗棠、李鴻章等，袁世凱的祖父輩袁甲三、袁保恒、袁保齡、袁保慶乃至吳長慶等，都是如此。在局勢變幻不定的十九末二十世紀初，袁世凱投筆從戎，倒也不失為一個明智的選擇。

一八八二年八月，朝鮮突發「壬午兵變」，在朝鮮國王的請求下，清廷派慶軍入朝彈壓，袁世凱也隨同進入朝鮮。在朝鮮期間，袁世凱嶄露頭角，他在幫辦軍務的時候以整頓軍紀和鎮壓兵變有功，為朝鮮國王所器重，並獲得清政府獎勵五品同知銜。

據《容庵弟子記》中記載，在到達朝鮮後，袁世凱在隨同北洋水師統領丁汝昌下船探查士兵登陸處，中途因潮退而舟陷於灘，丁汝昌與袁世凱只好赤足而行，在沙石灘上走了數里遠。等到登岸時，袁世凱的雙足都已破裂，丁汝昌當時半是取笑半是誇讚地對小袁說：「紈絝少年亦能若是耶？」

清軍進入朝鮮後軍紀散漫，常有擾民之事發生，吳長慶便將整頓軍紀的事情交給袁世凱。袁世凱在得到吳長慶的全權後，一有犯令者便立刻痛下殺手，樹立自己的威信。有一次當地縉紳控訴清軍士兵奸戕韓婦，袁世凱得報後立刻徒步往查，並帶兵搜捕一晝夜而未進一餐，最終抓獲元兇並親手刃之。對於清兵吸食鴉片的，袁世凱最為痛恨，抓到必殺無赦，就連跟隨吳長慶多年的武弁，也有被袁世凱所殺的。

不僅如此，袁世凱還幫朝鮮國王訓練了一支五千人的德式新軍，令朝鮮上下大為懾服，也充分展示了袁世凱的軍事才能。後來，這支新軍在朝鮮「開化黨人」政變時發揮了重要作用，袁世凱協助國王控制局勢並鎮壓了親日的「開化黨人」，日本在朝鮮的勢力也因此大為受挫。

袁世凱在這些事件中的出色表現，給李鴻章等朝廷大員留下了深刻的印象。機緣巧合的是，當時袁世凱的堂叔袁保齡正在李鴻章的幕中且為之倚重，這對袁世凱的幫助很大。但凡國內有點風吹草動，袁保齡都會提前告知袁世凱並為侄子出謀劃策；而在李鴻章的面前，袁保齡自然也少不了為袁世凱敲敲邊鼓，並在適當的機會為之美言幾句。在吳長慶去世後不久，袁世凱便在李鴻章的保薦下，被清廷任命為「駐紮朝鮮總理交涉通商事宜」的全權代表，一舉成為清廷在朝鮮的「監國」大員，此時的袁世凱不過二十六歲。

由布衣一躍為朝廷的三品大員，這離袁世凱投軍不過區區四年時間，這在當時的官場可謂為奇跡，也是袁世凱的老友、在科舉上一帆風順的徐世昌所望塵莫及的。在康有為還在為考舉人而苦苦掙扎時，袁世凱早已是輕舟已過萬重山，誰說成功的道路只有科舉這個獨木橋呢？看來，選對了路，跟對了人，對一個人的發展實在太重要了，而袁家上一代的三個人（袁保慶、袁保恒、袁保齡）對袁世凱成長道路上的幫助也是不可或缺的。

不過，袁世凱這個位子也不好坐，當時的朝鮮內外交困，內有親中、親日各派勢力矛盾重重，外有俄日英美各方列強的不斷窺滲。在如此複雜的國際形勢下，袁世凱在朝鮮洋務軍事一把抓，倒也從容應對，遊刃有餘，比一般的舉人進士要強得多了。正因為袁世凱的優異表現，朝鮮國王還特賜了他四個朝鮮美女，其中一個還是貴族女子。

在十九世紀的最後十年中，東北亞的局勢風雲變幻，袁世凱能力雖強，但帝國主義的力量更大，特別是蓄意擴張的日本更是對朝鮮勢在必得。在甲午戰爭爆發的前一年，袁世凱被升為浙江溫處道（掛名官銜），但仍留在朝鮮。第二年，朝鮮東學黨起事，日軍在清軍應邀進入朝鮮後也大舉進入，由於清廷在朝鮮問題上決策屢屢失誤，局勢終於不可挽回。

袁世凱還算是個聰明人，在中日甲午戰爭爆發的前夕，他見勢不妙，最終想方設法找了個「治病」的藉口落荒而逃，回到天津，這才避免了在朝鮮受辱。

事後，很多士大夫都認為是袁世凱在朝鮮引發了中日衝突，其實這種說法未免言之不公。平心靜氣地說，袁世凱在朝鮮的表現還算可圈可點，基本維護了清廷的利益，但在日本的強壓之下，袁世凱也是回天無力。不過，這次挫折並沒有妨礙袁世凱的仕途，因為清廷在甲午戰敗後決定編練新軍，這對袁世凱來說可是千載難逢的好機會，由此也成為北洋軍政集團的發軔之始了。

清末新政

多方改革之難與財政整頓困境

一九〇一年一月二十九日，因八國聯軍侵占北京而逃難到西安的慈禧太后突然發布諭旨，宣布推行新政。在諭旨中，慈禧太后大談變法經，什麼「世有萬古不易之常經，無一成不變之治法。窮變通久，見於大易。損益可知，著於論語」；又是「不易者三綱五常，昭然如日星之照世；可變者令甲令乙，不妨如琴瑟之改弦」，總而言之，言而總之，「法令不更，錮習不破；欲求振作，當議更張」。隨後，諭旨又批評了洋務運動，「近之學西法者，語言文字，製造器械而已，此西藝之皮毛，而非西政之本源」，「捨本源而不學，學其皮毛又不精，天下安得富強耶」？諭旨中明確表態，說要「取外國之長乃可補中國之短，懲前事之失，乃可作後事之師」。

最後，朝廷下發任務，「著軍機大臣、大學士、六部、九卿、出使各國大臣、各省督撫，各就現在情形。參酌中西要政，舉凡朝章國政，吏治民生，學校科舉，軍政財政，當因當革，當省當並，或取諸人，或求諸己，如何而國勢始興，如何而人才始出，如何而度支始裕，如何而武備始修，各舉所知，各舉所見」，並要求以兩個月為期限，「詳悉條議以聞」。

眾所周知的是，慈禧在三年前還親手扼殺了光緒皇帝和康有為等人發起的維新變法，這時為何來了個三百六十度的大轉彎，變得如此開通了呢？

在諭旨中，慈禧太后借光緒皇帝之口與康梁等人撇開關係：「康逆（有為）之談新法，乃亂法也，非變法也。……皇太后何嘗不想更新，朕何嘗概行除舊？……今者恭承慈命，一意振興，嚴禁新舊之名，渾融中外之跡。」如此一來，慈禧太后便將她在戊戌年的所作所為推了個一乾二淨，還倒打維新派一耙，「變法自變法，康有為謀逆自謀逆」，這次新政和這些人沒什麼關係。

對於慈禧太后提出的「新政」，國人大都持觀望態度。畢竟，三年前戊戌政變的陰影並未消散，這時慈禧太后提出的到底是真變法還是假維新，地方官員們不得不仔細揣測其用意。不然，萬一馬屁拍到馬腳上，那可不是開玩笑的。

在一片猜疑的氣氛中，地方督撫大員們在上諭規定的兩個月內居然無一字回奏。這個結果，頗讓慈禧太后始料未及，她本以為自己的華麗轉身會贏得滿堂的喝彩呢。無奈之下，清廷再次發出通知，催促那些地方督撫大員們趕緊「條議具奏，勿再延逾觀望」。

為了表明朝廷的決心和誠意，在發出第二個通知之後，清廷便成立了督辦政務處，當時被委為政務處督辦大臣的包括慶親王奕劻、李鴻章、榮祿、王文韶、鹿傳霖、瞿鴻禨等中央最高級別的官員，而地方實力派督撫大員包括劉坤一、張之洞、袁世凱（後加入）也被命遙為參與。

但是，這個陣容貌似強大，實則不然。當時有見識有實力的，如李鴻章，他因辛丑和談中嘔心瀝血，於當年積疾而亡；兩江總督劉坤一也是年事已高，隨著李鴻章之後於次年病逝。一九〇三年，慈禧太后最為信任的榮祿去世，而取代榮祿地位的慶親王奕劻，對變法既不瞭解，也不甚熱心。在這些元老大臣去世後，能真正發揮支柱作用的唯有湖廣總督張之洞和取代李鴻章地位的袁世凱，但此時張之洞也已六十過半，血氣漸衰矣。

在朝廷的督促下，各省督撫也只得勉強發表一下自己的意見。首先打破僵局的是當時的山東巡撫袁世凱，他在督辦政務處成立的數日後便提出了包括整頓吏治、改革財政、整修武備、遣派留學生等十項建議。隨後，其他地方大員如閩浙總督許應騤、兩廣總督陶模和安徽巡撫王之春等人也都紛紛上奏，提出自己對新政的看法和具體建議。

李鴻章死後，當時名望最大的地方督撫當數兩江總督劉坤一和湖廣總督張之洞，這兩個人被朝廷雙雙挑中「參與督辦政務處」，這種其他督撫大員所沒有的殊榮，也體現了朝廷對兩人的重視。由此，張之洞便和劉坤一商議，決定各自先擬個初稿，最後一起搞個聯名上奏。

由於劉坤一當時年老多病，這個聯名摺主要由張之洞負責。此時的張之洞已然經過多年的官場歷練，早已不是當年那個在朝廷裡激揚文字的「清流」了。在朝廷一再催促且其他督撫大員已經交稿的情況下，張之洞仍舊不慌不忙，他在揣度朝廷用意的同時，也不斷派人打聽各地的動靜，以保持與其他督撫大致接近的論調，避免自己走得太遠，傷了大家的和氣。

慢工出細活。張之洞的謹慎和精明對這個奏摺的出爐還是頗有幫助的。為了把這個奏摺寫好，張之洞還特意將劉坤一的幕僚張謇等人請到武漢，一起商議細節問題。據參與擬稿的人說，當時張之洞「薈萃眾說，斷以己意，日撰一條，月餘始成」。這個聯名奏摺，就是後來著名的《江楚會奏變法三摺》。

劉坤一和張之洞會銜上奏的《江楚會奏變法三摺》，以「育才興學」、「整頓中法」、「吸收西法」為中心，提出了一整套的改革方案，實際上相當於整個清末新政的路線圖。那這變法三摺具體講的什麼東西呢？

先看「育才興學」摺。這一摺，講的是科舉制度和教育體制的改革，其中就明確提出，採用「刀弓石」考試的武舉對現代軍事毫無用處，應當立刻停止，今後的軍事人才必須由軍事學校來負責培養。

至於文舉，則通過改變考試內容和減少錄用名額的辦法來逐步廢止；與此同時，為了解決因廢除科舉而帶來的人才培養和選拔問題，全國應當仿照西方國家（其實是仿照日本），建立近代學校教育體制，設立小學校、高等小學校、中學校、高等學校和大學校的完整教育體系，並給予畢業生相應的功名，如高等學校畢業生為舉人、大學校畢業生為進士等，以逐步代替科舉中選拔人才的機制

在教學內容上，採用大量的西學內容，改變以往科舉考試中經書為主的歷史。最後，摺子中還提到要獎勵留學，特別是自費留學，對於那些有真才實學，從海外留學歸國的人員，要給予相應的舉人和進士同等出身。

第二摺是「整頓中法」，講的是內政改革。除了提出要整頓吏治、選拔優秀人才等一般性建議外，摺子中有幾個亮點：一是提出要建立員警制度，取代差役；二是要仿照西方，改良司法，改善獄政；三是裁撤一些有名無實或者無用的機構和部門，如屯衛和綠營；四是允許旗人自謀生計，實際上是廢除沿用了兩百多年的八旗軍事駐防制度。

第三摺是關於軍事改革和經濟改革的。也許是在歷年的對外戰爭中輸得太慘了，這一次要下定決心在軍事上「全盤西化」。摺子中提出，要完全採用西式方法練兵，從採用西式軍械到建立軍校乃至訓練和管理，都要切實向西方學習靠近。另外，他們也認識到，武器的製造不能完全依賴外人，從長遠來看，這還是要靠自己。但是，軍事工業需要很好的經濟基礎，由此，

摺子提出了一整套的經濟改革方案，包括改良農業，發展近代工業，制定經濟法規保護工商實業等。

《江楚會奏變法三摺》並非是一般的泛泛而談，而是通觀全局後提出的系統變革方案，難能可貴的是，其中包含了大量的可行性建議。摺子上去後，慈禧太后也很滿意，認為「事多可行」，隨後朝廷下詔各省督撫大員，將劉坤一和張之洞會奏摺子中的內容，「其中可行者，即著按照所練，隨時設法，擇要舉辦。各省疆吏，亦應一律通籌，切實舉行」。從後來的歷史事實來看，《江楚變法三摺》實際上是確立了清末新政的指導方向和整體規劃。

張之洞和劉坤一在《江楚變法三摺》的最後一章中，專門提到辦理新政需要籌集鉅款一事，果然是有先見之明。事實上，無論辦什麼事情，不

一九〇五年，戶部造幣總廠官員合影。不管是清末新政還是其他新政，沒有錢是萬萬不行的。

管你抱什麼樣的美好願望和善良動機，沒有錢終究是什麼都辦不成。你說你弄新政、練軍隊、辦實業、興學堂，還有警政、地方自治什麼的，好不好？好得很！但錢呢？

清末新政的推行，需要大量的經費作保證，可惜又遇到時機不好，庚子年時鬧下的巨額賠款，壓得清廷喘不過氣來。但是，「不變亦亡」，清廷也只得拆東牆補西牆，清理財政，廣開財源來竭力維持了。

據周育民先生在其著作《晚清財政與社會變遷》裡的記載，一九〇三年清廷的財政收入為一萬零四百九十二萬兩，支出為一萬三千四百九十二萬兩，當年赤字三千萬兩；到了一九一〇年，累計的赤字已達八千萬兩，而後一年（一九一一年）的預算收入為兩萬九千六百九十六萬兩，預計支出為三萬三千八百六十五萬兩，當年預計赤字高達四千萬兩。我們從這些數字可以看出，清廷最後十年的財政收入劇增，但支出的數額卻更大，這和賠款及新政有著莫大的關係。

一分錢難倒英雄漢，沒錢什麼事情都辦不成。以新軍編練為例，如果按編練三十六鎮的計劃估算，這一塊每年的預算就達到五千四百萬兩，而當時朝廷的財政收入也不過一億兩多一點。結果除了袁世凱的北洋六鎮按編制完成編練任務外，其他省份大多減少計畫，或者根本就是有名無實。

袁世凱完成任務，主要還是因為他的北洋新軍負有拱衛京師之責，靠著朝廷強制攤派才得以保證經費的。為此，當時還有人抱怨說：「徵天下之餉，練兵一省，如人單護腹心，而聽四肢之屠割，未有不立死者也。」

不過，令人驚訝的是，在清王朝控制力日益縮減、統治危機加劇的情況下，在二十世紀的前十年，它的財政收入居然還能以每年數千萬兩的速度增長，這不得不說是個奇跡。當然，羊毛出在羊身上，為了籌款，清廷只能向下攤派，而那些地方督撫們也叫苦不迭，上面催得緊了，只能層層轉移，向最廣大的老百姓身上榨取。原本為鎮壓太平軍設立的釐卡制度，不但沒有因為戰爭結束而撤銷，反而越徵越多，釐金成為清末的大宗歲入之一。

據清史稿的記載，當時清廷和地方政府在傳統的稅收外，又增加了許多新的稅捐，如糧捐、房捐、新捐、學捐、鋪捐、膏捐、統捐、攤捐等等，這都以前所沒有的，恐怕也是清末新政經費的一個重要來源。如袁世凱督撫直隸期間規定「每戶售酒百斤，抽捐製錢一千六百文，並准其於常價之外，每斤增加十六文發售」，這便是一例。

由於稅收加重，老百姓也是苦不堪言。當時因為推行新政、增加攤派而引發的民變事件也為數不少，如各地毀釐卡、搶米風潮、衝擊新設立的警局甚至搗毀新學堂，給新政的展開帶來了很大的壓力。如一九〇一年無錫發生的毀學事件，當時因為新建學堂需要經費，地方官決定米行所納廟捐轉歸學堂，由此觸犯了部分米商的利益，結果在他們的煽動和指使下，數座學堂被毀。這事後來還驚動了江蘇巡撫端方，在他的干預下，學堂才得以重建。由於經費不足，很多地方的學堂辦不下去，一些偏遠山村的文盲率反有上升之勢（廢科舉對私塾的打擊也是一部分原因）。

當然，辦法總是有的。由於當時的財政緊張，發展經濟，把餅做大便成為當務之急。但是，由於中國自古以來都是奉行重農抑商、壓抑私人資本的傳統政策，導致經濟發展水準遲緩。於是很多有識之士，特別是實業論者如張謇等人，皆大聲疾呼，要求朝廷制定獎勵實業、扶植工商的政策，所幸這種呼聲得到了及時的回應。一九〇三年商部的成立，也可謂是清廷經濟政策轉軌的重要象徵。

商部當時在中央行政體制中的地位，僅次於外交部而位居第二，這也顯示了清廷對振興工商、發展實業的重視和期待。商部的宗旨，以保護和開通工商實業為主，這也是中國歷史上政府首次公開扮演宣導和獎掖實業的角色，開創了以經濟建設為中心之先河。

商部成立後，主要抓了這幾件事。第一件事是制定和頒行一系列商律，從法律上確認工商業者的社會地位和合法權益，並為解決工商業上的紛爭提供法律依據。當時制定的商律包括《公司律》、《破產律》、《公司註冊試辦章程》、《商標註冊試辦章程》、《礦務暫行章程》、《重訂鐵路簡明章程》、《商人通例》、《商會簡明章程》等等，為工商業經濟的發展奠立了良好的制度基礎。

袁偉時先生在其著作《帝國落日：晚清大變局》中指出，「良好的制度是人才迅速成長和資金積聚的強大推動器；反之，則資金消散、人才流失」。他認為，儘管當時還有很多制約經濟發展的不利因素，如強勢和享有特權的外國資本，釐金和其他苛捐雜稅，還有政府官員的腐敗等，但民族經濟仍有不俗的表現，主要原因是「政府不再愚蠢地堅持以官辦或官督商辦的壟斷經濟為路向，扶植和獎勵私人資本，建立自由的市場經濟制度，加上薪水和原料低廉，市場廣闊，這些有利因素足以抵消其他制度性缺陷帶來的不利因素（如貪汙腐敗和政府效率奇低等）的影響」。就這點而言，這些商律的頒布無疑是對私人經濟的一個確認和鼓勵。

袁偉時先生在書中舉了兩個例子，說為了維護國內利權，中國人自己辦的第一個棉紡織廠（即上海機器織布局），從一八七六年李鴻章批准籌辦到一八九〇年開車生產，中間足足折騰了十四年。其間，李鴻章又請朝廷批准給予該局十年專利，「十年之內只准華商附股搭辦，不准另行設局」。

這下好，後來張之洞也想在廣東籌設織布官局，不得不發電報問李鴻章：「聽《申報》上說，你給上海布局奏批了『十年之內，不准另行設局』，不知是否專指上海一地？」說到這裡，張之洞有點擔心，又趕緊解釋道：「我們廣東織布官局主要自產自銷，應當不至於妨礙滬局的利益。」李鴻章收到後答覆說：「你們廣東設官局織布，距上海較遠，似也無妨。」

李鴻章和張之洞是當時權勢最大的兩位總督，這個矛盾在官場上很順利的化解了。但是，真正的問題並沒有解決，換了其他人辦企業就沒有那麼幸運了。譬如大清帝國的第一位駐外使節郭嵩燾，他在回國退休後，想籌辦一個航運公司，但屢經波折，辦不下來。後來他寫信給李鴻章抱怨說：「輪船之為便利，天下所共知也。愚劣如湘人，亦習焉而知其利。是以十年以前，阻難在士紳；十年以來，阻難專在官。凡三次呈請……獨不准百姓置造。」第三次是郭嵩燾親自出面籌辦並已籌集資本兩萬餘，但這個航運公司還是辦不成！

「十年以前，阻難在士紳；十年以來，阻難專在官。」郭嵩燾的話點到了問題的本質。開始興辦洋務的時候，那些頑固守舊的士紳阻撓，而士紳們開化後，想要興辦實業的時候，卻又遭到官府的阻難。當時清政府為新經濟的發展設置了種種障礙，最為典型的便是在興辦新式工商、交通和金融事業的時候，一律實行批准制，而其中則是為效率低下、腐敗成風的官辦企業設置壟斷特權，不准民間資本自由進入。連郭嵩燾這樣的官場退休人士都難以通過官方批准這一難關，更不要說一般人了。

這個障礙一直到新政時期才被打破的。一九〇四年初，清廷接連頒布《奏定商會簡明章程》、《商人通例》、《公司律》等商律，其中便規定「凡設立公司赴商部註冊者，務須將創辦公司之合約、規條、章程等一概呈報商部存案。」也就是說，國人興辦企業，毋須經過官府批准，只須登記註冊即可，這也是當時通行的國際慣例。

商部做的第二件事情是大力革除「恥言貿易」的舊觀念，獎勵在工商實業上有特殊貢獻的工商業者。當時的獎勵分為二類，一是能製造輪船、火車、鐵路橋、發電機及對探礦、冶煉、水利、墾殖等有突出成績者，獎以不同等級的商勳；二是凡有能辦農工商礦，或獨立經營，或集合公司且確有成效者，「即各從優獎勵」。

清廷在經濟改革上的轉軌，受到實業界人士的熱烈歡迎。著名僑商張振勳在評價商部實績的時候說：「商部設立以來，綱舉目張，以保商為己任。」蘇州一帶的工商業者也稱商部「實行保護商人，振興實業政策，……誠富強之至計。」在私人經濟的大發展和實業救國論的大力宣傳下，國人對工商實業有了全新的認識，「民之投資於實業者若鶩」，工商實業界人士的社會地位也得到了很大的提高。

商部做的第三件事情便是鼓勵並推動各地商會的成立。一九〇四年一月，清政府批准下達商部制定的《奏定商會簡明章程二十六條》，推動各地組織建立商會。一九〇二年二月，中國第一個新式商會，上海商業會議公所首先成立。此後，商會以每年一百個左右的速度增長，發展成為一股不可忽視的社會力量。

概括來說，經過各級官府和實業界的努力，清末新政期間中國的民族資本主義經濟還是有了明顯的發展。據汪敬虞先生在《中國近代工業史資料》中的統計，一八九五到一八九八年，投資萬元以上的新設廠為五十五家，而一九〇四至一九一〇年間，投資萬元以上新設廠為兩百七十六家，其數量遠高於之前的時期。

當時興辦的工廠主要集中在紡織業、繅絲業、麵粉業和機器製造業等，由此產生了一批民族資本家。另外，清廷制定了《礦務暫行章程》後，各地掀起了興辦礦業的熱潮，在一九〇四至一九一〇年就新建礦廠四十八家，超過了以往的任何時期。此外，在交通、商業、金融等領域，民族資本也得到了明顯的發展。

應該說，從清末新政到抗戰的全面爆發的三十多年間，中國的民族資本主義發展很快，一八九五到一九一三年間，民族資本工業的發展速度年均百分之十五，比第一次世界大戰期間的發展速度還略高一點。而在第一次世界大戰期間，趁著列強無暇東顧，中國的民族資本主義迎來了一個黃金時期，一九一二至一九二〇年的發展速度高達百分之十三點八。即使到一九三七年抗日戰爭爆發之前，雖然有內戰不斷、社會動盪的影響，但當時的經濟仍舊維持了一個較高的速度發展。比如在一九二九年開始的世界經濟大危機中，中國工業仍舊年均增長了百分之九點二。毫無疑問，經濟的發展是有銜接的，我們不應該忽視清末新政在其中發揮的基礎作用。

中國近代史的發展，從某種程度上可以用一種從「衝擊到反應」型的理論來解釋，譬如在晚清七十年的重大事件中，都可以找到其對應的物件。又譬如，洋務運動是受到兩次鴉片戰爭的衝擊而發起，戊戌變法是因為甲午戰爭的慘敗而勃興，與清末的新政相對應的則是八國聯軍的侵華戰爭。

從歷史的演變來看，清末新政是繼洋務運動和戊戌變法之後的第三次波浪。不過，這一次的變革在廣度與深度上都遠遠超過之前的洋務運動和戊戌維新。正如侯宜傑先生在《二十世紀初中國政治改革風潮》中指出的，清末新政後，「單純的封建專制制度已不存在，民主政治及有關法律有些在試行，有些在準備和確立之中，整個政治制度正在向資本主義近代化演變邁進。」毫不誇張地說，清末新政奠定了中國近代化的基礎，是中國告別傳統社會的第一步。

或許有人認為這是誇大其詞，但如果我們平心靜氣地來看，也許就會發現，清末新政的意義和成效遠遠大於後來的辛亥革命。我們可以從這麼幾個方面來看：一是清末新政的機構調整和官制改革，其奠定了現代國家的政府機構設置和職能劃分；二是廢除科舉和教育改革，其完成了中國教育面向現代化的轉型；三是法制改革，其廢棄了「諸法合體、政刑不分」的傳統，分離了行政權和審判權，開創了司法獨立之先河；其四是軍事改革，使中國具備了真正意義上的近代陸軍，推進了中國軍事的現代化；五是清理財政，首先引進了西方通行的國家財政預決算制度；六是獎勵實業，保護工商，直接促成了二十世紀前三十年的經濟高速增長。

實事求是的說，清末新政達到的實效、社會各階層的參與度及對未來發展的深遠意義，非但是洋務運動和百日維新所無法企及的，就是辛亥革命也未必能達到這一高度。但令人遺憾的是，我們一提起晚清，特別是辛亥革命前的十年時，大多數人滿腦子想的都是清朝統治者是如何的腐敗無能，革命志士是如何的讓人熱血沸騰。這種革命史觀固然極為浪漫，但至少是不尊重歷史事實的。

在很多人的印象中，革命要比改革要難，因為革命要冒著掉腦袋的風險。但事實上，改革未必就容易。任何的改革，它都會遇到正反兩方面的攻擊和阻力，激進的改革者往往指責當局敷衍欺騙，缺乏誠意，而頑固守舊者則詈罵改革過於孟浪輕率，不成體統。改革的主持者往往夾在中間，左右平衡，這需要如何高超的藝術！當然，筆者並非是為清朝鳴冤叫屈，而是希望人們能夠真正地認識到清末新政在中國走向現代化所起的基礎性作用，我們不能忘記那些為此做出貢獻的人。

誠然，清末新政的確是清王朝的自我挽救，但要是放寬視角的話，我們就會發現，晚清的最後十年其實是在完成一個國家的轉型，而不僅僅是一個王朝的自我救贖。我們不能因為主持新政的那些人是仇視革命，就把清末新政歸為「假維新」，這是有失公允的。事實上，當時的清廷在最後的十年中困難很多，但決心也很大，也確確實實推動了改革、取得了實效。革命黨指責清廷的新政是出於欺騙，「假維新」，這種宣傳口徑是站不住腳的。

可惜的是，清末新政畢竟是一場遲到的變革，甚至已經來得太晚了，清王朝已經錯過了好時機。歷史經驗表明，在近代化進程中，起步越晚，困難越大，情況就越複雜，而國內的期望和國外先進國家的示範效應也越大，這或許是明治維新與俄國改革能夠成功而清末新政卻難以挽救大清的重要原因吧。

當時的清廷可謂是進退兩難。新政的種種變革措施，如廢科舉、練新軍和法制改革，都從根本性上動搖了傳統專制體制，而清廷當時又無力對其進行新舊整合，其動盪在所難免。比如廢除科舉消除了中國走向近代社會轉變時的障礙，但同時也割斷了那些士紳階層與清王朝的聯繫，使清王朝陡然失去原有的中堅支持力量。

這些社會精英分子從原有機制中疏離出來後，其離心傾向和反叛意識也隨局勢的惡化而增強。同樣的情況發生在創辦新式學堂、派遣留學生和編練新軍上。清廷推行這些措施的本意是強國強軍，但現存政治體制和意識形態對這些新型知識份子毫無吸引力，而新軍隊因為這些人的加入，反而走到朝廷的對立面。

不過，新政一旦啟動，就無法停止。不要說停止，就算是減速，清王朝也會被變革引發的各種合力所推翻。盲人摸象，小馬過河，清廷也只能在矛盾中摸索，在絕望中尋找希望，至於走到哪一步，已經不是他們所能掌控的了。

廢除科舉

新學制的上路與舊體系的汰換

中國的科舉制度歷史悠久，其創立於隋朝，完善於唐朝，發展於宋朝，鼎盛於明朝，而清朝的科舉依舊是仿照前朝八股取士，但更注重對士人思想的防範，原因很簡單，因為清朝實行的乃是滿人的異族統治。

科舉考試制度在最初的選拔人才上，具有一定的歷史優越性，但隨著時間的推移，其弊端也逐漸暴露出來。特別是進入近代以後，科舉制度更是難以適應時代的發展要求。從古代來看，科舉制度關係到官員的選拔問題和全民族的教育問題，兩者緊密結合，缺一不可。從前的人讀書大都是為了做官，想要做官就要參加科考。在這個意義上來說，讀書人參加科考實際上是向朝廷求取利祿的過程，勢必對當權者俯首貼耳，志氣喪盡；而當權者也利用科舉制度收買讀書人，使其悉入彀中，為我所用。由此，科考的內容決定了教育的內容，而明朝開始的八股取士則更是束縛了讀書人的思想。

古代讀書人的科考之路是異常艱難的，以清朝為例，當時的考試分為三級：第一級為童試，三年舉行兩次，須經過縣考初試、院（省）考複試合格後，方能成為生員，也就是人們通常說的秀才。秀才的名額是有限制的，每次在全國範圍內錄取兩萬五千名。兩萬五千名雖然聽起來不少，但這也不是每個人都能考上的，譬如洪秀全當年就沒有考上。

鄉試是科舉考試的第二級，在各省舉行，三年一次，一次三場，也就是通常說的考舉人。舉人的名額也是有限定的，全國每次約錄取一千四百名。舉人和秀才相比可說是鍍了金，一般來說，考中秀才最多只能開館授學，做個教書先生，而中了舉人後，往往能夠進入朝廷的儲備幹部名單，可以利用「揀選」、「大挑」等機會去做個小官，最不濟也可以去衙門裡做個幕僚幫辦什麼的。總而言之，中了舉人便等於進入了上流社會的門檻。但是，舉人這關很不好過，生員是可以通過捐納等方式買來，但舉人及其以上等級可是拿錢也買不到了（科考中行賄另當別論）。

要真正靠科班出身去做官的話，還得參加第三級的考試，這便是會試。會試是全國性考試，參加者都是舉人，也是三年一次，一般在京師禮部舉行。一般來說，會試的錄取名額為三百名左右，錄取者稱為貢士。會試過關的，隨後便參加由皇帝親自主持的殿試（也叫廷試），一場定終身，或金榜題名、名滿天下，或功虧一簣、名落孫山，就看皇帝的取捨和自己的運氣了。

殿試考中的，那就是所謂的「天子門生」（皇上點中的嘛），而其中又分一甲、二甲、三甲，一甲就是前三名，通常說的狀元、榜眼和探花，直接授予翰林院修撰、編修這樣大有前途的職位；二甲為進士出身，三甲為同進士出身，總共約兩百名上下。這些人考完後，便經簡單的學習培訓後分配工作，或入翰林院為庶吉士，或者留在中央為六部主事、內閣中書或者分到地方上去做知縣。

古代做官何其難，這七品芝麻官也不是那麼容易當的。那時的官不是學出來的，而是考出來的。可惜的是，這種機會三年才有一次，全國的名額也就兩百人上下，粥少僧多，能夠金榜題名的幸運兒畢竟是少之又少，對於大部分讀書人來說，「學而優則仕」不過是一個可望而不可及的夢想，多少人青燈黃卷，最後也不過是熬白了少年頭！

最要命的是，讓那些讀書人苦讀終身的那些經史詩文，在實際生活乃至行政管理方面都沒有什麼用處，更不要說促進近代工業化社會的發展了。舉個最簡單的例子，當時同文館招生的時候，就難以招到合適的優秀人才，因為在當時人的眼中，同文館不算正途出身。朝廷主辦的同文館尚且如此，更不要說其他學習西方技藝的學堂了。當年沈葆楨辦福州船政學堂的時候，招的也大都是貧苦子弟，因為讀這些學堂要簽契約，保證今後不參加科舉，這樣都不能做官啊！

中國從來就不缺人才，但在科舉制度有意無意的指引下，那些優秀的讀書人都重仕途，輕技藝，這在近代工業化社會當然沒有出路。由此看來，沿襲千年的科舉制度的確到了不得不廢的時候了，科舉一日不廢，中國的振興便無從談起。

但是，科舉制度的複雜性就在於，它不僅僅類似於現在的高考或者研究生考試，它還兼帶國家與地方公務員考試的性質（是選拔縣處級以上幹部而非普通公務員）。作為朝廷選拔官員的主要途徑，科舉考試的廢除，將關係到數以百萬讀書人的出身和仕途問題，可以想像其中的阻力是何等之大。譬如一八九八年戊戌變法的時候，維新派提出廢除八股、改試策論，停止武舉並開設經濟特科等的改革措施，康有為差點被人暗殺；而變法失敗後，一切照舊，武舉考試甚至又搞起了他們的「刀弓石」科目，全然不顧當時的世界早已是長槍大炮。要這麼看的話，大清朝在對外戰爭中大敗特敗，一點都不冤枉。

戰爭的失利讓停止武舉也就成為最容易的突破口。一九〇一年八月，朝廷下詔永遠停考武科，而且鄉試和會試等均試策論，不再用八股格式命題；同時，朝廷決定在考試中增加政治、歷史、地理、軍事等適應時代需要的科目。一九〇四年一月，負責修訂新學制的張之洞和學務大臣張百熙、榮慶上摺提出，由於科舉未停，所以新學堂的設立受到阻礙；而新學堂未能普遍設立，又使得科舉不能立刻停止。因此，朝廷應該確立一個過渡期，使科舉和學堂教育歸於一途。這個奏摺上去後，得到了清廷的認可。由此，科舉便開始逐漸減少錄取名額而轉向學堂選拔人才了。

有意思的是，在某些時候歷史的發展往往會超越人們的預期。時隔一年，一九〇五年九月，在日俄戰爭的重大刺激下，國人要求立即廢除科舉的呼聲大為高漲。在這種形勢下，袁世凱會同張之洞、周馥、岑春煊、趙爾巽、與端方等地方督撫大員一起上奏朝廷，稱「科舉一日不停，士人皆有僥倖得第之心，民間更相率觀望」，請立停科舉，推廣學堂。慈禧太后在時勢危迫之下，也覺得遞減科舉名額的辦法緩不濟急，終於接受了立刻停止科舉的意見。

一九〇二年，蔡元培在上海創辦的愛國女校。中國的近代教育實際上是從清末新政廢除科舉考試後真正開始的。

清廷隨後發布諭旨，宣布從光緒三十二年（一九〇五年）開始，停止各級科舉考試。由此，延續了一千多年的科舉制，在清末新政還不到五年便被徹底廢止。對此，美國社會學家羅茲曼在其著作《中國的現代化》中大加讚嘆道：「科舉制度的廢除，代表著中國已與過去一刀兩斷，其意義大致相當於一八六一年沙俄廢奴和一八六八年明治維新後不久的廢藩。」應該說，這個評價頗為中肯，並不是有意的拔高溢美之詞。

也許有人要問：「停止科舉考試之後，那些讀書人的出路問題怎麼辦呢？」所幸的是，新政的決策者們比康有為那些維新派要成熟老練許多。他們在廢除科舉的同時，也及時採取了逐步替代的補救措施，那就是建立新的教育體系，來解決教育內容的更新和讀書人的出路問題。在一九〇一年開始改革科舉的同時，清廷便決定選派人員出國遊學，重開京師大學堂，並在原有書院的基礎上改建西式學堂，以逐步取代舊的教育體系。

隨後，清廷又開始緊鑼密鼓的制定新學制。在幾經修訂的基礎上，清廷在一九〇四年推出了以日本為模式的新教育體制，即所謂的「癸卯學制」。「癸卯學制」把全國學堂分為基礎教育和職業教育兩塊，其中基礎教育分為三等七級，即初等教育（包括蒙養院、初等小學堂和高等小學堂）、中等教育（中學堂）和高等教育（包括高等學堂、大學堂和通儒院）；職業教育則包括師範教育、實業教育和特別教育等。從劃分上來看，這已經非常接近我們現代社會的教育體系了。

在興辦新教育上，張之洞管轄的兩湖地區走在了全國的前列。他當時首先設立湖北學務處，並將湖北自強學堂改為普通中學堂，兩湖書院改為大學堂（後改為高等學堂），另設有師範學堂等。事實上「癸卯學制」的出現也主要是張之洞的努力。作為少壯派官員，袁世凱也不甘落後，他設立了直隸學校司並聘請前貴州學政嚴修為學務總辦，並在直隸地區設立小學、中學、師範、法政、工業等各級各類學堂。在地方的推動下，清廷於一九〇四年設立學務大臣（次年改設學部），並令各省設立學務處，主管新教育事業。

但是，當時發展新教育的困難也是很多的，譬如合格的師資、教學設備和經費都極其缺乏，其中尤以師資問題最令人頭疼。據後來的統計，當時大學及高等、專門學堂的教師，留學日本的占三分之一，出身科舉的占四分之一；而中等學堂裡出身科舉的教師則占到三分之一，小學堂更是占到一半左右。師資教育背景的限制，加上大多數學堂都是在原先的書院基礎上建立，新政時期的教育也就難免帶有傳統教育的頗多痕跡了。

為了解決西學人才的匱乏問題，清廷隨之大力提倡留學教育，其中又以留學日本為熱潮。在新政之前，留學日本的學生很少，在一八九六年也不過十來個人。後來張之洞在《勸學篇》中極力稱讚留學外國效果大，說：「出洋一年，勝於讀西書十年；入外國學堂一年，勝於中國學堂三年。留學之國，西洋不如東洋，以路近費省，文字易曉，西書多已刪繁存要；中、日情勢風俗相似，不難仿行。」在張之洞的影響下，當時人出國留學的首選地便是日本。日本駐華公使矢野文雄也在其中大力推動，並稱願為每年接納兩百名學生前往日本提供便利。

後來，清廷更是積極推動官費留學，鼓勵自費留學，並對學成回國經考核合格的留學生分別賜給進士、舉人、貢生等相應出身，在用人的時候予以優先任用，一時間使得海外留學掀起了熱潮。由此，留學日本的人便開始激增，一九〇五年的在日留學生達到數千人，第二年甚至接近一萬，因為人數增加過快，有三千多人甚至無法正常入學。

當時留學西洋的也有，但人數遠不如日本。十九世紀七〇年代，中國本來選派了數批幼童前往美國留學，後來因為各種原因撤回，後來去歐美留學的大都為自費或者教會選派，人數也很有限。清末新政後，朝廷和各省也選派了一些留學生前往英、法、德、俄、比等國學習。特別值得一提的是，美國減收庚子賠款後，將退款用於資助中國選派的留美學生，平均每年六十名。為此，當時在北京西郊清華園還設立了遊學肄業館（後改名清華學堂，即清華大學的前身），專門負責選派赴美留學生。

插句題外話，當時留學歐美的人數雖少，但品質卻遠高於留學日本的學生，他們大都完成了大學教育甚至拿到更高的學位，如赴美留學生；而留日學生參加的大都為速成班，龍蛇混雜，參加革命的倒為數不少。有例為證，一九〇六年清廷舉行歸國留學生考試，參加考試大多為留日學生，卻無一及格，而及格的前五名均為留美學生。

雖然有很多困難，但新式學堂與出洋遊學還是讓新政時期的教育有了飛速的發展。據當時學部統計，一九〇四年全國的學堂總數為四千多所，學生總數為九萬多人。到了一九〇九年，學堂總數增長為五萬多所，而學生總數擴展到一百五十六萬名，其發展速度不可不謂驚人（現在的擴招與之相比，簡直不可同日而語）。

新政推行者本以為廢除科舉會遭到那些傳統士紳們（特別是已經獲得一定功名的）的強烈反對，但事情的發展卻出乎意料的順利，根本沒有發生決策者所擔心的事情。相反，那些有錢有勢的士紳們非但沒有阻撓，反而極為熱心的加入到興辦學堂甚至留學海外的熱潮中去。這又是為什麼呢？

原來，在廢除科舉、推行新教育的同時，朝廷注意到新舊的銜接，採取了逐步替代的戰略，這其中主要採取了這麼幾個措施：一是在一九〇六年頒布《舉貢生員出路章程》六條，廣開門路，儘量安排原有的貢員、舉人和生員，以穩定那些上了年齡又難以接受新式學堂的那部分士人；二是在興辦新學堂的時候，各級畢業生，從高級小學到大學，都分別授予附生、舉人、貢生和進士的相應功名。這些舉措使得那些士紳們得到些許安慰並機敏地停止了抵抗，反而積極投身於新學堂的建設中去，以此來彌補他們在功名上的損失。另外，從一九〇五年開始，學部每年舉行一次遊學畢業生考試，通過者分別授予進士和舉人功名，這也是讓很多士紳及其子女對留學趨之若鶩的原因之一。

廢除科舉制度，不僅僅是人才選拔方式和教育制度的變化，它更是一種社會的變革和對傳統社會結構的分解，其影響遠遠超出了科舉和教育本身。從短期來看，廢除科舉在推動社會進步的同時，也埋下了社會動盪的種子。正如蕭功秦先生在其著作《危機中的變革》中指出的，「廢除科舉制度導致了中國歷史上傳統文化資源和新時代價值之間最重大的一次文化斷裂」，這種制度資源的喪失，同時也為清廷的覆滅埋下肇因。

蕭功秦先生的話很有道理，中國古代的那些王朝之所以穩定，其關鍵因素就在於有科舉制度。因為有科舉制度，這樣皇帝就有一大批的讀書人來支持他，而且這個社會有一個相對公正的機會來保證讀書人向上流社會流通，由此也構築了傳統社會的一種超穩定結構。作為一個反例，蒙古人不重視讀書人和科舉，而專門倚重本族人，這也是元朝之所以短命的原因之一；而與之相反的是，清朝雖然也是異族人統治，但卻極其重視科舉考試，而且滿漢不斷融合，所以清朝能夠堅持近兩百六十年。

歷史總是這樣，順之者昌，逆之者亡。清末科舉制度的廢除把士子們推向了時代的洪流，不管你是惶恐，還是哀怨，或者憤懣，這終究是不可改變的歷史定數。但清廷沒有想到的是，廢除科舉也讓那些士子們失去了對朝廷的忠心（因為不需要通過這個來做官了），在隨後的革命浪潮中，他們大多袖手旁觀，甚至反戈一擊。這一順一逆之間，歷史已是滄海桑田。

事實上，自從漢朝採取了「獨尊儒術」的政策後，歷朝歷代都將儒家學說作為科舉取士的標準，而孔子學說本身就是為國家和社會培養經世濟國的人才。中國的讀書人，從小就受到「正身安邦」的傳統儒家道德的薰陶，並在長期的學術訓練中有意識的學習如何參政，簡單的把儒學和科舉視之為中國落後的萬惡之源，本身就是一種粗暴的偏見。

不可否認的是，科舉的廢除對中國傳統的儒家學說及其道德體系構成了致命的打擊（因為不考了嘛），儒家及其道德體系地位的喪失，在給予民主思想解放的同時，國人的傳統道德觀念及其水準也呈現日益下滑的趨勢，特別在後來「五四」等運動中更是飽受打擊，這種負面影響也是不可小覷的。特別在廢除科舉考試後一百多年後，現在社會中所出現的信仰危機等諸多問題，與當時釜底抽薪式的廢除科舉有著密不可分的關係。當時的人們固然可以以一種決裂的態度拋棄固有的傳統，但這並不代表傳統就真的死亡了。

中國人的問題，畢竟還是要根植於沿襲多年的傳統並以中國人自己的方式來加以解決。

結構變革

屏除陋習、整併六部與法律新修

清朝建立以後，其中央權力機構沿用的是明朝的內閣加六部制度。所謂六部，指的是中國傳統的吏部、戶部、禮部、兵部、刑部和工部。雍正即位以後，用軍機處架空了內閣，變成軍機處加六部的結構，內閣反成為清談的擺設，當時如果大學士不掛著軍機大臣名號的話，基本就是「參謀不帶長，放屁都不響」。第二次鴉片戰爭結束後，清廷為了適應新形勢的需要，在傳統的六部之外特設立一個新部門，即「總理各國事務衙門」，也就是人們常說的總理衙門。

總理衙門是專門和外國人打交道的外交機構，但後來其功能越來越廣泛，包括洋務運動的興辦實業、派遣留學生等，都在它的管轄範圍之內。庚子年後，總理衙門的地位更是大大得到提升，清廷在外國人的要求之下，將總理衙門改名為外務部，並列於六部之首。在當時，估計就再沒有比和洋人打交道更重要的事情了。

由總理衙門改建而來的外務部還有一大創新，那就是部中不分滿漢，領導職位只設立一尚書兩侍郎，這打破了原先六部中設置滿漢尚書和侍郎兩套班子的制度。這一舉措，等於是打破清朝沿襲了近兩百多年的祖制（雙尚書制也是清朝所獨有），而外務部的變化，實際上也是後來的機構改革之先聲。

為了適應新政的要求，清廷開始設立新的領導機構。一九〇三年九月，為了振興商務、發展實業，清廷在六部之外又成立了一個新的商部，其職能不僅僅侷限於商業，還包括實業（工業）和農業。後來，商部又將老的工部吸收合併，新成立的部門稱為農工商部，成為一個負責全國經濟發展的中央部門。與此相對應，地方上也紛紛成立了農工商局，作為地方上的經濟管理機構。

在一個長期奉行農本商末為基本國策的國度裡，從事商業和實業的人即使富有四海，也一向被那些羞於談利的士人們所蔑視，但在這次機構改革後，當時農工商部的地位僅次於外務部，足見朝廷的重視程度。清廷公開宣導並獎掖實業，這在中國歷史上是破天荒的第一次，就連那些朝廷大員們也不再羞於談及商業和利益，與時俱進嘛！

鑒於舊式軍隊毫無用處，清廷在商部成立後的次月又設立了一個新部門，這就是主管全國編練新軍的練兵處。練兵處由慶親王奕劻總負責，袁世凱和鐵良協助辦理。由於奕劻不懂軍事，練兵處基本由袁世凱掌握，這也為其打造北洋軍政集團提供了便利的條件。在清廷後來的中央官制改革中，兵部更名為陸軍部（海軍部另設），練兵處也被歸併其中。

緊接著，清廷又成立了財政處，作為中央財政管理機構。在中央官制改革前，財政處主要負責清查各地財政收入；中央官制改革後，財政處與戶部合併，成立一個新的部門，即度支部（相當於現在的財政部）。

一九〇五年十月，清廷又決定成立巡警部（後改名民政部，相當於現在的警政署），以管理全國的員警並負責各地的治安，取代原先的地方保甲制度。同年十二月，由於科舉制度被廢除，為了適應新教育體系的要求，清廷又成立了學部（相當於現在的教育部），並將原先的國子監吸收合併。為了管制交通和通訊，後來清廷又設立了郵傳部。經過這些變化後，原先的六部制已經是支離破碎，這也為後來的中央官制改革提供了契機。

一九〇六年十一月，清廷進行中央官制改革，除內閣和軍機處仍舊不變外，新設立或改名稱的有十一個機構，即外務部、學部、民政部、度支部、陸軍部、法部、農工商部、郵傳部、海軍部、軍諮府、資政院、審計院，新政時期的機構調整規模可謂前所未有。

至此，隋唐以來的傳統六部建置便不復存在。在這些機構裡，清廷廢除原先的滿漢尚書雙人負責制而改行單一的領導制，以革除「數人共一職」的低效管理方法。此時的清政府，可謂是半新半舊，看起來雖然還有些彆扭，但終究邁出了走向近代社會的重要一步。

一般來說，在設立新機構的時候阻力較小，而裁撤改革舊部門的阻力極大。原因很簡單，設立新機構可以為一些人提供做官的機會，而裁撤舊部門則要敲掉原先官員們的飯碗，受到的阻力可想而知。這種情況，不只是清末新政有，歷朝歷代的改革都是如此。不過，清廷當時還是排除了重重阻力，將一些有名無實、不適應時代發展要求的舊衙門加以裁撤或者歸併。

從一九〇二年二月開始，清廷便開始有計劃的裁撤歸併那些有名無實或者職能重複的中央主管部門。首先被裁撤的漕運屯田衛所（清朝設有漕運總督）。屯田和衛所本是為漕運而設立，但當時漕運早已是有名無實，屯衛反成為一大弊政。同時被裁撤的還有河東河道總督，這個機構本是為治理黃河而設，但收效甚微，而每年靡費無數，其被裁撤後，由河南巡撫兼管相應事務。

一九〇二年三月，清廷又將一些閑衙分別裁併，如管理太子事務的詹事府（清朝最後三個皇帝都沒有子女，哪來的太子），被裁併入翰林院；通政司直接被裁撤；太常寺、光祿寺和鴻臚寺被併入禮部，太僕寺被併入陸軍部。

一九〇四年後，清廷開始對地方上的一些冗餘機構進行清理裁併。當年七月，粵海關、淮安關兩監督和江寧織造被撤，粵海關事務劃歸兩廣總督管理。當年十二月，由於總督和巡撫的機構重疊，雲南巡撫和湖北巡撫被撤，其事務分別由雲貴總督和湖廣總督兼管。

同樣情況的廣東巡撫也於次年被裁撤，其事務由兩廣總督兼管，這樣，就避免了總督和巡撫同處一城、同管一省的冗政。福建水師提督在中法戰爭後作用不大，也被裁撤。一九〇五年一月，漕運總督被裁撤，改設江淮巡撫。三個月後，此機構再次被撤，改淮揚鎮總兵為江北提督來代替。由此，漕運制度便也成為了歷史。

在裁撤冗餘部門的同時，清廷也加強

一九〇六年，戶部改為度支部時的官員合影。清末新政的機構調整，是近代中國各部設置的追尋藍本。

了吏治的整飭。首先是廢除捐納制度。所謂捐納，就是捐納買官，其實是一種公開的買官賣官行為。捐納制度本來一向控制甚嚴，但後來清廷為解鎮壓太平軍的一時之困，導致口子大開，各色人等由此混入，而捐官者出了錢，撈到一官半職後當然是挖空心思，以貪汙勒索為能事，這也是經濟利益驅動之必然。一九〇一年九月，清廷下旨將捐納制度永遠停止。

隨後，清廷對各級衙門進行整頓，裁汰書吏和差役，簡化各級衙門的公文形式和辦事程序，改陋規為公費等。由於制度的缺陷，書吏和差役在清朝的待遇極薄，如果按名義上的待遇的話，這些人根本就不可能養家糊口。也許是出於這個原因，書吏和差役往往在衙門裡「舞文弄法，朋比為奸」，而那些科舉出身的官長大都不懂實務，「奉吏為師」，往往被這些人搬弄，在地方上為害甚大。新政時期，朝廷嚴令各級官長親理政務，裁撤那些擾民害民的書吏和差役，以期提高辦事的效率。

在清末新政全面展開的同時，對不合時代的舊法制進行改革也成為一項緊迫的任務。大清帝國當時實行的是三權合一的傳統專制體制，加上外國人藉口中國的法律嚴酷而在租界內行使領事裁判權，拒不遵守中國法律。

為了廢除洋人的治外法權，一九〇二年五月，清廷任命沈家本和伍廷芳為修訂法律大臣，命他們「按照交涉情形，參酌各國法律，悉心考訂，妥為擬議，務期中外通行，有裨治理」。由此，沈家本和伍廷芳經過兩年的籌備，成立了修訂法律館，開始了對中國歷史有重大影響的修律活動。

不可否認的是，中國古代法律的確極為嚴酷而殘忍，甚至到清末還在實行如凌遲、梟首、戮屍、斬決等極不人道的酷刑，而且行刑時往往在公眾聚集之所，有意製造恐怖氣氛，這和當時西方文明社會的要求實在差之甚遠。從這個角度來說，後人因為肉刑問題去指責洋人頗為滑稽（應對其抗議表示感謝才對，不然的話，我們現在可能還得挨板子）。

另外，中國古代法律「諸法合體」，「政刑不分」，這種法律傳統已經難以適應近代社會的發展。不過，好在清廷選中的兩位法律修訂大臣，沈家本和伍廷芳，都是熟悉中西法律的專家型官員。

清廷的這次選官用人得當，兩位大臣也的確是人才難得。兩位大臣接受任命後，第一件事情便是成立修訂法律館，並首先組織人員翻譯西方法律，整理中國法律舊籍，然後對中西法律進行比較、研究和評介。

在兩位大臣和法律館人員的努力下，西方國家（包括日本在內）的法律及論著得以介紹到中國，進而根據中國的實際情況來修訂舊律或創立新法。不僅如此，為了培養法律人才，沈家本還親自到日本聘請法律專家前來中國的法律學堂授課，這也是中國近代法律教育和法學研究的開端。從教育的角度上來說，這些都是清末法制改革的重要組成部分。

沈家本和伍廷芳在修訂法律的時候，第一件事便是將中國傳統的「刑法為主、諸法合體」的結構打破（如當時的基本法《大清律例》），先區分出實體法和程序法（訴訟法），然後在實體法中再細分出刑法、民法、商法等專門的法律部門。換句話說，也就是使中國「諸法合體」的傳統法律向「諸法分立」的體系轉變，這無疑是一種革命性的變化，為中國法律的現代化奠定了堅實的基礎。

但是，在法制改革的進程當中遇到了很大的阻力，特別在推行司法行政機構改革的時候。原來，中國傳統的地方官是行政權和司法權不分的，而新的法制改革則是要推行西方法律體系中的司法獨立原則，另設獨立的審判體系，這讓地方督撫覺得自己的權力被部分剝奪。就連主張行政的張之洞都對此不理解，說：「『督撫但司檢察，不司審判』後，『則以後州縣不親獄訟，疆臣不問刑名』，那些地方官的權力（及由此帶來的油水）豈不是少了老大一塊？」

阻力雖大，但法制改革依舊要向前推進。在中央司法機構改革中，刑部改名為法部，大理寺改為大理院。這個改革並不是簡單的換個名字，而是結構性的調整，改革後的大理院相當於最高法院，「與（法部）行政官相對峙而不為其節制」。

隨後，在地方司法機構改革中，也在各省各級普遍設立高等審判廳、地方審判廳和初級審判廳以行使審判權，而以原先的按察司改為提法司，負責司法行政和監督，以實現地方上的司法獨立。

這些司法機構的改革，加上後來《各級審判廳試辦章程》的實施，實際上是把司法行政權和審判權分開，審判權開始獨立於行政權之外。這個變化，實際上是廢棄了中國長達千年的行政兼理司法體制，也可謂是中國司法獨立之起源，邁出了現代法制的第一步。這種變化，是結構性的變化，意義是極為深遠的。

另外，獄政改良也屬於清末法制改革的一部分。有人曾說，監獄的好壞是衡量一個國家文明程度的標準，此言不差。傳統監獄的黑暗可能比嚴苛的刑法更要殘酷，對此，方苞曾在《獄中雜記》做了觸目驚心、令人膽寒的描述（可參考拙著《帝國的緋聞：大清野史三百年》中的記敘）。當時的獄政改良主要本著人道主義和改造主義的原則，改革監獄管理制度，改善犯人的生活待遇，並重點在於感化犯人，教之以謀生手段，而不是殘酷破壞。應該說，這些觀念和實踐在當時和未來的獄政管理中都發揮了積極的作用。

當然，清末法制改革最重要的，還是其推出的一系列修訂的新法律。經過精心準備後，修律大臣沈家本和伍廷芳陸續推出了一些重大的法律，如《大清刑事民事訴訟法》（一九〇六年）、《新刑律草案》（一九〇七年）、《大清現行刑律》（一九一〇年）、《大清刑事訴訟律草案》（一九一一年）、《大清民事訴訟律草案》（一九一一年）及其《商人通例》、《公司律》和《破產律》等一系列的民法、商法法案。在清朝覆滅之前，這些按照西方法律分類編制的法典基本都已經修訂完畢或者已經在起草之中。

值得慶倖的是，沈家本、伍廷芳修訂的這些法律（包括已編好而尚未頒布的法律），並沒有被革命所埋葬。相反，革命後的政府依舊長期沿用清末修訂的那些法律，特別清末修訂的三個總結性大法：《大清刑事民事訴訟法》、《大清新刑律》和《民律草案》（尚未頒布），辛亥革命後，無論是孫中山還是袁世凱，或者是北洋軍閥和國民黨政權，都只是對這些法律略加刪改後繼續沿用。事實上，我們現在的法律體系框架和基本原則也都是來自於一百年前清末法制改革的成果。

在提倡法制文明化的同時，社會生活領域也出現了很多變革。其中，引進西方的員警制度頗為成功。清朝原本實行的傳統的保甲制度，另外，綠營和地方團練也承擔部分的社會治安職責。但概括來說，都不夠專業，效率也不高。一九〇二年，袁世凱在直隸試辦員警制度初有成效，於是朝廷命各地以直隸為範本，加以推廣。

當時的一些生活陋習也受到新政的調整，其中包括纏足和吸食鴉片。纏足是中國歷史上最為醜陋和殘忍的制度，居然沿襲千年，也是令人匪夷所思。對此，很多西方傳教士和維新派人士都對此極為反對，但一直到一九〇二年，清廷首次發出上諭，勸誡纏足。由於清廷的公開提倡，晚清社會的「不纏足」運動蓬勃發展，這才使得那些飽受纏足戕害的女性同胞得以解放。

近代中國史中鴉片最令人深惡痛絕，在西方列強的武力威脅下，鴉片貿易在鴉片戰爭後得以合法化，這不但捲走了中國巨額的財富（鴉片貿易是十九世紀最大的單宗貿易），而且讓中國人的身心受到嚴重的摧殘。一九〇六年，清廷在發布禁煙上諭的同時，派出使臣與英國交涉禁止輸入鴉片事宜。一九〇九年，上海召開了萬國禁煙會，中國的禁煙運動得到了國際輿論的普遍同情，在這種情況下，英國答應逐步消滅鴉片輸入中國，直到一九一七年徹底禁絕。

由於清末革命黨經常宣揚「排滿主義」，當時的滿漢衝突也變得日益加劇。為了維護統治，清廷決定取消滿人的特權，調和滿漢矛盾。不過，話說回來，雖然滿人入關後八旗在各地駐防，世代為兵，並享受國家供養和免稅等特權，但兩百多年下來，一般的旗人（大多數人連滿語都不會說，和漢人已無區別）早已窮困不堪，甚至連普通漢人都不如。因為當時清政府給滿人的供給極為微薄，卻不能從事他業，能養家糊口已屬不易，真正享受特權和富貴的其實主要是極少數的滿族親貴。

正因為如此，清廷也覺得遵循祖制毫無必要，便於一九〇二年放開滿漢通婚的禁令，並於隨後對漢人開放原先只能由滿人擔任的職位如將軍和都統等。一九〇六年官制改革中，清廷又廢除了滿漢尚書的雙人平行制，改由不分滿漢的一人制。一年後，清廷又下令廢除旗人不事生產的特權，授予旗丁土地，責令耕種，讓普通旗人們自謀生計。而在法制改革中，除了宗室親貴，一般滿人在禮儀和刑罰上都和漢人同等對待。可惜的是，靠犧牲普通旗人的利益來消除革命威脅，這本身就是不現實的。

儘管有各種令人不滿意的地方，但不管怎麼說，清末新政的這些機構調整和政治改革，總算是為中國走向近代化邁出了一大步。現在的人如果要回顧之前取得的進步，恐怕還得從清末新政找到源頭呢。

立憲與否

暗殺考察大臣與極端分子的抗議

一九〇四年，也就是甲午中日之戰的十年後，曾經硝煙四起的遼東大地上再次爆發戰爭，這就是歷史上的日俄戰爭。令人心酸的是，當日俄兩個強盜在中國的國土上大打出手時，而主人卻只能無奈又頗為無恥地掛起免戰牌，宣布在這一場令國人蒙受恥辱的戰爭裡「嚴守中立」。無論誰是這個戰爭中的贏家，清廷這種夾起尾巴做人的鴕鳥政策都將令後人感到羞愧。

出人意料的是，這場戰爭卻為清廷突破當時新政的瓶頸提供了契機。國人在親眼目睹了這小小的島國日本竟然將老牌的沙俄帝國打翻在地，這個令人驚詫的結果，不免讓國人又想起了十年前的甲午之役。

一向被中國人看不起的東洋小鬼子，究竟是從哪裡獲得的力量呢？假如說在甲午戰爭中日本戰勝中國是「以國運相搏」，還有點運氣成分的話，這次日本擊敗強大的沙俄，算是讓國人徹底無語，並且心服口服了。

長期積壓的危機意識和變革要求，終於在這場令人蒙羞的戰爭後得到了宣洩的機會。戰爭剛一結束，當時素有清議之名的《大公報》便立刻發文稱：「日立憲國也，俄專制國也，專制國與立憲國戰，立憲國無不勝，專制國無不敗。」

作為一個合理的解釋，日本對俄國的勝利很快被當時的人歸結為立憲政體對專制政體的勝利。在《大公報》的帶動下，國內報刊的輿論情緒極度高漲，他們利用自己的管道大力宣傳立憲勝於專制，「二十世紀舉全地球中，萬無可以復容專制政體存在之餘地」，立憲自由主義乃大勢所趨，所向無敵，如果「頑然不知變計者，唯有歸於劣敗淘汰之數也。」

據當時的《東方雜誌》稱：「當時人人談立憲，上自勛戚大臣，下逮校舍學子，靡不曰立憲立憲，一唱百和，異口同聲。」這種萬民交議的氣氛也影響了朝中的大員們，如袁世凱、張之洞、周馥等人便在輿論的推動下向朝廷上書，請求實行立憲政體。就連當時的駐外大使們也紛紛奏請清政府仿效「英、德、日本之制」，「定為立憲政體之國」。在這些上書中，提出了一個相對可行的建議，那就是派遣官員出國考察其他國家憲政，為中國的立憲做準備。

群情激昂之下，慈禧太后難免也有些動心。一九〇五年七月十六日，清廷下發了一道諭旨：「方今時局艱難，百端待理。朝廷屢下明詔，力圖變法，銳意振興。數年以來，規模雖具而實效未彰。總由承辦人員向無講求，未能洞達原委。似此因循敷衍，何由起衰弱而救顛危。茲特簡載澤、戴鴻慈、徐世昌、端方等，隨帶人員，分赴東西洋各國考求一切政治，以期擇善而從。嗣後再行選派，分班前往。其各隨事諏詢，悉心體察，用備甄采，毋負委任。所有各員經費如何撥給，著外務部、戶部議奏。」

清廷宣布派遣官員出訪日本及歐美等國家進行政治考察的表態，立刻成為當時的頭條新聞，讓國人興奮莫名。就在第二天，當時的主要報紙都在顯要位置刊登了這道簡派大臣出洋考察政治的上諭全文。不僅如此，各報刊還紛紛組織人手針對「考察政治」一事做連續的專題報導和評論。對於這次大臣的出洋，輿論和民眾更是翹首以盼，寄予厚望。

對於出國考察的官員名單，清廷也頗費了一番腦筋。最終確定下來的五位官員，分別為宗室鎮國公載澤、戶部左侍郎戴鴻慈、兵部侍郎徐世昌、湖南巡撫端方和商部右丞紹英。

這五人的身分和官職不一，有皇室成員，有地方大員；有負責財政的，有負責軍事的。當時輿論評價說，載澤乃「宗室貴胄，留心時事，素號開通」；戴鴻慈「久歷部寺，頗講新政」，「深知立憲可以救國，在京竭力運動」；端方則「奮發有為，於內政外交尤有心得」。

出發之前，慈禧太后還特意召見了端方，讓他帶上些宮廷御用點心路上充饑。慈禧太后很有誠意的問端方：「如今新政都已經實行了幾年，你看還有什麼該辦，但還沒有辦的？」端方說：「尚未立憲。」慈禧太后問：「立憲有什麼好處？」端方說：「立憲後，皇位置則可以世襲罔替。」慈禧太后聽後便讓他細細說來，端方遵旨講述，大概講了半個多小時，慈禧太后聽後，若有所思。

除了考察大臣的人選問題外，出洋經費的籌措也是件難辦之事。按說堂堂一個大清帝國，這點小銀子算不了什麼，但當時的庚子賠款讓清廷的財政很是喘不過氣來；再者，由於大臣出洋考察是臨時派遣，當時又無預算制度，所以經費得由地方上來籌措。

於是，戶部與外務部聯合向當時的各省總督巡撫發電求助。沒想到的是，一向對交銀子推三阻四的各省督撫們這次表現卻異常的積極，直隸、湖北和江蘇各認十萬兩出使經費，就連新疆這樣的邊遠窮省都認籌了一萬兩。

兩個月後，各省便總共籌集了考察團的預算費用八十餘萬兩銀子。事後結算，端戴團花了約三十八萬兩，載澤團花了三十三萬兩，主要用於成員的薪水補貼、旅館費用、電報通訊費、服裝費、禮品費用和買書和翻譯等費用。

按照最初的計畫，考察團在五位大臣的率領下，兵分兩路：一路由載澤、戴鴻慈和紹英帶隊，前往俄、美、義、奧等國，重點考察憲政；另一路則由徐世昌和端方率領，前往英、法、德等國，多帶懂西文的隨員，主要是表面上的考察。正當考察團準備妥當預備出發的時候，卻又發生了一件意外之事。

一九〇五年九月二十四日，正陽門車站熱鬧非凡，到處彩旗飛舞，鑼鼓喧天，為五大臣特意準備的列車早已準備妥當。在親朋好友和朝中官員的簇擁下，五位考察大臣頻頻作揖，一行人準點來到京城外正陽門車站。在一片喧囂聲中，五位大臣登上火車，載澤、徐世昌、紹英三位大臣坐在前面車廂，戴鴻慈和端方則坐在後面的車廂裡面。正當他們和那些送行的人揮手致意的時候，火車開始慢慢啟動，準備駛離正陽門車站。

就在此時，出人意料的事情發生了。當時只聽得「轟」的一聲巨響，將尚未完全啟動的火車震得左右亂擺，隨後一團濃煙和烈焰從車廂中衝

憲政考察大臣端方。

刺客吳樾。

出，一顆炸彈爆炸了！頓時，車站送行的人亂成一團，一個個都驚慌得四處奔走。在眾人驚魂未定的時候，車站巡警匆忙趕來，他們登上車廂後發現五大臣中除了紹英傷勢較重，載澤、徐世昌略受輕傷外，戴鴻慈和端方由於坐在後面的車廂中，故而毫髮無損，安然躲過一劫。

據戴鴻慈後來在《出使九國日記》中的記載，載澤「眉際破損，餘有小傷」，紹英「受傷五處，較重，幸非要害」，徐世昌「亦略受火灼，均幸安全」。紹英原本不是考察大臣之選，後來清廷考慮到載澤年少，所以加派紹英同行，不料還沒出行就遭此大禍！

後來查明，這是一次精心策劃好的暗殺活動。巡警在車廂的中部發現一具屍體，一身皂隸的裝扮，屍體上有個名片，上書「吳樾」二字。由於此人距離炸彈最近，當場便被炸身亡。吳樾，字孟俠，安徽桐城人。他原本也是個寒窗苦讀的士子，但在目睹了清朝在甲午之役、庚子之役乃至日俄戰爭中的一敗塗地之後，吳樾終於由一個溫文爾雅的讀書人變成了積極排滿的革命者。吳樾當時深受暗殺思潮的影響，在他看來：「排滿之道有二：一曰暗殺，一曰革命。暗殺為因，革命為果。暗殺雖個人而可為，革命非群力即不效。今日之時代，非革命之時代，實暗殺之時代也。」（吳樾，《暗殺時代》）。對清廷的新政，吳樾一向是嗤之以鼻的，他認為這不過是清廷苟延殘喘的一種手段罷了。這時，正好清廷大張旗鼓的選派五大臣出洋考察，吳樾便決定要利用這次大好機會，給清廷一個狠狠的打擊。

開車前，吳樾改換了皂隸的衣服並趁著送行的混亂當口悄悄地摸上了火車。他此行抱著玉石俱焚的個人犧牲目的，只希望能將這五位大臣一併炸死。然而事情並沒有像吳樾想像的那樣順利，正當他準備投彈的時候，由於火車啟動，車廂和機車掛鉤接合導致車身發生猛然震動。當時的火車當然達不到現在列車的穩定要求，但更要命的是，吳樾自己造的炸彈更加不穩定。

結果車廂一震動，吳樾還沒來得及向大臣們投彈，炸彈便「轟」的一聲被引爆了。這次爆炸，當場炸死三人，吳樾即為其中之一。

慈禧太后聞訊後，急忙召見了受傷的大臣們，大加撫慰。接見時，老太后面對大臣，也不免淒然淚下，謂如今世事之艱難。而正陽門車站刺殺事件發生後，仇滿排滿之風日盛，京城中也是謠言四起，人心惶惶，說革命黨人即將在城中造反，炸彈已經運進城中，即將進攻紫禁城云云。謠言之下，滿人被嚇得一驚一乍的，滿族親貴們的王公官邸，特別是萬壽山附近的都紛紛加強了戒備，大臣們出門也是時時刻提防，免得有人向轎中扔炸彈。

在恐慌氣氛下，就連慈禧太后都有點慌了手腳。據說清朝宮中挖有地道可以通往外面，裡面有室有戶，有床有凳，有椅有燈，如遇到緊急情況，皇帝往往帶領眾多嬪妃和皇子躲進地道。地道外面則有一個最忠實的太監，給裡面的人報打拿（滿語「平安」的意思）。吳樾炸彈事件後的幾天裡，慈禧太后也不時地帶著光緒帝和後妃躲進地道中，儼然已是驚弓之鳥矣。

不過，當時的主流報刊輿論對這次暗殺事件評價不高。相反，他們大都認為五大臣出洋考察是為立憲作預備，事關國家和民族的前途命運，凡稍具愛國心者應鄭重其事以視其行，因而對吳樾的暗殺恐怖活動一般都持譴責態度。

不僅如此，輿論還深恐這次炸彈事件會影響到大臣出洋考察，進而影響到憲政的實施，於是他們紛紛在報紙上撰文敦促清廷要不畏艱難，奮勇前行。民間對於出洋考察大臣挨炸一事也大都表示同情，他們紛紛發來慰問電報，如上海復旦、南洋等三十二所學校就聯合發了慰問電報。

出了這個事情後，清廷主張緩行出洋考察。地方上聽到這個消息大為不滿，紛紛致電清廷，強調「當此更宜考求各國政治，實行變法立憲，不可為之阻止」。考察大臣之一的端方態度更為積極，他上奏朝廷說各國均有來電，對中國考察團表示歡迎，已做了妥善的接待安排。如果因為一顆炸彈就取消出洋考察的話，恐怕會被外人笑話。

而當時的考察大臣中，由於紹英受傷較重，仍在床上養傷。當時有人譏諷紹英，說他藉口養傷，其實是害怕不敢去了。紹英聽後非常氣憤，說：「如果我死而憲法立，則死而榮生，死我何惜。各國立憲，莫不流血，然後才有和平。」於是他也上奏請求繼續派大臣出洋考察。

而在這時，戰敗的俄國也宣布要推行憲政。一九〇五年十月，沙皇尼古拉二世頒布《十月宣言》，承認人民有言論、出版、結社、集會、信仰、人身自由和參政的權利，並開始著手實行政治改革。當時駐俄大臣胡惟德及時的將此一情況通報清廷說：「俄國現已公布立憲……亟宜立定憲法，上下一心，講求自立之策，以防各國侵害。」俄國公布立憲這事對國人震動很大，也令國人更加的焦灼，唯恐落在俄國人的後面。

光緒和慈禧太后得此消息後，態度又發生轉變，隨後便召見載澤，詢問何時可以再次出洋。幾天後，報紙上便登載新聞說載澤傷癒，並已向光緒銷假請安。十月底，光緒和慈禧太后再次召見軍機大臣，表明考察政治是當務之急，務必飭令各考察大臣速即前往，不可任意延誤。

而此時的俄國人腳步更快。十一月二日，俄皇宣布立憲。十一月六日，沙皇又下詔釋放所有政治犯。唯恐落在他人之後的清廷也急起直追，於十一月十八日諭令政務處先籌定憲法大綱，十一月二十五日又設立了考察政治館，作為領導立憲改革的專門機構，從事各國憲政的研究，並向朝廷提供憲政改革方面的建議。

可惜的是，雖然設立了考察政治館，但國人當時對憲政幾乎一無所知，沒有考察，何來的考察政治館？於是在當年十二月，清廷決定再次派遣大臣出國考察憲政。由於紹英受傷未癒，徐世昌另有任用，後來由山東布政使尚其亨和順天府丞李盛鐸二人替換。這次出行和上次的計畫一樣，仍舊是分兩路進行考察。

為了防止再次發生炸彈襲擊事件，第二次大臣出洋考察決定分批出發，低調出行。一九〇五年十二月七日，迎著凜冽的寒風，端方和戴鴻慈帶領首批考察團（後稱端戴團）進入正陽門火車站。鑒於上次的教訓，「車站稽查嚴密，外人不得闌入」。為了保護考察團人員的安全，當時車站採取了極為嚴密的保護措施，巡警們也在車站外來回巡邏，閒雜人等不得進入車站內。

中午時分，首批考察團的成員都已到齊，當時也不像第一次有大量的人前來送行，整個登車過程都在靜悄悄的氣氛中進行。不過，令他們放心的是，從北京到天津倒也沒出什麼亂子。到了天津後，考察團又轉到秦皇島，由從德國購買回來的「海圻」號軍艦護送前往上海。數日後，「海圻」號便到了上海的吳淞口，考察團在此稍做休息，人員也有所增加，最後計有正式團員三十三人，各省選派考察人員四人，赴美留學生十一人（一說八人），聽差二人，雜役四人（因為辮子的緣故，考察團還特意帶了一名剃頭匠，也算是天朝的特色）。

一九〇五年十二月十九日下午二時，在眾多國民的殷殷期望中，端戴團的幾十名考察人員登上美國太平洋郵船公司的巨型郵輪「西伯利亞」號（S.S.Siberia）。隨著郵輪汽笛的拉響，「西伯利亞」號收錨起航，緩緩駛離上海，向日本駛去。幾經周折的出洋考察團終於算是正式離開國門，出發了。

十二月十一日，由載澤、李盛鐸和尚其亨率領的第二批考察團（後稱載澤團）也從北京低調出發，同樣前往上海搭乘外國郵輪出洋。在上海，載澤團也會合了各省選派隨團出洋考察者六人以及留學生若干人。一九〇六年一月十四日，一行人搭乘法國輪船公司的「克利刀連」號揚帆啟程。

考察團沒有想到的是，國外輿論對清廷派出考察團一事的反應十分熱烈。早在五大臣出洋之前，外國的一些報紙便登載了大清帝國將要派出考察團的消息，英國的《泰晤士報》還在一九〇五年的九月三日和四日，連續發表評論《論中國之前途》，對中國的新政改革和選派大臣出洋考察進行了很高的評價。

五大臣正式起航後，一九〇六年二月十二日，《泰晤士報》發表了一篇題為《中國人的中國》的文章。作者布蘭德滿懷熱情地評論道：「人民正奔走呼號要求改革，而改革是一定會到來的……今天的北京已經不是幾年前你所知道的北京了。中國能夠不激起任何騷動便廢除了建立那麼久的科舉制度，中國就能實現無論多麼激烈的變革。」

二月二十五日，德國著名的漢學鼻祖福郎克在《科隆日報》上發表了一篇名叫《中國訪問團學習外國的國家管理》的文章。在文章裡，福郎克寫道：「來自紐約的消息：一個中國訪問團為了學習外國的國家管理，已於二月十五日離開紐約向漢堡駛來。」為此，他還興致勃勃地全文翻譯了光緒派大臣赴東西洋考察政治的上諭，並介紹了考察大臣的情況。在文章中，福郎克不無樂觀地說，大清考察團此次出洋，是為了學習日本和歐美各國的政治制度和經濟體系，這將有極大的可能把西方的憲法和制度移植到中國去。

從強迫外國使節叩頭到主動向外國學習，大清帝國經歷了一個尷尬而艱難的轉身。儘管最開始的時候，五大臣出師不利，未出國門先挨炸，但畢竟勇敢的邁出了第一步。話說回來，中國的事情，即便是好事，有時候仍確實不好辦哪。

實際出訪

各國制度給中方帶來的震撼教育

在經過多種磨難之後，兩批憲政考察團終於出發了，而他們的首站都是日本，一個讓中國人心情複雜的鄰國。

遙想當年，日本也曾在一八六一年派出了福澤諭吉等人前往歐洲考察，他們當時搭乘的是英國的軍艦，途經香港、新加坡，繞過好望角前往歐洲，並在英國、法國和荷蘭等國進行了較長時間的考察訪問。福澤諭吉等人回國後，對日本的啟蒙發揮了很大的作用。一八六八年日本明治維新後，為了廢除西方列強在日本的領事裁判權，他們派出了一個規模龐大的外交使團前往歐美各國，儘管西方列強拒絕了日本的要求，但日本使團卻利用這次機會，由外交團變成考察團，用了兩年的時間對西方的經濟政治和社會文化乃至產業技術等，進行了一個全方位的考察。考察團回國後，在日本全面向西方學習的重大決策方面發揮了關鍵性的作用。

沙鷗點點，白浪滔天。首批憲政考察團的成員在「西伯利亞」號憑欄遠眺，不禁心潮澎湃，感慨萬千。在二十多年前，北洋艦隊的很多將領也曾經前往英倫等國負笈求學，可是如今都已成了哀傷往事，他們中的一些人甚至在甲午戰爭中便已為國捐軀。如今，考察團的第一站，正是甲午戰爭的勝利者和向西方學習的成功榜樣——日本。看來，洋務運動單純的學習西方技藝，是不能挽救中國的。撫今追昔，考察團成員的心裡，何嘗不是感慨萬千！

由於分工不同，端戴團只是途經日本橫濱，並沒有做詳細考察，而是直接去了美國。十天之後（一九〇六年一月十六日），載澤團來到日本神戶，正式開始了對日本的考察。

神戶位於日本第一大島本州的西南，歷來就是海陸交易的交通要衝和重要港口，當時就有很多的中國商人在此貿易。載澤團在考察完神戶之後，便由京都乘火車前往東京。在到達東京的當天，東京市長尾崎行雄和在日俄戰爭中大發神威的海軍大將東鄉平八郎等人都到火車站迎接載澤一行。

隨後，考察團又在日本方面的安排下，分別拜見了當時的總理大臣西園寺公望、外務大臣和陸軍大臣等人。在日期間，載澤團重點考察了日本的上下議院、郵政、教育和地方行政機構等。日本方對載澤團的來訪非常熱情，專門指派了著名的法學家穗積八束博士給考察團仔細講解了日本的君主立憲體系。

在日本考察期間，正好是中國的傳統佳節春節。在這年的大年初一，日本天皇特意派出御用馬車迎接載澤考察團入宮覲見和參觀。覲見天皇後，日本安排考察團

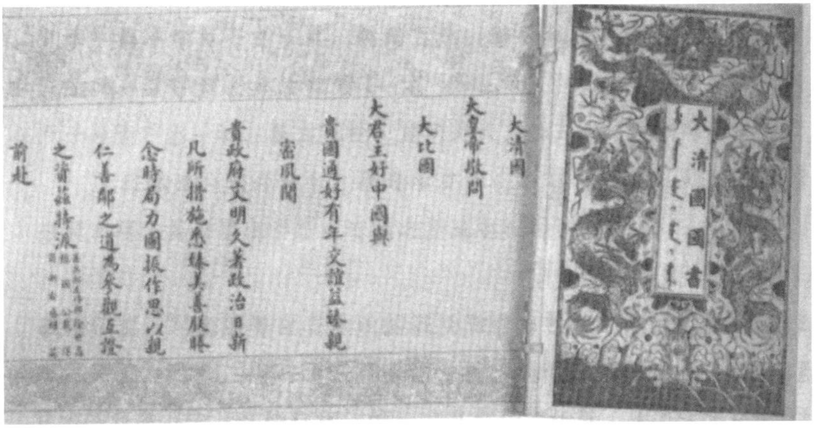
大清國國書

大清國
大皇帝敬問
大比國
大君主好中國與
貴國通好有年交誼益臻親
密風聞
貴政府文明久著政治日新
凡所措施悉臻美善朕睠
念時局力圖振作思以觀
仁善鄰之道為參觀互證
之資茲特派
前赴

五大臣出洋的國書。一九〇五年五大臣的出洋考察，揭開了近代中國憲政改革的序幕。

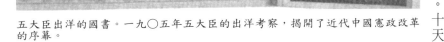

對日本前首相伊藤博文進行了一次訪談。伊藤博文對此非常重視，他在會見之前便派人向載澤團贈送了自己的兩部著作——《皇室典範譯解》和《憲法譯解》，以幫助載澤考察團更好地理解日本憲政。在講解完後，伊藤博文又對載澤團提出的問題進行一一講解。載澤對此做了詳細的記載。

當時載澤問：「我們實行立憲，以何國最為適宜？」

伊藤博文說：「各國的憲政，無外乎兩種，一種為君主立憲國，一種為民主立憲國。貴國數千年為君主國，主權在君，和本國的歷史頗為類似，參用我國的制度頗為適宜。」

載澤又問：「立憲後，對君主制度有無阻礙？」

伊藤博文說：「對我國而言，並無阻礙。日本憲法規定，天皇神聖不可侵犯，天皇為國家之元首，總攬大權，並不旁落於臣民。」

載澤聽後似有不解，便又問：「那君主立憲和君主專制有何區別？」

伊藤博文答道：「最主要的區別，在於專制國的君主不經過法律，隨意下詔，而君主立憲國的法律必須經過議會討論通過後，由君主裁定公布。法律一經公布，任何人等均需遵循。這是關鍵問題所在」。

載澤聽後，似乎有所頓悟。

隨後，載澤團的成員又結合中國和日本的實際情況，與伊藤博文進行了深入的探討。伊藤博文試圖向載澤團表達的大概意思，主要有這麼兩點：一是實行憲政，君權仍舊是國之權威，並不旁落，而增設議院等機構不過是輔佐君主；二是憲政的核心在法治，任何國民（包括天皇在內），都要受到已經公布的法律之約束，法律一旦頒發，天皇也必須遵守，而不是像以往的專制君主可以口含天意，任意妄為。

回頭看來，日本當時的立憲，其實也只是法治下的開明君主制，而並非是美國、法國的民主制，它和英國的君主立憲制也有著本質的區別（英國的君主立憲制其實是民主制，英國女王是虛君）。日本當時之所以沒有完全照抄西方模式，恐怕也是和東方國家長期的君主專制歷史有關。不過就當時而言，這也不失為一種值得嘗試的過渡形式，至少日本通過實行明治維新和憲政實現了本國的強大。

在載澤團在日本考察期間，先行出發的端戴團先後抵達了夏威夷與舊金山。從日本到美國距離大約四千五百英里，一路上都是茫茫大海，風浪險惡，較上海到日本的海面已經是大不一樣了。很多考察團的成員都是第一次真正看到大洋，沒多久便被海上的大風大浪折騰得上吐下瀉，苦不堪言。

幸好當時的隨員溫秉忠有海上航行的經驗（溫秉忠是二十多年前留學美國的幼童），他不斷安慰大家不要過於緊張，並跟大家說說笑笑，以緩解海上的枯燥氣氛。幾天之後，海面再次恢復了平靜，而考察團也逐漸適應了海上的航行。碰到晴朗的天氣，考察團的成員們還經常到船頭看日出，看隨船翱翔的海鷗，要是運氣好，還可以看到出來換氣的鯨魚和噴射出的高大水柱。浩浩大洋，波濤滾滾，果然不同於一般風景。不過，成員們有時候看著落日西沉，水天一色的時候，又不免有些思鄉之情。

端戴團乘坐的「達柯達」號遊輪可以乘坐千人以上，加之橫渡太平洋的時間很長，百無聊賴之下，外國遊客們在船上舉辦了很多豐富多彩的活動。每到晚上，船上都要舉行舞會，西洋男女們在音樂的伴奏下，成雙結對的翩翩起舞，以打發時光。上船沒幾天，正好是西曆的新年元旦，船上各國男女紛紛互致問候，慶祝新年。船長奧尼亞也向考察團贈送飲料和酒水，並為他們特意烤製了一個糕餅，以招待這群特殊的客人。

考察團到達舊金山的時候，美國總統派遣特使精琦前來迎接。精琦是耶魯大學的教授，也是考察團參贊施肇基（後任駐美國大使）的老師，他本人也曾在兩年前應清廷的邀請，到中國考察幣制改革。因為這層關係，美國總統便讓他來負責考察團在美國的整個行程安排。

當時的舊金山，儼然已是一個現代化的大城市，一棟棟摩天大樓拔地而起，直入雲霄，街道上也是車水馬龍，人流如織，好一派繁榮景象。當時考察團入住的酒店有十二層，電梯上下，讓考察團成員倍感新奇和興奮。可惜的是，舊金山在後一年（一九〇六年）發生大地震，當時的大部分建築都毀於一旦，所幸當時考察團已經前往歐洲。當他們得知地震消息後，也向當地政府發去慰問電報，清廷並為災區撥了一定數量的專款（後被美國政府婉拒）。

不過，舊金山和紐約比起來，又差了不少。考察團來到紐約後，當時下榻的賓館有二十八層之高，是當時世界上最高的建築。從賓館的高樓上俯覽紐約街景，考察團的成員們果然是大開眼界。當時的紐約，是一個冒險和夢想的樂園，是美國蓬勃發展的一個縮影。在這個人口眾多、日新月異的大都市，有許多考察團聞所未聞的新鮮事物，比如電車、紅綠燈、百貨公司、報亭，都讓他們嘖嘖稱讚，他們後來甚至還參觀了紐約證券交易所。

在日本天皇接見載澤團的那一天（一九〇六年一月二十四日，即中國的除夕），美國總統羅斯福接見了端戴考察團。一個半月後，載澤團來到美國，也得到羅斯福總統的接見。令考察團覺得不可思議的是，在他們參觀美國國父華盛頓的紀念館和故居時，發現裡面居然「設施簡陋，無異平民」。戴鴻慈在後來的日記中寫道：「蓋創造英雄，自以身為公僕，俾宮惡服不自暇逸，以有白宮之遺型，歷代總統咸則之。誠哉，不以天下奉一人。」

也許在這時，考察團成員才明白了皇帝和總統的區別——「惟以一身事天下，不以天下奉一人！」

端戴團在美國一個多月，先後訪問了十幾個城市包括芝加哥、費城、波士頓和西雅圖等。在這有限的時間裡，他們參觀訪問了美國很多知名的大學、工廠、圖書館和博物館等，並且都得到了美國方面的熱情接待。考察團前往芝加哥考察時，芝加哥市政府甚至特意派出一百多人前來迎接。就連羅斯福總統，他在接見完考察團後，還在百忙之中特意給光緒皇帝寫了一封信說：「我非常樂意接待這些先生們，我將精心安排他們去考察我國的一些地方和部門，以便讓他們順利完成考察任務。我將為您的考察團提供一個方便而有效的計畫。」

在結束美國之旅後，端戴團於一九〇六年二月二十三日抵達歐洲。按照原先的歐洲考察計畫，德國、俄國、奧匈帝國和義大利是重點考察國，英國、法國和比利時等國是順路考察，而北歐國家丹麥、瑞典、挪威和瑞士及荷蘭本無考察計畫，後來這幾個國家聽說考察團來，紛紛堅持邀請考察團前往訪問。

考察團在歐洲期間的趣事不少。當時的歐洲民眾極少有機會看到東方人，他們聽說考察團來，紛紛爭相歡迎，以至於萬人空巷，人山人海，考察團幾乎難以通行。有一次在德國，街上數以千計的人圍觀考察團，無奈之下，考察團的成員們只好避進一街邊店鋪，從後門脫身。不料那些洋人見中國人從後門出來，又紛紛聚攏，爭相一睹中國人的模樣，後來幾成圍追堵截之勢。沒辦法，考察團最後在員警的幫助下，才得以順利的脫身。

載澤考察團在英國期間，還一度被英國政府所誤會。原來，英國人因為經常和清廷打交道，他們以為考察團不過敷衍了事，所以多次派人詢問考察內容，以便於英國方面安排行程。為此，考察團特意擬定了在英國的詳細計畫，對英國進行多方考察，比如英國的上下議院、大英博物館等。

載澤團在考察英國憲政的時候，由法學家埃喜為他們講解英國憲法。埃喜先向考察團介紹了英國的政治體制，特別是君主許可權和三權鼎立之制。埃喜指出，君主是一國至尊，議會通過的法律，形式上都需要君主批准頒布，近兩百多年來，君主從未批駁過議會通過之法案，這在英國已經形成了憲法慣例，並有法律的約束力。另外，英國的國家行政權由內閣掌控，君主不得干預。至於法院之權力，自有法院之體例，獨立運行。

載澤後來總結說，英國實行的其實是虛君之制，與本國有不通之處（當時英國的君主立憲和日本的君主立憲有本質的區別）。在英國期間，載澤還特意向英國議院提起禁止鴉片一事，要求英國通過禁止向中國輸送鴉片的法案。除此之外，英國還安排考察團參觀了兩所著名的大學：劍橋大學和牛津大學。兩所大學還特別為載澤授予法學博士學位。

當時的法國則和英國有很大的區別，它是一個完全的民主共和國。法國是典型的大陸國家，它的歷史倒和中國有幾分相似之處。在巴黎期間，法國總統攜夫人及女兒還特意陪同考察團登上著名的艾菲爾鐵塔，俯覽巴黎這個魅力之都。

臨近法國的比利時，當時也是君主立憲國。當他們聽說中國考察團來歐洲後，十分重視，給予了高規格的禮遇進行接待。為此，比利時國王還特地派出專屬輪船前往迎接，考察團到達比利時港口後還鳴以二十一響禮炮。當時比利時國王已經是七十高齡，仍舊盛情接待了考察團一行，甚至還親自到使館回訪過一次。後來載澤頗受感動地說：「人之重我者，或非無因，在我要當亟圖自重之策；人之輕我者，何莫非忠告，我當益自警覺憤發，勿啟自侮之端。」當然，比利時國王之所以如此熱情，恐怕也是想多拿幾個中國鐵路建設專案（如之前的盧漢鐵路），政府為本國商業開道嘛！

在歐洲考察的時候，兩路考察團分開行動，各有側重。載澤團偏重憲政和政府職能，相對比較詳細，所考察的國家也多有專家講解。而端戴團則偏重教育、工業、文化等，考察的國家比較多，日程安排緊湊，大多是表面上的考察。

最令考察團感到驚訝的是，在各國的國宴上，不但有各國元首和各級官員，連企業主和商人等也可以共同出席。在宴會後，這些企業主和商人，甚至和本國高官乃至於元首，皆不分尊卑隨意交談，站在一起談論時事。這種事情，在大清簡直是不可想像的。還有，考察團在遊覽奧地利皇宮時，發現裡面「列樹遮罩，蔚然深綠，景色絕佳」。但令他們跌破眼鏡的是，園中「工人士女來游者甚眾」，滿是普通國民——皇家花園竟然是對外開放的！

考察團對歐洲大部分國家的考察都還比較順利，唯有俄國比較棘手。俄國和大清領土相接，幅員遼闊，本也是歷史悠久的君主專制之國。這幾年由於戰爭的緣故（剛被日本擊敗），政局很不穩定，頗有革命之象。正因為如此，俄國才先行一步，實行憲政。由此，考察團也想去俄國探個究竟，看其成效如何。不過，令人遺憾的是，俄國當時雖然已經宣布實行憲政，但似乎並沒有取得預想中的效果。

德國的考察頗為尷尬。眾所周知，德國公使克林德曾於庚子年在北京被打死，引發一場軒然大波。時隔近六年之後，考察團來到德國，心裡也頗為的忐忑，害怕德國人會記仇而對他們有意為難。但和他們想像中不同的是，由於德國一些大企業在中國有頗多的投資與合作，考察團不但未受冷落，反受到社會各方極為熱情的接待。當時德國皇帝、皇太子和高官們都親自宴請了考察團，並安排他們到各地考察，特別是一些知名企業如克虜伯公司、西門子公司和拜爾公司等，意在擴大這些大企業在中國的業務。

在歐美各國兜了一圈後，載澤團於一九〇六年五月十九日乘坐法國輪船先行打道回府。六月二十一日，端戴團也隨後踏上回程。經過近兩個月的海上顛簸後，一九〇六年七月十二日，載澤團回到上海；七月二十一日，端戴團也回到了上海。

載澤回國後，很快趕到北京覆命。在慈禧太后和光緒皇帝接見時，載澤力陳各國之所以富強，主要是因為各國均以憲法為國本，而中國做了這麼多年的洋務運動，卻沒有成效，原因就在於不得要領。由此，載澤提出清廷立憲最好以日本模式為效仿物件。

當年八月，考察團又向朝廷上了一道密摺，其中明確指出立憲有三個好處：一是君主神聖不可侵犯，君位萬世不易，相位旦夕可遷，君主不負行政責任；二是外患漸輕，立憲是國際潮流，立憲後外國將尊重我國；三是內亂可平息，實行立憲後，革命黨人也無話可說，即使想作亂也無人跟從。

據說，慈禧見此摺後大為動容，足足看了有三個時辰。

實事求是地說，此次五大臣出洋名為憲政考察，實際上則是政治法律、經濟產業、教育文化、軍事科技、社會福利、公共設施乃至禮教習俗等等，幾乎無所不包。但由於時間有限，加上要考察的國家和內容如此之多，難免會產生一種蜻蜓點水、走馬看花的感覺。

儘管有各種困難，但考察大臣們還是大有收穫的，譬如戴鴻慈和端方署名編著的《列國政要》，還有戴鴻慈留下的《出使九國日記》、載澤的《考察政治日記》等等。這些早已束之高閣、滿是灰塵的考察日記，在經過一百年的喧囂之後，仍舊具有相當的先進性。

考察團這次考察的首要目標是憲政，每到一國，必然要去議院參觀並考察其議會制度。由此，考察團對對各國憲政記載最詳，也引發了頗多值得借鑒的思考。比如當戴鴻慈等人看到美國的議員們在國會中為議案而爭得面紅耳赤，「恒以正事抗論，裂眥抵掌，相持未下，及議畢出門，則執手歡然，無纖芥之嫌。蓋由其於公私之界限甚明，故不此患也」。這種公私分明（公事和私人友誼）的議事方式，讓考察團的成員們十分驚奇，也大為嘆服。

考察團在英國時發現，「議員分為政府黨與非政府黨兩派。政府黨與政府同意，非政府黨則每事指駁，務使折中至當，而彼此不得爭執。誠所謂爭公理、不爭意氣者，亦法之可貴者也」。這裡說的政府黨，其實就是執政黨；而非政府黨，指的是在野黨（反對黨）。這種良性的政治互動關係看似吵鬧，其實更加穩定。

在義大利考察時，考察團甚至發現議會有權決定國王所任命大臣的去留，「義國任命大臣之權，操諸國王之手。而大臣之不職者，得由下議院控訴之，而由上議院以裁判之。歐洲諸國，政制相維，其法至善，胥此道也」。這種議會和君主的關係，對於長期生活在專制社會下的中國官員來說，無疑是個極大的震撼。

考察團在歐美各國不僅參觀了議院和政府機關，也參觀了大量的圖書館、博物館和美術館，也去戲院看過表演，並遊覽過一些公園和動物園。這些公共文化設施，是文明國家的象徵，卻大都是中國所沒有的，這難免讓考察團意識到，中國「數千年文明舊域，迄今乃不若人」。據《大公報》載，考察團從國外還買回了一批動物，包括一頭大象、二頭獅子、三隻老虎、二匹斑馬、二頭花豹、二頭野牛、四隻熊、一隻羚羊、四隻袋鼠、四隻鴕鳥、六隻仙鶴、八隻鹿、十四隻天鵝、三十八隻猴等，林林總總，裝了五十九個籠子。

不僅如此，考察團回國後，立即上奏朝廷說：「各國導民善法，擬請次第舉辦，曰圖書館，曰博物館，曰萬牲園，曰公園。」隨後，清廷責成學部承辦，命各省興辦圖書館、博物館、公園、動物園等。從外國帶回的那些動物，後來也被安放在北京新建的萬牲園中，算是中國最早的動物園。隨後，各省也積極籌建圖書館、公園等公共設施，而這些社會文化事業的進步，和五大臣出洋考察是不無關係的。

五大臣出洋考察是清朝末年難得的一個亮點，曾經給沉淪中的國人帶來了無限的希望和遐想。這次出洋考察，清廷事實上是承認了西方文明在政治制度上的優越性。一九〇六年九月一日，清廷正式宣布預備立憲，終於邁出了清廷乃至中國歷史轉型的第一步。應該說，這在當時清王朝的統治岌岌可危之時，是清廷改善自身形象，融入先進文明的一個重要舉措，一旦轉型成功，對於這個古老國家和民族的長遠發展，將帶來不可估量的作用。

可嘆的是，清末各種矛盾的糾葛和皇族親貴的倒行逆施，使得清廷這十年來新政和立憲的一切努力，最終付諸東流。這所有的一切，伴著憲政考察這曾經有的夢想，漸行漸遠，漸成輓歌。

守舊派勝

廢軍機處、行責任內閣制的失敗

日本在實施憲法前，曾經對官制進行了兩次大改革，而清廷實行預備立憲是刻意學習日本，因此在一九〇六年九月一日發布「仿行立憲」詔旨後，便開始著手改革官制。次日，清廷任命奕劻、孫家鼐和瞿鴻禨為總司核定大臣，榮慶、鐵良、袁世凱等人和出洋考察五大臣也被任命為官制編纂大臣。另外，一些地方大員如張之洞、岑春煊等人也隨同參議。

端方和戴鴻慈出洋考察回來，在《請改定全國官制以為立憲預備摺》中提出了八條改革官制的建議，後來官制改革的討論也主要是以其為藍本。端戴奏摺中的第一條也是最重要的一條，便是提出撤銷軍機處，設立責任內閣。他們的主張是，由總理大臣、左右副大臣以及各部尚書組成內閣，閣議決定政事之後奏請皇帝頒布諭旨。而上諭頒布時也需要總理大臣、左右副大臣和相關部尚書的副署。這個方案的來源，就是德國和日本實行的內閣制（二元立憲君主制的一個特徵）。

應該說，端戴提出的這個方案在當時是驚世駭俗的。眾所周知的是，中國傳統王朝的皇帝是天子，是上天的代表，神聖而不可侵犯；從理論上來說，皇帝的權力是不受限制的，他說的話具有最終的決定權，永遠是正確而不可違抗的。但問題是，國家這麼大，事情那麼多，皇帝畢竟也是肉身，他不可能事事躬身親為，要不然還不累死。因此，他需要助手，這就是宰輔。但在專制社會裡，最終的決定權是不可分割的，一旦皇帝精力不濟或者怠於朝政，往往會被大臣弄權，而作為皇帝主要助手的宰相更是近水樓臺先得月，因而宰輔重臣擅權甚至顛覆王權取而代之的案例在中國古代也不少見，特別是漢唐時期。

有鑒於此，明朝太祖朱元璋便廢除了宰相制度，而用內閣取而代之，目的就是要分散相權，這樣皇帝就可以避免權力被侵奪。但是，正如前面所說，皇帝也是人，他也有勤快的和懶惰的，他找了內閣的大學士們來幫他做事情，但終究是要有個負責的，這便是常說的內閣首輔，等於又變相恢復了相權，對皇帝又形成了限制。於是明朝中後期的皇帝就乾脆撇開內閣，找太監幫他們做事情，但這些太監多是無才好動之輩，導致綱紀紊亂也就可想而知了。

清朝取代明朝後，基本是繼承了明朝包括內閣的基本制度。但是到雍正皇帝的時候，因為要打仗，因而他又在南書房外的小屋子裡設立了軍機處，以便他處理一些緊急的軍國大事。最初雍正是為了防止軍事機密外泄，所以很多事不經內閣便直接由南書房軍機處發出。戰事結束後，雍正似乎沒有要撤銷軍機處的意思，朝廷的重要政令都在軍機處而不再是內閣。於是清朝的制度在明制的基礎上，增加了一個軍機處。

軍機處的設立，實際上是皇權的進一步專制化、獨裁化。從理論上來說，軍機處不能算政府機構，因為它沒有正式編制，不過是從內閣大臣裡挑選幾個能幹的，來軍機處幫皇帝辦事。而且，軍機大臣並不是政府的正式行政首長，而是皇帝臨時調用的。這就有點像明朝的中後期了，皇帝不出宮辦事，只在裡面找幾個信任的人來商量。不過，清朝的皇帝比較懂歷史，他們知道太監當權不但壞事，而且會招至亡國之禍，因而不找太監，只從外面調大臣。

不過，軍機處大臣不過是皇帝的御用祕書，正如錢穆在《中國歷代政治得失》裡說的，「太監也罷，軍機大臣也罷，反正都只算是皇帝的私人祕書，算不得朝廷的大臣」。

如此一來，皇帝那兒可就要忙死了，什麼事情他都想管，什麼事情他都要管。本來按中國傳統的政治慣例，皇帝的詔書都是由內閣擬好，皇帝看過後蓋印，再由內閣交到六部，但雍正不理會這套程序，他通過軍機處不斷地發出各種密旨，往往繞過主管的部門，直接發到主管的人那裡。這樣一來，內閣大學士反成了閑差，皇帝成了大忙人，結果雍正每天要工作到深夜，他再精力充沛，最後還是給累死了（筆者曾經在《向康熙學習》中提出雍正可能是「過勞死」的觀點，可供參考）。雍正死了不打緊，結果他的那幫子孫可就倒了大楣了，所

軍機處值班房。別小看了這個小小院落，這可是大清帝國政治運作的核心區域。

以清朝的皇帝大都勤政而獨裁，也是制度所逼。

正因為軍機處是皇帝親管，所以它的地位在清朝政治中非同小可，當時的內閣大學士如果不掛個軍機的話，說話一點分量都沒有（所謂「參謀不帶長，放屁都不響」）。但是，皇帝親管軍機處會帶來一個極大的弊端，這就是皇帝做錯了事情不用負責。有宰相的時候，宰相做錯了要負責；有內閣的時候，首輔做錯了也要負責。正因為有下臺甚至殺頭的風險，辦事的人才會有責任心。但是，宰相廢了，皇帝兼任了宰相的職責，設立了軍機處又把內閣架空了，這導致皇帝對所有的事情負責，但皇帝做錯了，他又可以不負責——誰膽敢去指責皇上甚至取而代之呢？所以說，唐宋諸代的詔敕要由宰相蓋章，是有道理的，因為這是制度的力量。

絮叨了這麼多，無非是想說明端方和戴鴻慈提出的責任內閣制很厲害，因為他要在制度上限制皇權。不僅如此，實行責任內閣制還要牽涉到各方政治勢力的切身利益，等於是一次權力的再分配，而權力的分配終歸是有利於規制的制定者，因此不能不遭到那些潛在利益受到侵害的政治力量的反對。改革中出現阻力，從來都是這個原因，而不是其他冠冕堂皇的理由。

和端戴方案中的責任內閣制緊密聯繫的另一個變革便是朝廷改設九部，雖然前兩年的新政在傳統的六部之外設立了外務部、商部、巡警部、學部和政務處、練兵處和財政處等中央直屬機構，而且新機構設立首長時實行滿漢不分、一尚書二侍郎的官制，但看來終歸是有點不倫不類。這次端戴方案提出在原來機構的基礎上加以裁撤歸併，改設九部，即內務部、財政部、外務部、軍部、法部、學務部、商部、交通部和殖務部，並在九部之外設立若干獨立的機構如會計檢察院、行政裁判院、集議院、宮內部、樞密院、典禮院、翰林院和都裁判廳。

這個變動大了，不知道多少原首長會因此而覺得寢食難安，要知道，很多人的職位可是花錢買的，你一紙方案，就要撬掉人家的飯碗？

這次風暴的中心便是設立在原恭王府朗潤園的編制館。初步方案的編制負責人是提調孫寶琦和楊士琦，外加曹汝霖、陸宗輿、錢能訓等委員，他們在端戴方案的基礎上，酌定了一個這樣的辦法，那就是實行責任內閣制，以內閣為首，設總理大臣一人，左右副大臣二人，各部尚書均為內閣成員，參加政事；設立十一部七院一府，即外務部、民政部、財政部、陸軍部、海軍部、法部、學部、農工商部、交通部、理藩部和吏部，外加資政院、典禮院、大理院、督察院、集賢院、審計院、行政裁判院和軍諮府。

這個初案的推出，和袁世凱有很大的關係。因為當時的兩個提調官孫寶琦和楊士琦，前一個是最先倡議立憲之人，後一個則是袁世凱的私黨，是袁世凱一手提拔起來的自己人。而袁世凱本人此時對官制改革也非常的熱心。但不意外的，方案一經公布，立即在官制編纂會議上遭到鐵良等大臣的強烈抵制。

這次官制編纂會議在朗潤園舉行，同樣由醇親王載灃和慶親王奕劻主持。在這次會議上，袁世凱顯得異常的活躍，他堅持以責任內閣取代軍機處，設立總理，「則君主端拱於上，可不勞而治」。

袁世凱的意見遭到鐵良等人的堅決反對，這些人甚至「不辨是非，出口謾罵」，毫無官長的風度。畢竟，這一次的方案實實在在地觸及了一些人的切身利益，他們當然不會做任何的退讓。更重要的是，這次載灃明確的站在了鐵良等人的一邊，這讓他們感到信心十足。

據說，載灃在會議上也被袁世凱的提議所激怒，平時不太吭聲的他甚至當著大臣們的面，有失體面的怒斥袁世凱：「你的意思是讓軍機大臣捲舖蓋回家嘍？你還不如直接說讓皇上靠邊站呢！這種無君無祖的話，也只有你袁世凱才能說得出來！」袁世凱在情急之下，竟然也公然頂撞說：「這是世界上所有立憲國制度的通例，非本人之意。」更誇張的是，據傳當時載灃一怒之下竟然掏出手槍要擊斃袁世凱云云。

掏手槍之事查無實證，但據袁世凱手下一個參加編纂工作的張姓幕僚當時回憶說：「自都察院以至各部，或上奏或駁議，指斥倡議立憲之人，甚至謂編纂各員謀為不軌。同事某君自京來澱（海澱），告余曰：『外間洶洶，恐釀大政變，至有身齎川資，預備屆時出險者，其嚴重可知。』」由此看來，上次的廷臣會議和這次的朗潤園官制編纂會議可真是把北京城攪得雞犬不寧。

有人說，袁身任直督，手握北洋軍，位高權重，唯恐慈禧死後光緒與他重修舊怨，因此極力主張成立責任內閣。因為按照當時情況，總理大臣一職很可能由奕劻擔任。奕與袁早就沆瀣一氣，袁不僅可以因此保全，而且可以得到更大的權勢。

在鐵良等親貴的眼中，編纂官制館的提調孫寶琦、楊士琦，為袁一手提拔起來的私黨。他們提出取消軍機處，設立責任內閣，等同是奕劻和袁世凱在搞什麼預備立憲和責任內閣，不過是想獲取內閣總理的重要職位，並借立憲來為自己挽回點賄名遠揚的官場名譽；而袁世凱主張責任內閣更是抱有私心，因為在責任內閣制度下，皇權要受制於內閣，萬一慈禧太后去世而光緒有了出頭之日，屆時也不能把出賣皇帝和維新派的袁世凱怎麼樣，實際上是為自己留有後路；而在瞿鴻禨等軍機大臣的眼中，奕劻和袁世凱等人廢除軍機處的目的不過是以此來排斥異己的卑鄙之舉。

朗潤園會議結束後，反對派立刻指使御史們行動起來，他們交章彈劾奕劻、袁世凱等人心懷不軌，如胡思敬就罵立憲是「竊外國之皮毛，紛更制度，惑亂天下人心」，而趙炳麟則更是提醒慈禧太后說：「我皇太后、皇上仁孝為懷，不忍以聖祖高宗經營完善之天下，一旦亂於十數乳臭小兒之手。」呈請慈禧太后否定責任內閣制的提議。

儘管如此，奕劻等人還是堅持了初步方案，只作了一些無關緊要的修改，如將財政部改為度支部，交通部改為郵傳部，將典禮院恢復為禮部，刪除了督察院，但將核心的責任內閣制加以保留。十一月二日，奕劻將核定的方案上報，具體方案是：實行責任內閣制，設立內閣總理大臣一人，左右副大臣二人，以各部長官為內閣政務大臣；中央設十一部，即外務部、吏部、民政部、度支部、禮部、學部、法部、農工商部、郵傳部、陸軍部和理藩部，外加五院一府，即集賢院、資政院、大理院、審計院、行政裁判院和軍諮府。

為了讓慈禧太后更好地理解這份方案，奕劻還特意附上一份說明：根據立憲國的通例，中央政府即以各部行政長官會合而成。分之則為各部，合之則為內閣；出則各部長官，入則內閣政務大臣。此現擬內閣官制之由來也。內閣既總集群卿協商要政，而萬幾所出一秉聖裁，不可無承宣之人為之樞紐，故設總理大臣一人以資表率。如果擔心內閣總理大臣權力太大，則有集賢院以備諮詢，有資政院以持公論，有督察院以任彈劾，有審計院以查濫費，有行政裁判院以待控訴。凡此五院，直隸朝廷，不為內閣所節制，而轉足以監內閣，皆所以鞏固大權，預防流弊。

上奏的當天，袁世凱還興沖沖地跑去請訓，「以備召詢」，但他等上了半天也沒有任何反應，只得怏怏地離開北京，回到天津督署。與袁世凱的消極等待不同的是，反對派的行動更為的積極，也更為隱密。御史趙炳麟開始就懷疑袁世凱的動機是為了給自己預留後步，而方案確定上報後，他立刻指責奕劻等人的方案是「將君主大權潛移內閣，暗移神器」，實行新的官制必然「大臣陵君，郡縣專橫」，其結果是「大臣專制」取代「君主專制」。

而軍機大臣瞿鴻禨則更為的狡詭，他在討論時不動聲色，卻暗中去見慈禧太后並乘機放了一把野火，說：「根據這個官制，老佛爺從此就不必為軍國大事而過度操心了。」他見慈禧太后不太明白，便解釋說：「內閣制與軍機處的性質不同，軍機處所討論的問題，事前必須請旨定奪，內閣則由會議決定後上奏。」在趙炳麟和瞿鴻禨的慫恿下，慈禧聽後若有所悟，這大概就是袁世凱當天去請訓而未被理睬的原因了。

經過深思熟慮後，清廷於一九〇六年十一月六日正式發布新官制上諭。新的官制沒有採用責任內閣制，而是繼續保留了舊的內閣和軍機處，各部院的設置則基本採用了奕劻提出的方案。各部院設置和長官如下：外務部，總理大臣為奕劻，會辦大臣那桐，瞿鴻禨為會辦大臣兼尚書；吏部，尚書鹿傳霖；民政部，尚書徐世昌；度支部，尚書溥頲；禮部，尚書溥良；學部，尚書榮慶；陸軍部，尚書鐵良；法部，尚書戴鴻慈；農工商部，尚書戴振；郵傳部，尚書張百熙；理藩部，尚書壽耆；都察院，督御史陸寶忠；大理院，正卿沈家本。

這一次，慈禧再一次支持了守舊派，奕劻和袁世凱的如意算盤都落空了，特別是袁世凱，他最希望的陸軍部居然落到了對手的囊中，心裡別提多難受了。

從各部長官的人選上來看，雖然清廷標榜不分滿漢，但在十三個部院的長官中，滿人七名，漢人七名，蒙古族一名，在人數上看似平分秋色，但仔細看的話就會發現，滿人占據的大都是重要部門。由此也可以看出，滿族親貴專制化的趨向不但沒有扭轉，反有愈演愈烈之勢，這開了一個極為惡劣的先例，而後來慈禧太后死後，攝政王載灃後來組織的「皇族內閣」更是把這種情況推到極致，這是後話。

對於這次官制改革，當時的《東方雜誌》引用一個日本人的評論說：「此次中國改革官制，其表面上不分滿漢，與各部長官不兼任他職外，無改良之可觀。要之歸於改革派之失敗，守舊派之勝利，可謂之龍頭蛇尾之改革也。」

在庚子年後，滿清貴族中的一批守舊仇洋派遭遇重創，但在清末的最後幾年中，又一批親貴重新崛起，他們在失去權力的恐慌中加劇反動，其私心的危害不僅葬送了清末新政和立憲，也終將葬送了自己的身家命運。

歷史從來就不是完美的。若非局中人，豈知局中意？

內鬨升級

利益損害下的「丁位政潮」之鬥

中國政治變幻不定，但永遠不變的是派系的鬥爭。在清末新政中，官制改革的硝煙雖然散去，但奕劻、袁世凱與瞿鴻禨等人矛盾已經完全明朗化，雙方已是勢不兩立，都想除對方而後快。

客觀的說，瞿鴻禨並非是什麼卑鄙小人。他出身於耕讀世家，多年的傳統道德文化教育，培育了他憂國恤民的清廉品格和「為天地立身、為生民請命」的士人風骨。瞿鴻禨曾經為官多年，後來回籍守喪數年後，居然沒有盤纏還朝復官，最後只能將自家的老宅出賣換取路費。這在「三年清知府，十萬雪花銀」的晚清，無疑是可與包拯相媲美的清官榜樣和道德楷模。和人來人往、紅包不斷的慶王府相比，瞿鴻禨雖然門生故舊滿天下，但其家門卻「屏絕警衛，門無雜賓，蕭然斗室，一如書生」，他身為僅次於奕劻的軍機重臣，位極人品，也只有「一輿二僕」，為世人所尊敬。

袁世凱是個頭腦靈活的人，他深知在朝廷辦事沒有紅包的潤滑是萬萬不行的，於是他在賄買了首席軍機奕劻之後，也試圖用同樣手段拉攏瞿鴻禨。開始的時候，袁世凱派人給瞿鴻禨送上「當修門生之敬」的禮節性紅包，被拒後又送去「請為昆弟交」的結交性禮金，但再次被拒。兩次被拒後，袁世凱有些不明白了：「這瞿鴻禨腦子是不是有病啊，他又不富裕，何以對官員間常見的金錢來往如此冷漠呢？」後來瞿鴻禨的次子成婚，袁世凱特意讓人以「北洋公所」的名義送上一份八百兩銀子的厚禮，居然第三次被瞿鴻禨很禮貌的回絕了。袁世凱混跡官場多年，還是第一次碰到這種「不識時務」的人。他覺得這人要不是腦子有病，要不就是對金錢已經完全免疫。既然瞿鴻禨是一個不可拉攏的人，在奕劻和袁世凱的官場邏輯中，這就是一塊必須搬走的又硬又臭的大石頭。

瞿鴻禨和奕劻、袁世凱等人顯然不是同道中人。當時，奕劻是首席軍機大臣，袁世凱是直隸總督兼北洋大臣，又掌管北洋新軍，兩人勾結在一起當然是權傾朝野。再來看看清高的瞿鴻禨這邊，就顯得有點勢單力薄了。瞿鴻禨雖然科舉仕途都很順利，但真正得到慈禧太后寵信的則是在庚子之難後，他在西安為慈禧代擬詔旨，由此成為軍機重臣。這時，他想起了一個人，那就是同樣在庚子之難中護駕有功的岑春煊。

岑春煊和瞿鴻禨的經歷不

亂世之奸雄，袁世凱可謂是名副其實。

同，他出身高幹家庭，其父岑毓英曾任雲貴總督。岑春煊年少的時候放蕩不羈，曾與瑞澄、勞子喬並稱為「京城三少」。

岑春煊中舉人後出仕做官，後來在甘肅按察使任上，恰逢八國聯軍侵入北京而慈禧與光緒出逃的時候，岑春煊首先率部勤王，由此獲得慈禧的好感並重用，並歷任四川總督、兩廣總督。在官制改革的時候，岑春煊在兩廣總督任上。

岑春煊出身豪門，氣度當然不凡。但和其他貴公子不一樣的是，岑春煊為人有膽有識，做事很有魄力，當時地方總督裡即有「北袁南岑」之稱。和瞿鴻禨一樣，岑春煊對錢財這些身外之物毫無貪戀之心。他在兩廣總督的任上，廣州的米商們給新任總督送上例行的「公禮」，在稟貼中夾帶了一張四十萬的銀票。岑春煊收到後，嚴加拒絕。米商們非常驚恐，以為岑春煊將要對他們不利。但令他們想不到的是，沒有收禮的岑春煊較那些盡情收受錢財的官員們更加的愛護商民，以至於岑春煊離任時，那些商民都含淚相送，連稱：「知不收禮而肯為民任事者尚有人也。」

但是，岑春煊對手下那些官吏就不一樣了。他在任期間，不懼權貴，嚴肅吏制，曾一舉彈劾四十餘名官員，尤其是逼令荷蘭引渡裴景福和查辦廣州海關書辦及駐比利時公使周榮曜兩案尤其引人注目。由此，當時人送岑春煊綽號「官屠」，與「士屠」張之洞、「人屠」袁世凱並稱「清末三屠」。毫無疑問，岑春煊在彈劾並處罰了一大批買官而來的官員後，也因此開罪了這些官員的後臺——「慶記」權錢交易所的老闆慶親王奕劻，自然也就被奕劻等人視為異己了。

正因為類似的經歷和志趣，瞿鴻禨在與奕劻等人進行黨爭的時候，立刻想到了要引岑春煊以作奥援。本來，岑春煊當時調任雲貴總督，而且「毋須來京請訓」（據說是奕劻做的手腳），他開始在上海稱病不行，隨後在瞿鴻禨的祕密操作下，岑春煊假裝從上海出發，前往漢口。走到半路，岑春煊突然來了個大轉折，乘火車「迎摺北上，堅請入對」。這個舉動，裡面的玄機大了。

岑春煊顯然是不願意去雲貴那種窮地方做什麼總督的，因為這將使他遠離權力中心（這正是奕劻的用心所在）。對於岑春煊的遭遇和想法，瞿鴻禨當然是心知肚明，在他的策劃和幫助下，岑春煊決意要見慈禧太后一面，以求事情能有轉機。

岑春煊的突然到來，使得當時本就緊張的樞庭氣氛更加地具有爆炸性，大家都在揣測對方的下一步棋將會如何發展。不出所料，在瞿鴻禨的幫助下，慈禧太后很快召見了岑春煊。老太后和岑春煊相見，談起當年蒙難之時，未免唏噓了一陣。慈禧太后想起當年岑春煊親自跨刀立於在破廟門口整夜看護自己的往事，也頗為動情。她指著光緒說：「我常和皇帝講，庚子年要是沒有你岑春煊，我們母子哪來的今日啊？」於是岑春煊乘機向太后表明自己的「不勝犬馬戀主之情」，請求開去雲貴總督之任而留在都中效力的意思。慈禧太后聽後，當即就表示：「你的事情我知道了，我總不會虧負於你！」

很快，岑春煊從雲貴總督任上開缺而獲任郵傳部尚書，這也象徵著瞿岑聯盟的建立。岑春煊還沒有上任，就來了個大動作，把矛頭直指其第一下屬，郵傳部侍郎朱寶奎。朱寶奎是奕劻的私黨，平時聲名狼藉，靠用錢打點關係才獲得這個副部級的位子，沒想屁股還沒坐穩，從未見面的上司便要將他罷官。在慈禧太后接見的時候，岑春煊向太后力言朱寶奎的惡行劣跡，「不能與此輩共事」，並說若不將此人革職就不到部裡去就職。慈禧太后勸慰無效，只好賣一個面子給他，將朱寶奎革職。一個未到任的長官將自己的副職革職，這種事情在中國官場歷史上實屬罕見。

首戰告捷，瞿鴻禨等人便再度發起攻勢。在朱寶奎去職不到三天，御史趙啟霖便上奏彈劾奕劻父子受賄賣官的劣行，要求將他們查辦。趙御史揭發的這個事情，其實在前不久的一家報紙就已經披露了。其實把這兩個事情湊到一起看，就很容易看出其中的來龍去脈——趙啟霖是瞿鴻禨的同鄉，而那家名叫《京報》的主筆汪康年則是瞿鴻禨的門生。很明顯，瞿岑聯盟又出招了。

蒼蠅不叮無縫的蛋。那趙御史和汪康年揭發的是什麼事情呢？這事說來話長。在一九〇七年四月，朝廷任命了東三省的督撫，其中徐世昌為總督，唐紹儀、朱家寶和段芝貴分別為巡撫，這等於是奕劻、袁世凱集團把東三省劃到了自己的勢力範圍之下。對此，瞿鴻禨當然不服。

其他人都沒什麼大問題，主要是段芝貴的把柄被人抓了。原來，這個段芝貴乃北洋武備學堂出身，此人善於逢迎，因而在袁世凱編練北洋新軍的時候頗受重視，據說還曾拜袁世凱為義父，顯然是袁世凱之私黨。有一次奕劻的公子，也就是後來農工商部的尚書載振前來天津，袁世凱命段芝貴好生接待。

段芝貴心領神會，他在設宴給載振接風的時候，將當時的名伶楊翠喜請來助興。這翠喜姑娘色藝俱佳，載振看得是目瞪口呆，神魂顛倒。段芝貴也不是傻子，事後便一擲千金的將翠喜買下，並給了她一筆價值不菲的妝奩費，把她打扮得漂漂亮亮送給載振。載振這下高興得是合不攏嘴，於是回去後便在老爸奕劻面前大力誇獎段芝貴，這樣段芝貴便連升三級，由候補道搖身一變，成了署理黑龍江巡撫。

這件事情被捅出來後，奕劻、袁世凱集團很是難堪，最後朝廷只得下令徹查此事，最後段芝貴雞飛蛋打，屁股沒坐熱巡撫位子便被撵了下來。至於載振，在這風頭上也不敢明納翠喜，只得眼睜睜地看著到手的美人離己而去，最後嫁給了某個鹽商。所幸的是，朝廷最後還是網開一面，以「事出有因，查無實據」將載振之事了結。不過，「事出有因」的結果是趙啟霖被免職，原因是輕聽輕信；而「查無實據」的結果便是載振被弄得灰頭土臉，最後也只好辭職了事。至於段芝貴，這位行賄者因為還有其他問題，最後是被查處革職，永不敘用（清王朝垮臺後，袁世凱時期另當別論）。

在這個典型的性賄賂案中，奕劻、袁世凱集團損失遠大於瞿岑聯盟。面對瞿岑聯盟的步步緊逼，奕劻、袁世凱決定要反擊了。不過，相對於瞿岑「激於義憤」式的書生手段，奕劻的反擊可就老道多了。

他首先指使楊士琦在軍機處檔案裡精心查找，將當年瞿鴻禨保舉康有為、梁啟超的三份奏摺和岑春煊保舉立憲黨人張謇（翁同龢的門生）的奏摺翻出。隨後奕劻帶著這些證據去見慈禧太后（中國的事情，很關鍵的就是政治立場問題，只要這裡不出問題，貪汙賄賂多少都不算大問題）。奕劻在慈禧太后面前的一番搬弄，雖然沒有將瞿鴻禨和岑春煊立刻扳倒，但足以讓慈禧太后感到警覺了。這就夠了，後招還在後面。

恰好這時廣西革命黨人頻頻起義，加之還有民變，於是袁世凱便在慈禧太后前大誇了岑春煊一番，然後推薦岑春煊任兩廣總督，前去擺平那些事。慈禧太后說岑春煊不願去外地任職，似乎有所猶豫。這時，袁世凱說了一句話：「君命猶天命，臣子寧敢自擇地。春煊渥蒙寵遇，尤不當如此。」

於是岑春煊在京城剛待一個月，便要被打發到廣州去了。這次，岑春煊又故技重演，他到了上海後便稱病不行，想在上海靜觀事態能否好轉。但令他萬萬沒有想到的是，他到上海不久，便傳來瞿鴻禨被趕出軍機處的消息。這又是怎麼回事呢？

原來，在岑春煊被逐出北京後，瞿鴻禨去見慈禧太后的時候將奕劻貪黷無厭的劣跡加以稟報，慈禧太后聽後也微露罷免之意。但不知何故，奕劻要被罷免的傳聞竟然於次日登載到英國的《泰晤士報》和都中的《京報》，一時間眾人交相議論。恰好這時英國駐華公使的夫人參加慈禧太后遊園招待會，便問起此事，慈禧太后大驚，急忙矢口否認。

事後，慈禧太后十分生氣，便懷疑是瞿鴻禨口風不緊，洩漏於外人。而奕劻得知此事後，立刻買通翰林院侍讀學士惲毓鼎寫了一份彈劾奏摺，裡面列舉了瞿鴻禨的「暗通報館、授意言官、陰結外援、分布黨羽」的罪名，這一下可謂是打得又準又狠，瞿鴻禨很快便被罷免，開缺回籍。

岑春煊聽到這個消息後，仰天長嘆，但又無可奈何，只得打點行裝，前往廣州就任。但還沒等他動身，朝廷一紙詔令飄來，岑春煊打開一看，頓時傻了眼，只見詔令上寫著：「岑春煊前因患病奏請開缺，迭經賞假。現假期已滿，尚未奏報啟程，自系該督病未痊癒。兩廣地方緊要，員缺未便久懸。著岑春煊開缺調理，以示體恤。」殺人不見血。岑春煊這下頭腦都沒摸著，就被趕出了清末政壇。

這事當然是奕劻、袁世凱在背後搞的鬼。據野史《一士譚薈》說，這事是袁世凱委託他的兒女親家、當時的兩江總督端方給陷害的。端方是個新潮人物，他非常酷愛照相機，工作之餘經常琢磨攝影技術。後來他在袁世凱的指使下，利用自己的攝影和沖洗技術，將岑春煊與梁啟超的相片合在一起，形成了岑梁兩人的並肩親密交談照。袁世凱接到相片後，十分欣喜，便將照片呈遞給慈禧太后過目。

據說，慈禧太后看到相片後默然不語，十分的傷感，最後說：「春煊竟然也和亂黨勾結，這天下的事情真是不可預料啊！雖然，彼負於我，我不負他！准他退休罷。」（另有一說是上海道蔡乃煌偽造岑春煊與康有為合照的）

短短幾個月時間，瞿鴻禨、岑春煊及相關的數人（包括軍機大臣林紹年，當時是瞿鴻禨一派，曾參與彈劾段芝貴，後被擠出京城）相繼垮臺，奕劻、袁世凱等人大獲全勝，這就是清末的「丁未政潮」。

中國的事情，說起來也的確是古怪而複雜，很多事情看起來在意料之外，卻又在情理當中；有時候一個好人，但未必對社會進步有幫助，而一個聲名狼藉的人，無意中卻促成了制度的變革，雖然他當時的想法未必是出於公心。譬如說奕劻，他是貪官而且中庸無能，但他在袁世凱鼓動下，當然也包含了他的利益，卻也做了中國政治結構轉型的努力；而榮慶、瞿鴻禨等人，你不能說他們不清廉剛正，不是個好官，但好官卻未必能促進社會的進步。即使是袁世凱，你也無法說他當時真是出於私心。而且，在很多時候，袁世凱想要辦成點事情的話，又不得不玩弄些手段，或者必須用錢鋪路或者籠絡私人，因為不這樣，很多事情在當時根本就做不成。這真是個離奇的悖論。

事後，慈禧太后也意識到奕劻、袁世凱等人可能會獨攬朝政，於是在罷免瞿鴻禨的第三天，便派醇親王載灃到軍機處學習入值，形成軍機處「兩親王」的格局，以便牽制奕劻。另外，為了防止袁世凱勢力尾大不掉，便以明升暗降的辦法解除了袁世凱直隸總督的職位，將他內調為軍機大臣。由於擔心載灃年紀太輕，而奕劻和袁世凱相互勾結，慈禧太后隨後又將湖廣總督張之洞調為軍機大臣，打算用他去牽制袁世凱。

飽經世故的張之洞對「丁未政潮」當然是洞若觀火，對慈禧太后的用意也是心知肚明。但是，張之洞畢竟是個斯文人，年紀也大了點，一入京城就發現這裡水很深，奕劻和袁世凱在京城經營多年，早已形成了自己的利益圈。張之洞一進京城，便很快被奕劻、袁世凱集團束住了手腳。

據當時人評價說，「岑春煊不學無術，袁世凱不學有術，張之洞有學無術」，張之洞聽後，苦笑著對人說：「袁世凱不僅是有術，而且是多術。我呢，不但無術，而且還不能說自己有學，不過比他們兩個多認識幾個字罷了。」張之洞的自嘲，倒也不失實事求是。他讀了一輩子的書，做了半輩子的官，終究被李鴻章一語點中，「香濤（張之洞的字）為官多年，猶書生耳。」

說起這個「術」，多數人認為它是貶義詞，但也不是絕對，也得看具體時間和具體事件。就拿「丁未政潮」來說，雙方之「術」可謂是花樣百出、層出不窮，但誰更卑鄙或者誰的做法對社會進步更有作用呢？至少，從結果上來看，在瞿岑聯盟被擊敗後，憲政得到了進一步的推行。

最可嘆的是，岑春煊其實並不保守，他在一九〇四年就曾上書請求立憲，一九〇五年也曾隨同袁世凱、張之洞等人上疏請求廢止科舉，不料最後在黨爭中落得如此下場，最後在上海做了很長時間的「寓公」。不過有一點沒有變，那就是反袁成為岑春煊最堅定的信念，他後來還積極參加了反對袁世凱的「二次革命」和護國戰爭呢。

個人的政治命運，在歷史中的確是顯得可笑而無奈。所謂「命運」，一則天命不可違，二則要看運道，兩者有時候還真是不可或缺呢。

撒手人寰

光緒皇帝與慈禧太后的逝世陰謀論

光緒三十四年（一九〇八年）七月的一個傍晚，天色漸暗，有個名叫趙士敬的士人和一群朋友吃完了飯，大家正坐在一起談天說地的時候，突然窗外大亮，同時空中還伴有隆隆霍霍的響聲，似雷非雷，似鳥飛鳥。這時，院子外面的僕人大叫：「呀，這麼大的一個流星啊！」趙士敬等人聽後，都急忙出屋觀看，只見天上真有一顆大流星從西北掠過，聲音如雷，尾長數十丈，極為耀眼，且速度很慢。伴著爆裂的聲響，這顆大流星飛向東南方向隕落。由於持續時間長，當時看見這顆大流星的人很多，大家在一起議論紛紛，有人說這是紫微星隕落，恐怕這年要出大事了。

以上記載來自於清人野史《十葉野聞》中記載。果不其然，這年十月二十一日（一九〇八年十一月十四日）的傍晚，年僅三十八歲的光緒在中南海瀛台涵元殿黯然離開人世。那天早晨，御醫周景燾曾入內看脈，據他說，當時看見光緒：「仰臥在床上，瞪目指口，大概是想吃東西，而那時身邊一個太監都沒有。就連寢宮裡的器皿，也都被太監們盜竊殆盡，只剩下一個玉鼎。」頗為淒慘的是，光緒臨終前，沒有一名親屬及大臣在身旁，等到被人發現的時候，早已死去多時了。

而根據《清光緒帝外傳》中說，十月初十是慈禧太后的生日，身體虛弱的光緒前去給慈禧太后賀壽。進門前，有值班的太監窺見光緒正扶著近侍的肩膀，在做疏鬆筋骨的動作，大概他擔心給慈禧太后跪拜的時候爬不起來了。但正要進去的時候，太監傳來慈禧的懿旨說：「皇帝臥病在床，免率百官行禮，取消賀拜儀式。」

原來，慈禧太后當時也快不行了，她當時患有痢疾，拉肚子已經有一、兩個月。慈禧太后畢竟年事已高，經過這麼一番折騰，也已是日薄西山，奄奄一息。聽到這個消息後，光緒便返回自己寢宮，心情似乎還不錯。於是便有太監跑去密告慈禧太后說：「皇上聽說太后病重，臉有喜色。」

慈禧太后聽後勃然大怒：「我不能死在你前頭！」隨後的幾天，慈禧太后和光緒的病情都無任何好轉的跡象，太監和宮女們個個臉色陰沉，整個皇宮一片悚然。七月十八日，慶親王奕劻奉慈禧太后之命，前往普陀峪的陵區視察壽宮，也不知道當時是慈禧估計自己不行了，還是覺得光緒不行了，或者覺得兩個人都不行了。

七月十九日，皇宮禁門開始增加衛兵，凡是出入宮的人都要檢查，當時皆傳慈禧太后和光緒都隨時可能掛掉，宮中氣氛非常緊張。二十一日，隆裕皇后去寢宮看光緒的時候，光緒早已死去多時，當時竟然無人知道。隆裕皇后心裡害怕，大哭而出，奔到慈禧太后那裡告知光緒已死。慈禧太后聽後，也只是長嘆一聲——這次她又比光緒稍勝一籌。

隨後，光緒的遺體被早已準備好的吉祥轎抬到乾清宮。由於光緒死前沒人在身邊，當時也沒有換壽衣，正當隆裕皇后指揮那些太監七手八腳地安頓光緒遺體時，一位太監急匆匆地趕過來說：「慈禧太后也已經不行了。」隆裕皇后慌得不行，又丟下光緒的遺體，帶著太監們急急忙忙往慈禧太后那裡趕。當時太監李蓮英看見光緒的遺體放在殿中無人看管，心有不忍，便對身邊的小太監說：「我們先把皇上弄弄好吧？」最後，在李蓮英的指揮下，光緒的遺體這才被草草料理好放進梓宮。

就在隆裕皇后為光緒遺體穿衣的時候，慈禧太后也撒手人寰，死在了中南海儀鸞殿內，終年七十四歲。慈禧的死亡時間是在光緒死去後第二天的下午，兩者相差不到一天。

《清光緒帝外傳》是清宮野史，不可盡信，但也透露了部分的真相。戊戌政變之後，這兩個大清帝國的權力象徵者和實際掌握者一直是矛盾重重。光緒和慈禧太后姨甥血親，但是在政治上，他們又是競爭對手。在這場皇宮的權力鬥爭中，光緒從小就一直處於劣勢，在最後的十年中更是鬱鬱寡歡，飽受打擊。到最後，兩人的競爭變成了身體和生命存續的競爭，體弱多病的光緒和年邁衰敗的慈禧展開了一場時間上的持久戰。

一九〇八年，兩人都已經意識到自己不行了，但卻盼著對方先死。十月十六日在西苑勤政殿，是慈禧太后和光緒最後一次召見大臣，據那天被召見的新任直隸提學使傅增湘說：「太后神態疲憊，據說幾個月的痢疾腹瀉不止。而皇上臉色晦暗，說話聲音無力，靠座位中間墊了幾個靠枕，才勉強支持。」看來，兩人在這個馬拉松式的爭奪中都已經是筋疲力盡，隨時都有可能會倒下其中的一個。

很可惜，先倒下的卻是光緒。光緒終其一生活在慈禧太后的陰影下，而死亡之日又恰在慈禧咽氣的前一天。對此，朝野人士議論紛紛，猜測裡面可能的隱情，而這或許又是一個千古難解的宮闈疑案了。當時被懷疑的對象，不僅僅包括慈禧，還有袁世凱、李蓮英等都有可能。但是，這件事情查無對證，又曠隔多年，到底是怎麼回事，也很難說清楚。

據清宮太監的回憶錄《清宮瑣談》中說：「光緒在彌留之際，當時在瀛台侍疾者共六名，其中兩人餓死，剩下幾人食不果腹，『因餓失血者又凡三人』。光緒在死前曾在床上召喚醫生周某，周某見光緒兩眼瞪大，四次用手指口，知道光緒是餓急了，但環顧周圍，實在是沒有吃的。後來，光緒帝便漸漸無聲息了。」

啟功也曾談及其曾祖溥良的一件往事：「當光緒帝和慈禧太后傳出『快不行了』的消息後，時任禮部尚書的溥良和其他相當級別的官員也都晝夜守候在慈禧太后的寢宮之外，以防不測。大臣們都惶惶不可終日，就等著屋裡一哭，外邊就舉哀發喪。」

「當時由於慈禧太后得的是痢疾，從病危到彌留之際的時間拉得比較長，守候的大臣們時間長了，都有些體力不支，便也顧不得大臣的禮儀，或坐臺階上，或依靠在廊柱邊，大家一副疲困不堪的狼狽相。就在宣布慈禧太后『駕崩』前，溥良見一太監端著一個蓋碗從寢宮中出來，他便上前問這太監端的是什麼，太監說：『這是老佛爺賞給萬歲爺的塌喇（滿語「優酪乳」的意思）。』送後不久，就由隆裕皇后的太監小德張向太醫院正堂宣布光緒帝駕崩了。而這邊屋裡的那位還挨了一段時間才算完，也不知道裡面是真死了，還是密不發喪，非要等到宣布光緒死後才發喪。」

曾在宮中擔任女官的德齡女士在《清宮二年記》、《瀛台泣血記》等書中，說是李蓮英下毒害死了光緒。鑒於德齡走的是暢銷書的模式，其作品往往拿清宮祕事嘩眾取寵，似不可信。況且，光緒從小就受李蓮英看護，一直叫他「諳達」（師傅），並曾誇他「忠心事主」。光緒被囚瀛台後，其他太監懾於慈禧太后的淫威，不敢對光緒多有接近，唯有李蓮英多方照顧，還經常到瀛台與光緒帝拆裝鐘錶消遣。

再有一事可以佐證，八國聯軍撤出北京後，慈禧一行人在回京途中，曾在保定駐蹕。李蓮英侍候慈禧太后睡下後，隨後去光緒住處探望，只見光緒在燈前孤坐，無一太監值班。當時正是值隆冬季節，天寒地凍，光緒竟因沒有鋪蓋而無法入睡。李蓮英見後抱著光緒的腿痛哭道：「奴才們罪該萬死！」然後趕緊把自己的被褥抱過來給光緒。光緒後來回憶西逃的苦楚時也曾說：「若無李諳達，我活不到今天。」由此看來，說李蓮英害死光緒似不可信。

溥儀在《我的前半生》一書中則談到，袁世凱在戊戌變法時辜負了光緒的信任，在關鍵時刻出賣了皇上。袁世凱擔心一旦慈禧死去，光緒帝絕不會輕饒了他，所以就藉著進藥的機會，暗中下毒，將光緒帝毒死。但是，以袁世凱當時的身分，他很難有直接接觸光緒皇帝的機會，因此這種說法也可信度不高。

《花隨人聖庵摭憶》裡也為光緒喊冤。說光緒並非善終，但其懷疑的對象卻指向了隆裕皇后和其寵信的太監小德張，而幕後的指使人可能暗指慈禧太后。隆裕皇后是慈禧的侄女，她和光緒的婚姻簡直就是一場災難。作為當時後宮中的主要人物，隆裕皇后要耍點陰謀手段當然不是沒有可能，但要說隆裕皇后能像她的那個姑媽那樣心狠手辣，也不可信。

最大的可能，光緒還應該是自己病死的。光緒的最後幾年身患重病，鬱鬱寡歡，雖然有名醫陳蓮舫和施愚等人診治，但當時已是病入膏肓，這些名醫也大都束手無策。

事實上，光緒本人對自己病情的惡化也極度焦慮，對那些御醫們感到十分的失望。一九〇八年五月二十六日，光緒見自己的病「屢易方藥，仍屬加重」，便斥責御醫們說：「病勢遷延，服藥總覺無效，且一症未平，一症又起。」七月十七日，又說：「服藥非但無功，而且轉增，實系藥與病兩不相合，所以誤事！」八月七日，光緒更是大罵御醫說：「每次看脈，忽忽頃刻之間，豈能將病詳細推敲？不過敷衍了事而已。素號名醫，何能如此草率！」光緒的焦躁和絕望，可見一斑。

據《死虎餘腥錄》中記載，一九〇八年九月初的一天早上，慈禧太后與光緒在乾清宮臨朝，召見了慶親王奕劻、袁世凱等六位親政大臣。光緒當時已經病得非常重，連聽政的精力都沒有，不多大一會兒，就表情痛苦、疲憊不堪地伏在桌上休息。

慈禧太后見光緒這個樣子，也有點於心不忍，便說：「皇帝久患重病，各大臣何不保薦些名醫來給看看？」各大臣面面相覷，慶親王奕劻首先奏道：「臣自六十九歲大病之後，袁世凱曾推薦過一個西醫屈桂庭，效果不錯，自此後我就不再吃中藥了，也不知道有甚麼好的中醫。」

慈禧太后聽了很有興趣，便問袁世凱推薦的那個人是誰。袁世凱便說：「屈桂庭是北洋醫院出身，歷任醫官、院長，現在是醫院總辦，此人善用西醫，醫術也頗為高明。臣全家有事都請他來診治，前北洋大臣李鴻章總督直隸時，一般也是請他來診治的。」

隨後張之洞與世續也說自己家人得病都請過屈某治病，醫術確實不錯。當時軍機大臣六人中，只有鹿傳霖與醇親王載灃沒有發表意見。慈禧太后便說：「不管是中醫還是西醫，只要能治好病就行。既然大家保薦此人，那就請來看看。」

屈桂庭的學生王仲芹當時是袁世凱的侍從醫官，得到這個消息後趕緊發電報給自己的老師，向屈桂庭密報了這一消息。屈桂庭是當時的名醫，中西醫兼通，從清朝王公到北洋要人，都經常找他看病。由於事情重大，屈桂庭接到電報後也是滿懷憂慮，夜不成眠。沒過幾天，屈桂庭便接到朝廷命令，讓他速速去京師為光緒看病。

屈桂庭趕到北京後，心裡還是惴惴不安，心想治好了倒也罷了，治不好恐怕會惹禍上身。古代因為治療不好病而被殺的太醫也不在少數，正如前輩所說的，太醫往往都是「有抄家，無封誥」的可憐蟲。

由於屈桂庭經常幫慶親王奕劻的家人看病，關係還算不錯，到北京後他便先去見了奕劻，把自己的擔憂給奕劻說了。奕劻說：「這次讓你去給皇上看病，是軍機大臣的共同保薦，不能不去。你只管去盡心看看，有無危險，可直言先告訴我，我再密奏太后。」

隨後，奕劻便帶著屈桂庭到正大光明殿去見慈禧太后和光緒。據屈桂庭的描述，當時光緒坐在正面，慈禧太后坐在旁邊，見屈桂庭到後，便問他如何診法。屈桂庭說：「按西醫規矩，皇上要寬衣露體，且聽且看，然後才好診治。」

得到慈禧太后的許可後，屈桂庭便對光緒進行「望聞問切」的常規檢查。檢查完後，屈桂庭認為光緒的病徵主要有：常患遺泄（不能自控的遺精，可能是慢性腎炎引起）、頭痛、發熱、脊骨痛、無胃口，腰部顯是有病。此外，肺部不佳，似有癆症，面色蒼白無血色、脈搏弱，心房亦弱。

屈桂庭的判斷是，光緒的體質本來就不強壯，容易神經過敏，加以早年房事過度，腰病之生，由來已久。其身體禁不住刺激，神經稍受震動，或聽到鑼鼓響聲，或受衣褲矛盾，或偶有性的刺激即行遺精，還不能經常吃補藥，越吃遺精就越頻繁。由此看來，光緒的病情是綜合症，兼有腎炎、高血壓、胃炎、肺癆等症，諸病齊發，極難救治。

隨後，屈桂庭請示要光緒的尿樣帶回化驗，並當場先開了兩張藥方，一為外敷，一為內服，並向慈禧太后奏明所開之方都是西藥，可以去外國醫院或西藥房配製，個人不便進藥。屈桂庭估計是怕自己進藥的話，萬一發生類似明代的「紅丸」事件，到時就說不清楚了。此後，屈桂庭便每日早晨入宮到診一次。那些宮女們一看是屈桂庭來了，往往嬉笑著說：「外國大夫來了！」

光緒對西醫並不信任，每次服藥前都要捧藥詳細檢視。但是光緒對屈桂庭還不錯，比較信任，對於屈桂庭食物營養選擇的建議也大都遵行，用藥也頗為有效。治療數週後，光緒神志轉清，呼吸漸入常態，病情也有所好轉。據屈桂庭稱，光緒臨朝之後，甚至還能以書畫自娛。屈桂庭見過光緒寫字，還說皇上寫字尤佳，相傳是得力於帝師翁同龢之功云云。光緒病情的好轉，當時內外相慶，人心漸安，宮中一時稱為幸事。

但沒過多久，慈禧太后又跑去干涉內務府大臣關於皇帝的進食之事，光緒本來聽從屈桂庭的建議合理進食，這下又被氣得不行，當場把枕頭扔到地上以示抗議。光緒臨終前的一段時間，雖然在重病中，但仍舊要每天清早前往儀鑾殿給慈禧太后請安，然後隨同到勤政殿臨朝，這種生活對於病魔纏身的光緒來說實在是一種莫大的折磨。雖然使用西醫療法後，光緒的腰痛減少，遺精也有所減少，但化驗其尿樣仍有少許蛋白質，估計其腰病還是一大隱患。

正當屈桂庭給光緒正常治病有一個月後，某天光緒突然連呼腹疼，汗如雨下，捂著肚子在床上亂滾，連喊：「肚子痛的了不得！」當時正是非常之時，慈禧太后也病得快不行了，宮廷無主，亂如散沙。光緒這裡無人管事，也沒有御醫，只有屈桂庭一位西醫在床前。

屈桂庭當時對光緒病狀的判斷是：夜不能睡、便結、心急跳、神衰、面黑，舌黃黑，但最奇怪的是頻呼肚痛，這和前期的病症似乎沒有什麼關係。屈桂庭當時也覺得心裡打鼓，感覺裡面有問題，但也不敢多言惹禍上身。當時他能做的，就是讓讓光緒躺在床上，以毛巾施行熱敷而已。等到光緒疼痛稍緩，屈桂庭便匆匆辭去。

這也是屈桂庭進宮最後一次為光緒看病，此後宮內情形和光緒病狀，屈桂庭自稱毫無所知，只聽說慶親王奕劻被召入宮，酌商擇嗣繼位的問題，沒過多久，便聽說光緒已在瀛台涵元殿駕崩了。屈桂庭後來自己也說，光緒之死實是個難解之謎，以至斧聲燭影，人言人殊，至於怎麼回事，他也說不清楚。他說的這些東西，也只能為研究者提供佐證而已。

一九八〇年清西陵文物管理處在清理崇陵地宮時，發現光緒的遺體完整，體長一．六四米，無刃器傷痕。後來通過化驗頸椎和頭髮，也沒有發現中毒現象。也就是說，光緒可能是屬於正常死亡，一些清史檔案專家和醫學專家的分析結論可能是正確的。當然，這仍舊不足以解釋為什麼光緒偏偏比慈禧早死一天，這種歷史的巧合很難打消人們的疑問。

天道不違，歲月無情。光緒的這一生，短暫而悲慘。他沒有好好地享受過母子之親、夫婦之愛、昆季之誼，甚至連皇帝應有的臣下侍從宴游暇豫之樂也沒有。他這一生，基本是生活在慈禧太后的陰影之下，甚至連後宮生活都被慈禧太后所控制。光緒後來喜歡的珍妃，因被慈禧太后所厭惡，而在庚子之役中將之賜死井中。光緒後來知道這件事後，感情大受傷害，以至於身體每況愈下，最終康復無望。

人生苦短，血色殘陽，光緒的最後十年，在慈禧太后的壓制下，可謂是備受冷落，孤苦淒涼。也許是陰謀，也許是冥冥中的註定，光緒和慈禧太后一前一後地相繼離開人世。也許只有死去，光緒才能得到真正的解脫。

在人們的議論聲中，慈禧太后風光大葬，其葬禮極為隆重而豪華，讓中外人士嘆為觀止。當時荷蘭阿姆斯特丹《電訊報》的駐華記者對此做了一個詳細報導：

「送葬隊伍中，打頭的是一隊穿著現代軍裝的長矛輕騎兵，裝束齊整，舉止得體。接下來是由僕役們用手牽著，成一列縱隊的小矮馬。再後面就是一大群身穿猩紅色綢緞衣服，帽子上插著黃色羽毛的僕役，大約有幾百人，他們輪換著抬靈柩。」

「緊接著又是另一隊長矛輕騎兵，在他們的長矛上飄揚著紅色長條旗，後面跟著馬槍騎兵。他們屬於皇家禁衛軍，身穿有紅鑲邊的灰色軍衣。後面又有一排排穿著紅衣服的僕役，舉著綠、紅、紫、黃等各種顏色的旌旗和低垂的綢緞條幅。那些舉著鮮豔旌旗的僕役行列沒完沒了，似乎他們把皇宮裡的旌旗全都搬出來給已故太后送葬了。」

一九〇八年慈禧出殯。慈禧太后的去世，也意味著皇權時代結束了。

「接下來是來自戈壁灘的高大駱駝，滿身絨毛，體格壯碩，牠們成二列縱隊，行走在道路的兩旁。牠們揹負著用黃綢包裹的搭帳篷必需品，因為這個送葬行列在到達清東陵之前要走整整五天的路程。接著又有一群穿著紅色衣服的僕役，雜亂無章經過。在一些穿黑衣服的官員走過去後，之後還是雜亂無章的僕役隊伍。接著突然出現了兩頂用金黃色綢緞裝飾，並由轎夫抬著的轎子，還有一些相當歐化的現代葬禮花圈。剛才被經過的馬匹和駱駝糞便弄髒了的路面現在又由僕役們打掃乾淨了。所有這些似乎都表明前面的只是一種開路的儀仗隊，因為後面的隊伍一時還看不見。」

「隨後，在遠處土丘之間的下坡路上很快就可以看到隱隱約約的旗幟。獵獵紅旗映襯著天空，一排排的騎兵向我們走來。更多的黃色轎子自上而下地過來，在這些轎子的後面，閃爍著一團耀眼的金黃色火焰，體積大得嚇人，而且離地面很高。慈禧太后的靈柩非常緩慢地向前挪動著，方形的靈柩上頂著一個偌大的金球，而且是用一塊邊幅很寬的織錦罩起來了。它被一百多個轎夫用長長的竹杠抬著，高高地聳立在他們的頭頂上，以威嚴而莊重的方式向前移動。早在一個半小時之前，太陽就已經升起，使得那個靈柩上的黃色綢緞就像是天上的一道燃燒著火焰的金色河流。這種黃色是代表皇帝的顏色。那金色的靈柩前面有數百面黃色的旌旗作為先導，那些旗幟被人們用紅色和金色的旗杆高高地舉在空中。」

「接著來了一大群身穿飄逸的長袍和帽子上插著黃色羽毛的僕役。他們的後面是一批身穿紫紅色長袍，上面有象徵長命百歲，用金線刺繡的『壽』字。這些人也手持黃旗。到處都是一片黃色的海洋，有無數方形或圓形，上面繡滿了龍鳳的黃、綠、紅、藍等各色旌旗。在其他浩瀚如雲的轎子、小矮馬、旌旗和喪旗的後面還跟著一大批身穿深黃色袈裟的喇嘛和尚，他們分別來自西藏和蒙古。」

「最後一大批清朝的高官走上前來。他們身上只穿著黑色的喪服。他們的官帽上摘掉了表示官銜的飾物，即紅珊瑚和藍寶石頂子，以及孔雀羽毛。他們是大清王國最高層的官員，其中包括了親王、御史和大臣。所有的人都帶著哀悼的神情從我們面前經過，衣著質樸，就像老百姓那樣，身邊都未帶隨從。」

「龐大的靈柩現在已經離我們很近了，距離地面很高。這個用黃色織錦覆蓋著的龐然大物像一團火似地燃燒、閃耀、發光，釋放出明亮的金黃色。它由一百多個轎夫抬著，緩慢地向前移動。它前進的行程是如此的困難和複雜，恰似這黃澄澄的靈柩是一沉重的純金塊，其柩衣也好像是用金屬，而非織錦製成。在陽光下，它顯得像是一道金色的瀑布。在這個皇家的金黃色靈柩中居住著一個以藍鳳凰與紅花為象徵的造物。沿路的士兵們全都持槍致敬，外國公使的警衛們也都向靈柩敬禮。」

「現場像死一般的寂靜，站在土丘上那成千上萬的人們也都靜穆無語，就像一位女神正從他們面前被抬過，其靈柩一搖一晃，莊嚴地向前挪動。有一位喇嘛用小木鼓敲擊出了轎夫們抬靈柩的步伐節奏，木球擊打著羊皮，在令人抑鬱的寂靜中發出一種冰冷和陰沉的聲音。」

慈禧太后的去世意味著一個時代結束了。正如那位記者所評論的：「慈禧太后是神聖和古老理念的最後一位代表，當另一個新的黎明降臨在這個已經成為世界未來一部分的奇妙王國時，上述理念就已經隨她一起死去了。」

死因推敲

後人探討光緒遭砒霜謀殺的分析

二〇〇八年五月，《近代史研究》刊登了一篇《光緒死亡原因探析》的文章，該文通過相關資料得出了「光緒死於急性砒霜中毒」的結論。但隨後《近代史研究》又刊登聲明表示該文章「採取不正當手段獲取資料……錯誤較多」，以至於作者包振遠對《近代史研究》提起名譽權受損的訴訟。《近代史研究》為中國社科院近代史研究所主辦的權威刊物，而《光緒死亡原因探析》一文的作者為北京市公安局多年從事刑偵工作的調查員，這起訴訟更是讓光緒的死亡之謎更加撲朔迷離。

包振遠在文章中稱，二〇〇三到二〇〇六年期間，北京市公安局的偵查人員會同中國原子能科學院的科研人員運用中子活化實驗，結合從河北易縣光緒崇陵提取的光緒頭髮、衣物等重要檢材，對光緒死因進行了反復的核對總和縝密的分析。根據北京市公安局法醫檢驗鑒定中心對「光緒頭髮含砷量中子活化分析」等資料，光緒枕部、頸後部和髮梢出現砷含量高倍超過致死量的情況，這是由「死後嘔吐」造成的。

所謂「死亡嘔吐」，在刑偵學中是指「由於腐敗氣體使腹腔內壓增高、胃腸受壓迫而使胃內食物溢出口腔之外，或者進入喉頭、氣管之內」，屍體腐敗過程中均會出現類似情況。由此作者認為，光緒頭髮出現砷含量高峰段位證實了「光緒頭髮中所含致命砷（砒霜）是由於光緒屍體腐敗時『死後嘔吐』而形成的」。文章最後得出結論稱，綜合中子活化分析等實驗、法醫病理毒化檢測結果以及運用偵查方式進行的分析判斷，「光緒明顯符合急性中毒死亡的特徵」。

文章發表後，隨後便有專家提出質疑，指出文中存在大量錯誤。不久，北京市公安局法醫鑒定中心也發來公函，稱包振遠的文章是篡改研究成果，並要求對錯誤進行澄清。這便有了《近代史研究》第四期刊登的聲明，其落款單位是「北京市公安局刑事偵查總隊政治處及北京市公安局法醫檢驗鑒定中心」，他們聲稱：「包振遠撰寫的文章是採取不正當手段獲取資料，與原始資料及分析相較錯誤較多，而且包振遠從未參加本項對光緒死因的研究。」

對於北京市公安局法醫鑒定中心「採取不正當手段獲取資料」的指責，包振遠稱他是在二〇〇六年時應邀參加由北京市公安局法醫鑒定中心主辦的、有多名法醫學專家參加的「光緒死因推斷專家論證會」上獲得的。在會議期間，主辦方發給與會者一份有關光緒死因的報告。此後，他根據材料，經過兩年三個月研究分析，撰寫了《光緒死亡原因探析》一文並發表在《近代史研究》上。他認為會上散發的材料是公眾資訊，「可以隨便採用」。

由此，《光緒死亡原因探析》一文中斷定光緒死於砒霜的結論頗值得推敲，而媒體上大肆炒作「光緒死因已定、系被人用砒霜毒死」的說法更應當謹慎。事實上，刑偵學界早在八〇年代就介入光緒之死的調查，一九八〇年清西陵文物管理處在清理崇陵地宮時，發現光緒的遺體完整，體長一百六十四公分，無刃器傷痕，後來通過化驗頸椎和頭髮，也沒有發現中毒現象。

也就是說，光緒可能是屬於正常死亡，一些清史檔案專家和醫學專家的分析結論可能是正確的。二〇〇三年有關部門又取樣檢測，依然沒有得出確切的結論。當然，這仍舊不足以解釋為什麼光緒偏偏比慈禧早死一天，這種歷史的巧合很難打消人們的疑問。

如此看來，包振遠一文貿然斷定光緒為急性砷中毒死亡的結論未免言之過早，何況鑒定單位都對其文章提出「與原始資料及分析相較錯誤」的指責，媒體將此文結論作為定論實在是過於唐突。何況，砒霜中毒並不難分析，中國歷史上對砒霜中毒也積累了大量豐富的經驗，何至於前幾次都不能定論，這次卻言之鑿鑿呢？筆者認為，對這種歷史的巧合或者歷史的疑案，在沒有十分確鑿的證據及合理的推斷之前，最好還是持存疑的態度而不必迷信權威，畢竟現代科學也未必就能解釋歷史的所有事件。

孰是孰非

從喪夫少婦到掌權太后的慈禧

I．T．赫德蘭在《一個美國人眼中的慈禧太后》中稱：「慈禧太后在中國歷史上沒有第二人，在世界歷史上也絕無僅有。她不僅在上上世紀後半葉統治了大清帝國，她的統治推遲了大清帝國的滅亡，她還把中國政治家們所能想到的某些改革措施也付諸實踐了。和滿族的其他婦女相比，她可謂鶴立雞群，出類拔萃。和其他民族的婦女相比，她同樣毫不遜色。就性格的堅強和能力而言，她和任何人相比都不差。我們不由自主地欽佩這個女人，她小時候在家裡幫母親做雜活，後來被選入宮做了貴人。她是一個皇帝的生母、一個皇帝的妻子。她立了一個皇帝，她還廢了一個皇帝，她統治中國將近半個世紀——而這所有的一切都發生在一個婦女沒有任何權力的國度。」

外國人對中國的歷史不太瞭解，所以他們說出來的話略為顯得誇張。不過，有一點他說對了，那就是一百多年前的清朝，的確是個婦女沒有任何權力的國度。正因為如此，慈禧太后才顯得那樣的突出與另類，她不僅讓當時的男人們感到狼狽不堪，也讓後來的男人們感到義憤填膺甚至惱羞成怒。

不可否認，慈禧太后不是什麼政治家，她的政績也不怎麼光彩照人，用現在的話來說，那簡直就是禍國殃民，遺患無窮。但是，歷史選擇了慈禧太后，而且對於她個人來說，她成功了，因為她以一個女人的智力與才能，在近半個世紀的統治裡保住了這個不斷下墜的王朝，沒有在她手裡斷送江山；但對整個國家發展而言，慈禧太后毋庸置疑的失敗了，但這並不意味著別人就一定做得比她更好，因為歷史證明，後來的很多人做得比她更壞。

從「老佛爺」到「一代妖后」，劇烈衝突的歷史觀總會讓人感到無所適從，而「臉譜化」的歷史認知更是讓真相遠離。問題其實沒有想像中的那麼複雜，說白了，慈禧太后只是以一個女人的身分在管理這個國家，而之所以要這個女人出面，主要因為是這個國家總是皇帝太小或者根本就不成器，這對於一個積習千年的皇權社會來說，這是何等的糟糕與不幸，又是何等的艱鉅與難堪。歷史將慈禧太后推上了前臺，在深刻而無奈的現實面前，她別無選擇。

慈禧的上臺，正是大清國風雨飄搖的危難之時：英法聯軍洗劫北京、太平軍占據半壁江山、捻軍等起義軍不斷起事，帝國幾無寧日。國事是如此的焦頭爛額，估計這也折了咸豐皇帝的壽，結果咸豐一死，便剩下孤兒寡母。咸豐的子嗣不旺，三十一歲的他只有載淳這一個兒子，由此皇位繼承人毫無爭議，慈禧太后也順理成章的成為皇太后。「母以子貴」是無法改變的事實，而這也決定了整個清末的歷史走向。

按清朝的祖制，女人是不能干政的，更沒有皇太后垂簾聽政這一說。咸豐自然考慮到這點，於是他在臨死之前安排了八個輔政大臣，但是他怕這些大臣日後篡權，最終又決定將自己的兩個印章賜給皇后和小皇帝，以後所有的諭旨都需要在正文的前後蓋上印章，否則便是無效。小皇帝當時只有六歲，當然無法承擔起領導國家的責任，於是他的那個印章自然由慈禧太后來掌管，這就形成了兩宮太后和八大臣共同執政的權力運作模式。

這種平行的權力模式，看似平衡了雙方勢力，但雙方的合作出現了嚴重的問題：八大臣認為兩宮太后不過是深宮中的女流之輩，頭髮長、見識短，按祖制亦不當干政，因此打算將她們看成蓋章的機器，並不想讓這兩個女人插手具體的政務；而慈禧對此極不滿意，她認為自己和慈安太后既有鈐印之責，便是最高權力的代表，八大臣不過是輔政而已。

在迅雷不及掩耳間，慈禧與恭親王奕訢聯手發動的政變便取得成功。對於八大臣的無能，很多人表示不理解。其實問題很簡單，慈禧太后之所以能在政變中一舉功成，關鍵還是她有小皇帝撐腰，即所謂的「皇權」。在專制社會裡，皇權就代表了最高的權威，八大臣能力再強也無法與之對抗，最後只能乖乖的束手就擒，否則便是叛臣逆賊，天下人得而誅之。在當時的社會裡，天下不可一日無君，小皇帝是最大的王牌，慈禧也由此成為清廷最後的負責人。皇權思想之殘酷，雖獨夫民賊亦不可或缺，也無法挑戰。

但是，初抓權柄的慈禧太后畢竟學識有限，她小的時候家境並不好，在當時「女子無才便是德」的社會裡，既無機會也無可能接受到非常好的教育。但機會是要靠人去爭取的，慈禧進宮後，蒙上天眷顧生養了一個兒子（也是咸豐唯一的兒子），這才受到了咸豐的重視。

慈禧太后。

而咸豐因身體多病而懈怠於朝政，這又給了慈禧接觸朝政的機會。在代丈夫批閱奏章的學習中，慈禧的權力欲望也由此一發而不可收拾。

比慈禧年長兩歲的恭親王奕訢，在當時的皇族中被公認為是最有能力的，但限於名分所定，在咸豐生前他不能和哥哥去爭，咸豐死後他又不能和侄子去爭，這註定了奕訢只能做個賢王，為死去的皇兄和活著的皇嫂及侄皇帝效勞一生。對於這點，慈禧心知肚明，她也算是識人善用，給了奕訢成就生平抱負的機會。但是，奕訢太有能力，慈禧也是時時刻刻加以提防，以防止這個皇叔威脅到自己兒子的地位。

學識與能力姑且不說，但慈禧的馭人權術確實是有一套。在平定太平軍和其他亂事後，慈禧將該收回的軍權堅決收回，該放權的時候又絕對信任，中央與地方的關係處理得很好；而在內亂後的重建中，慈禧與奕訢乃至曾國藩、左宗棠、李鴻章等漢人督撫的配合默契，由此出現一段難得的「同光中興」也不是完全偶然。實事求是的說，此時的慈禧的確非常虛心，她在處理政務之餘也在不斷加強學習，從寫一道百餘字的諭旨出現十幾處錯別字，到對朝政的處置遊刃有餘、從容應對，這說明慈禧的學習和適應能力是非同尋常的。

在執政的最開始，慈禧可能只是想給兒子同治看好江山，屆時將權力移交給長大的皇帝，自己則可以安然退養，這從她每次撤簾歸政前總是熱心於修建園林工程可以看出。這種心態，歷史學家唐德剛稱之為「姨太太」心理。由此也可以看出，慈禧並沒有做大事的抱負，她的最終目的不過是為將來的小皇帝作一過渡。晚清之所以不能和日本明治維新或者德皇、沙皇等相比，原因還在於慈禧這種「女人當政」的心態，她不是皇帝，也沒有進取心，最多只能守成。

但很不幸的是，慈禧太后手裡的兩個小皇帝都不合格。同治是慈禧太后的親生兒子，因此慈禧太后在同治年間的執政態度明顯積極，她盡心盡責的想給兒子開創一個好的局面，但是同治這孩子一點都不爭氣，他天生不愛讀書而喜好玩樂，到了十六、七歲本應該親政的年紀了還「讀摺不成句」；等到十八歲的同治好不容易親政了，可惜又命淺福薄，一年多點就得天花死了，而且沒有留下任何子女。

喪子之餘，慈禧太后可謂是萬念俱灰。慈禧太后之前打拼了十幾年，圖個啥呢？不就是為了給兒子留個好江山？但這一切，隨著同治的死亡而煙消雲散。正如當時人說的，有同治在，慈禧太后還有點想頭；同治不在了，如今連想頭都沒有了。

慈禧曾說：「我幾次垂簾，不知內情的人，有的認為是我貪圖權勢，實際情況是形勢迫使我不得不這樣做。」這話雖然說是慈禧的自我辯解，但也有幾分道理。同治死後，皇帝繼承人便成了大問題，最終慈禧選中自己妹妹的兒子載湉做皇帝。從名分上來說，這個安排在當時是不合適的，但卻又沒有更好的安排。由此，慈禧也只能二度垂簾，再次培養一個小皇帝。但是，慈禧這次垂簾的責任心與同治時期可就差之甚遠了，光緒畢竟不是親生骨肉。由此，慈禧太后也由一個積極的執政者變成了一個單純的王朝看護者，在這種心態下，同治年間的朝氣和生機也明顯日漸枯萎，日益走向保守和頹唐。

等到第二個小皇帝長到十八歲親政，慈禧也由首次垂簾的那個二十七歲少婦變成一個快六十歲的老太婆了，但這次的皇帝也不是合格人選。光緒雖然從小好學，但性格存在嚴重的缺陷，這也是因為他從小遠離自己的親生父母、長於深宮之中所造成的。在慈禧太后的威勢之下，光緒從小就嚴重缺乏自信而在成年後又離奇的發展出超常的逆反心理，而這一切在慈禧太后的眼中又是一種極不成熟的表現，由此也導致了她對光緒的不信任。

甲午年的戰爭對光緒來說是一場巨大的災難，因為他在不瞭解實情的情況下積極主戰，但戰爭的結果卻是清軍慘敗，小皇帝飽受屈辱，由此也演變成戊戌變法的強大動力。對於隨後的變法，歷史的真相和通常的記述大不相同的是，慈禧太后並沒有去刻意的反對，而是給予默認與支持，畢竟光緒已經親政，而且變法對清王朝有利，她也不好干涉太多。

可惜的是，光緒的急躁心理又遇上幾個行為乖張、不知深淺的變法派，領頭的康有為毫無手腕又為人驕傲自大，幾乎就是一個「成事不足、敗事有餘」的書呆子。在這些人的輔佐下，變法的詔令雖然如雪片般的發下，但因為沒有考慮到實際情況和可操作性，幾乎所有的變法措施都是一紙空文。皇帝沒經驗，變法派更是一群書生，在他們的胡鬧下，最後弄得朝政都無法正常運行，那些被革斥的官員跑到慈禧那裡去哭訴，慈禧也不免動了怒氣，將四品以上大員的任免權收回以穩定朝政。眼看情況不妙，這些變法書生們在接到光緒的衣帶詔後，居然想出了一個「圍園」之謀，這下慈禧太后就要大發雌威了。這種謀逆的行為不僅危及到慈禧的生命安全，而且危及到整個清廷的生存，正如慈禧斥罵光緒：「癡兒，今日無我，明日尚有汝乎？」

戊戌六君子被殺了，光緒也被軟禁了，慈禧太后再次出來聽政。這一次簾也不用垂了，反正都七老八十了，讓大臣們看見也無所謂，只可憐光緒坐在旁邊如同泥塑木雕，非經慈禧太后示意，往往是不發一言。

作為清王朝的難言之隱，那就是光緒的身體存在著嚴重缺陷，他生不出兒子。咸豐死的時候只有一個兒子同治，同治死的時候一個兒子都沒有，如今光緒結婚十幾年都沒有一子一女，看來生育能力的確是有問題。天亡大清，這也是歷史的定數，清朝的最後三個皇帝（同治、光緒、宣統）在已經成年的情況下都沒有子嗣，這在歷朝歷代都是極為罕見的「宮荒」。宮中幾十年沒有小孩的哭聲，這對慈禧來說，可能是最大的噩夢。

眼看光緒的確是生不出兒子，慈禧太后也只能另想辦法，早做打算，不然到時又立個小皇帝，屆時連垂簾聽政的人都沒有。於是，慈禧選了端王載漪的兒子溥儁來當大阿哥，這下可就惹下了天大的麻煩，最終引發庚子國變，八國聯軍攻進北京，慈禧太后等人也被迫逃到了西安，一時間幾乎是「國將不國」，若不是慈禧太后這幾十年的威信還在，大清朝早就東南互保、西北獨立了。

庚子西狩的慘痛經歷，也讓慈禧太后徹底認識到她當政幾十年的巨大失敗。難能可貴的是，此時垂垂老矣的慈禧太后卻突然下定決心要弄新政，終於讓這個瀕臨死亡的王朝重新煥發了生機。清末新政絕不是當年的戊戌變法可以比擬，各項措施行之有效，廢科舉、練新軍、改官制、頒新法，等等，成績卓然，有目共睹，遠較康有為那些毛毛糙糙的變法派來得穩健可行。更令人吃驚的是，慈禧太后順應民情，在一九〇五年後甚至還弄起了立憲，這在中國的上千年的專制歷史上絕對是石破天驚，令人難以想像。如果要說憲政的話，真正的源頭卻是在慈禧這裡。在慈禧太后執政的最後七、八年中，中國才開始真正向現代社會轉型。

可惜的是，歲月從不為人而停留，正當清末立憲正在按部就班的推行時，光緒皇帝和慈禧太后卻一前一後的離開人世，留下一個三歲的小皇帝和木訥寡言的攝政王載灃來主持局面，這又是一個不合適但無可奈何的安排，在皇權專制社會裡，名分大過天。二十來歲的載灃當然不能和慈禧太后幾十年的威信相比，嘩啦啦不到三年，大清王朝便轟然倒塌，反正慈禧太后是看不到了。

「精於治術而昧於世界大勢」，這是目前學者們給慈禧太后最公允的評價。在這近半個世紀的執政中，慈禧太后維護大清王朝的統治，這是她個人的成功；但是，慈禧太后畢竟是個女人，她以女人的方式統治了這個古老帝國，在這個三千年未有之大變局的背景下，慈禧近半個世紀的當政既是名分所定、順其自然，但又何嘗不是一種極大的災難。總體而言，慈禧太后失敗了，她沒有把中國帶入近代化的門檻，這是她的個人悲劇，也是中華民族的莫大遺憾。

政壇震盪

戴灃和奕劻、袁世凱的勢力之爭

曾有人說，光緒在臨終之前，他的親弟弟載灃去見過他最後一面。在這次會見中，光緒囑託載灃一定要誅殺袁世凱，為自己報仇雪恨。甚至還有人說，光緒在被囚禁期間，每天在紙上畫大頭長身的各式鬼形，寫上「袁世凱」三字，然後撕成碎片；又經常畫一隻烏龜，龜背寫有「袁世凱」三個字，然後貼在牆上用小竹弓射擊，射爛之後還洩不了恨，更要再取下來剪碎，「令片片作蝴蝶飛」。更玄乎的是，還有人說光緒臨死一言不發，唯用手在空中寫了「斬袁」兩字。

這些傳聞流傳頗廣，聽起來也頗像那麼回事。畢竟，袁世凱在戊戌變法中，的確做出了出賣友人以圖自保的告密勾當，光緒也因此被囚禁瀛台，「十年困辱，均由袁世凱致之」。慈禧太后死後，就連「亂黨」康有為和梁啟超都致書載灃說：「兩宮禍變，袁世凱實為罪魁，乞誅賊臣。」看來，慈禧太后死後，袁世凱的日子是不好過了。

不過有一點可以肯定，傳聞中的光緒和載灃這場兄弟會是沒有發生過的，因為載灃當時正忙著接懿旨，然後趕緊把三歲的兒子溥儀送進宮，這事已經夠他忙得了。再退一步來說，即使載灃和光緒見了面，恐怕也只能行個問安的常禮，因為光緒被囚禁後，他的一舉一動、一言一行，都有人暗中監視並向慈禧太后報告。何況，載灃當時恐怕也沒有想到光緒會這麼快去世。

不管有沒有這場「殺袁」的兄弟會，反正載灃上臺之後，第一個要對付的就是袁世凱。在新政以後，袁世凱在慈禧太后的庇護之下風光得很，也辦了不少實事。但問題是，他的勢力擴展太厲害了，軍隊、官制改革、立憲，他樣樣都來，而且朝中有人，門生故舊遍天下，特別是北洋新軍裡的那些將領，哪個不是唯他袁世凱馬首是瞻？

皇族親貴的擔憂也不無道理。清朝本是馬上打天下的，但經過這兩百多年的養尊處優後，太平軍一起，滿人竟然已經不能打仗，綠營也是遇戰即潰，這才給了曾國藩、李鴻章等漢人勢力興起的機會。由此，地方督撫多為漢人掌握，清廷的政權也開始軟化。亂世當眾，偏偏那些滿人親貴還不爭氣，在朝廷中占據高位卻找不出幾個能做實事的，這朝政當然搞不好。所以，戊戌變法的改革措施便直指滿族親貴，幸好老佛爺英明，及時扼殺了這場改革運動。可笑的是，那些愚昧的親貴們後來又亂出渾招，結果導致庚子之亂和八國聯軍侵華，險些葬送了清王朝。

越是失去的，就越想奪回來。從官制改革到預備立憲，皇族親貴看著漢人的勢力在不斷壯大，特別是袁世凱，黨羽甚眾又年富力強，他們怎能不憂心忡忡。果不其然，載灃剛剛上臺主政，肅親王善耆和鎮國公載澤便密告載灃：「內外軍政，皆是袁之黨羽，從前袁所畏懼的是慈禧太后，如今太后一死，在袁心目中已經無人可以鉗制他。」他們建議載灃對袁世凱速作處置，不然，「異日勢力養成，削除更為不易，且恐禍在不測」。就連和載灃有過節的溥偉都拿著當年道光皇帝賜給他祖父的白虹寶刀，說要手刃袁世凱這個元兇巨惡。

載灃何嘗不擔心袁世凱。當年在官制改革會議上，袁世凱堅持要設立責任內閣，載灃至今都對袁世凱當時的倡狂仍記憶猶新。雖然老太后在前兩年已做先手，將袁世凱所轄的北洋新軍六鎮中的四鎮收歸陸軍部，去年又將他與張之洞一起上調為軍機大臣，但冰凍三尺，非一日之寒，豈能輕易動搖袁世凱的勢力？更何況，處置一個位極人品的軍機重臣，必須要經過軍機大臣們的同意，其所頒上諭也須有軍機大臣的副署才能生效，滿族親貴要誅殺袁世凱，談何容易。

正因為如此，載灃才不敢貿然而行。在再三的思慮之後，載灃和隆裕太后把首席軍機大臣慶親王奕劻請來商議。不料奕劻聽後立刻伏在地上，一言不發。在隆裕太后的厲

醇親王三子合影（左起載濤、載灃、載洵），這些新權貴在王朝即將覆滅時仍在爭權奪利。

聲質問下，奕劻才囁囁嚅嚅地說，這事得和張之洞商量一下。

載灃沒辦法，只好又召見張之洞。張之洞聽後，長嘆一聲。張之洞是漢人大臣，年紀又大了，聽說要誅殺袁世凱，未免有兔死狐悲之感。他說：「國家新遭大喪，主上又年幼，當前為此穩定的大局最為重要，此時誅殺大臣，先例一開，恐怕後患無窮。」他見載灃仍遲疑不定，便又說：「王道坦坦，王道平平，願攝政王熟思之，開缺回籍可也。」應該說，張之洞和袁世凱的關係並不算好，他的話也是寬仁厚道的長者之語，不管他是為了大局著想或是其他，卻在無意中保護了袁世凱。

事實上，除了奕劻和張之洞反對誅殺袁世凱外，其他幾個軍機大臣也表示反對，比如那桐和世續，都是袁世凱的私黨，世續還暗地為袁通風報信。而在地方督撫中，端方是袁世凱的姻親，東三省總督徐世昌更是袁世凱多年的拜把兄弟。另外，英國駐華公使朱爾典也曾為袁世凱出面說情，這些人都構成了阻止殺袁的重要力量。

不過，話說回來，袁世凱是不好對付，但在皇權體制下，袁世凱何嘗不慌張？當他從慶王府聽到「將對袁不利」的消息後，也是惶惶然如喪家之犬，無計可施。一九〇九年一月二日，在嚴辦袁世凱的流言聲中，袁世凱迎著冰冷徹骨的寒風，像往常一樣前往內廷。載灃主政後，每日都要召集軍機大臣商議朝政。這一天，當袁世凱走到殿廷的時候，早被買通的當值太監將他攔住，偷偷地對他說：「袁大軍機可不必入內，今日攝政王怒形於色，聽說嚴懲諭旨即下，恐怕對袁大軍機不利，宜早籌自全之策。諭旨如何嚴峻，則非我輩所能得知。」

袁世凱聽後，猶如被打了一悶棍，在腦海一片空白的情況下，失魂落魄地走回了自己家中。待到稍微清醒，袁世凱急忙把自己的幕僚和親信召來商議對策。親信張懷芝說：「情勢危急，不如立刻前往火車站乘三等車前往天津，畢竟直隸總督楊士驤是我們的人。」袁世凱聽後，立刻簡單的收拾行裝，在張懷芝的保護下前往天津。為防不測，袁世凱不敢到天津本站下車，而是提前一站讓張懷芝給楊士驤打電話，讓他派人來接。楊士驤倒還鎮定，他讓袁世凱萬不可讓人看見其前來督署。

袁世凱正在生悶氣之時，楊士驤的親信來了。他帶來了北京的消息，說：「罪只及開缺，無性命之虞。」袁世凱聽後長舒了一口氣，便決定立刻回京，預備明晨入朝謝恩，不然會引起更大的麻煩。

當時北京的袁府更是陷入了慌亂當中，袁世凱失蹤的消息在城中不脛而走，一時間謠言紛紛，有人說袁世凱被祕密處死的，也有人說袁世凱畏罪自盡的。主持軍機大政的張之洞直到聽說袁世凱已經回來的確切消息後，他心裡的一塊石頭才算落了地。緊張之餘，老張忍不住對左右調侃道：「人家都說袁世凱不學無術，我看哪，他不但有術，而且是多術，你看他這次倉皇出走，能找的地方都找遍了，誰能知道他躲在哪裡？我現在算是知道什麼叫『術』了。」

第二天，袁世凱終於見到了那道上諭：「內閣軍機大臣外務部袁世凱，夙承先朝屢加擢用，朕御極復予懋賞，正以其才可用，俾效驅馳。不意袁世凱現患足疾，步履艱難，難勝職任。袁世凱著即開缺回籍養痾，以示體恤之至意。」

三天之後，袁世凱懷著無比的委屈和幽怨，帶著他的姨太太和親信們，孤獨而淒茫地離開了北京。袁世凱被排擠出京後，清末政壇再次發生或大或小的地震，袁世凱的私黨一個個清除：楊士驤當年去世，端方接任直隸總督；張之洞去世；郵傳部尚書陳璧被革職；徐世昌內調郵傳部尚書，東三省總督由錫良接替；黑龍江布政使倪嗣沖被查辦；民政部侍郎趙秉鈞被斥，載灃接管警政；江北提督王士珍自請開缺，等等。

表面上看起來，這是載灃和袁世凱的鬥爭，但實際上，這是以載灃為首的滿族親貴派和奕劻、袁世凱集團的權力之爭。載灃主政之前沒有自己的人馬，他所能接觸到並信任的，也只有像載澤、善耆、載濤、載洵、毓朗等人這樣的滿族親貴，而這些人不管有才無才，都迅速地集結在載灃周圍，成為一個皇族親貴集團。載灃集團都是一批新發家的少壯親貴，他們當時手無實權，要想獲得權力，必須排斥當時的實權派奕劻、袁世凱集團。

載灃集團和奕劻、袁世凱集團之爭，不是簡單的滿漢之爭。事實上，奕劻、袁世凱集團的首領和後臺是皇族慶親王奕劻，而滿人中的重臣端方、那桐等人和這個集團的關係也極為緊密。奕劻與袁世凱的結合，表面上是由於袁世凱賄買了奕劻，以擴大自己的權勢，但事實上，奕劻何嘗不是要靠袁世凱來保住他的地位。奕劻、袁世凱集團，實際上是皇族元老派和新北洋派的聯合。正如末代皇帝溥儀後來所說：「殺袁世凱和保袁世凱的問題，早已不是什麼維新與守舊、帝黨與后黨之爭，也不是滿漢顯貴之爭了，而是這一夥親貴顯要和那一夥親貴顯要間的奪權之爭。」溥儀先生的明白話不多，這句算是一語中的。

扳倒了袁世凱後，載灃首先要抓的就是軍權。他當年作為「謝罪專使」到德國的時候，德皇威廉就曾向他傳授保持皇權的祕訣：要有足夠數量的軍隊，並一定要由皇帝直接掌握。由此，載灃得出一個結論：皇室要抓軍隊，皇族子弟要當軍官，兵權一定要牢牢地控制在皇室手中。他回國後，反復向慈禧太后強調了這個觀點。於是，在他的積極建議下，陸軍貴冑學堂於一九〇五年成立了。這所學堂主要招收出身於親貴家庭的子弟，當時載灃帶頭入學，他的弟弟載洵和載濤也跟著進了學堂。另外，還有溥偉等人，當時都是這個學堂的學生。

不過，陸軍貴冑學堂開學之後，載灃哪有時間去上課，不過開學典禮出席一下而已。載灃尚且是這樣，其他的人那更是沒法管了。《清宮遺聞》裡記錄了這個貴冑學堂的一齣滑稽戲。說貴冑學堂的學生，多是王公貝勒或者宗室子弟，所以他們的用餐都要按照規格並做得極其豐厚精美，每人一席，每天就要花掉七、八兩銀子，要是稍微不順他們的口味，下面的人立刻會遭到喝叱，甚至當席飛盆擲碗，一片狼藉。就連學堂的總辦教習這些人也被視同奴役，任由阿哥學生呼往喝來，唯命是聽。

更搞笑的是，學生每日到堂，必須要由教習派人去請，有的時候甚至要請上四、五次才勉強到場，來的時候又正好是中午的吃飯時間，於是到了便喊「上午飯」，吃完竟然嘴巴一抹，揚長而去。也有偶然來一次講堂的，有時候興致來了，便在課堂裡高唱京調一曲。這哪裡是什麼貴冑學堂，簡直就是戲園子。

載灃接班剛滿一個月多一點，便下令建立「禁衛軍」，也就是主要用來保衛皇帝和皇宮的軍隊。這支軍隊主要從陸軍中挑選精壯士兵，並兼從閒散宗室中選出一些人組成，由載濤、毓朗和鐵良擔任訓練大臣。兩個月後，載灃又下令重整海軍，並指派善耆、載澤、鐵良妥為籌劃，而真正海軍出身的薩鎮冰卻只是名列第四。

一九〇九年七月，載灃又特意以宣統的名義下詔：一、宣布皇帝是海陸軍大元帥，但因皇帝年幼，暫由攝政王代理；二、將軍諮處從陸軍部獨立出來，變成一個襄助攝政王的一個專門機構，並指派載濤和毓朗負責；三、將海軍處從陸軍部中分出來，設置獨立的籌辦海軍事務處，由載洵和薩鎮冰充當籌辦海軍大臣。另外，載灃還任命排漢思想最厲害的良弼為禁衛軍第一協統領官。當年八月，載灃又命陸軍部尚書蔭昌兼任近畿陸軍六鎮的訓練大臣。當年十二月，載灃宣布設立海軍部，以載洵為海軍大臣。如此一來，陸海軍都歸載灃的兩個弟弟載濤和載洵主管了。

看得出來，載灃抓軍權非常堅決，行動也算迅速。但是，他的做法不但引發了地方督撫們的抵制，就連皇族內部的將軍都統們在背地裡也是怨氣沖天。道理很簡單，原來的地方總督、巡撫、將軍等都有一定的調兵權，而現在無論做什麼都需要請示軍諮處，這些人不但感到不便，更是覺得自己的權力受到損害。

更要命的是，載灃以為只要抓住了軍隊，海陸軍的權力都抓在自己弟弟手中，便以為萬事大吉，皇位永固。可問題是，載濤和載洵這兩個陸軍貴冑學堂的畢業生，哪裡懂什麼軍事！比如載洵，他見七弟載濤做了大臣，便也吵著要做海軍大臣，還說是繼承先父遺志（老醇親王奕譞是主管過海軍衙門）。載灃拗不過弟弟，只好讓他去做。

載洵和載濤兩兄弟，本就是生於富貴的紈絝子弟，他們做上官之後最熱衷的便是出洋考察，開開洋葷。一九〇九年秋，載洵前往歐洲各國考察海軍；一九一〇年春，載濤則前往歐美各國和日本考察陸軍。載洵回來一看，七弟載濤比他多去日本和美國兩個國家，那不行，於是他在一九一〇年的夏天又專程去了一趟日本和美國。這兩皇叔此回算是開了眼界了，他們從國外帶回來大量的禮物和洋貨，可謂是滿載而歸，滿心歡喜。

載灃雖然重視滿人，但他的圈子有限，用來用去結果變成他三兄弟主政了，其他有才能的滿人他也棄之不用。比如前面說的溥偉老侄，載灃認為他威脅到自己的權力，將他派到禁煙大臣的閑差上去；還有溥倫，這是咸豐大哥的孫子，也是近支，載灃也只是將他派到變通旗制處之類的部門，未見重用。一直到一九一一年，溥倫才混上農工商部尚書的位置，可惜也沒幾天官做了。

載灃棄用賢才，最為明顯的例子莫過於鐵良。鐵良是滿洲鑲白旗人，本是載灃老丈人榮祿的老部下，早年又做過兵部侍郎、練兵大臣和陸軍部尚書，本是僅次於袁世凱的軍事專家，而且當時也就四十來歲，但這樣一個老資格卻在載灃的軍事結構調整中屢遭排擠，讓他去給載洵和載濤兩個啥也不懂的年輕小子做副手。這還不算，一九一〇年秋，為了給弟弟騰位置，載灃乾脆找了個藉口，把鐵良從陸軍部尚書的位置上一腳踢了下來，後來外放到南京去做江寧將軍。

像鐵良這樣的例子，還有良弼。良弼的祖父伊里布曾任過巡撫、總督，他們家對大清可謂是忠心耿耿，良弼從小就學習優良，做事果敢，後來又留學日本士官學校，是滿人中難得的軍事人才，但也只被載灃任命為禁衛軍第一協統領，不可不謂是大材小用。

當時皇族還有載澤，他本來和載灃關係很好，又是姻親，而且曾經出國考察，論才幹大大超過了載洵、載濤兩兄弟，但載灃也只是讓他做個度支部尚書。載澤與奕劻的矛盾很大，常對載灃說：「你要是不聽大哥的話，老慶（奕劻）就要把大清江山斷送了！」但是，載澤的很多提議載灃都沒有採納，而只是一味敷衍。

載灃之所以沒有聽載澤的建議去扳倒奕劻，主要是擔心北洋派難以控制，而奕劻主管外務部，他又怕外國人干涉。要說起來，鐵良被棄用也和奕劻有關係，因為載灃認為鐵良是奕劻的人，他要為弟弟載洵、載濤掌握軍權掃清道路。不過，載灃雖然不敢用對付袁世凱一樣的手段扳倒奕劻，但卻一步步削弱奕劻的職權。

但是，奕劻也不是那麼容易對付的。奕劻在官場上混了這麼多年，關係盤根錯節，很多事情沒有他出面就辦不成，正如當時所傳的一句話：「奕劻只要稱老辭職躲在家裡不出來，攝政王立刻就慌了手腳。」更重要的是，奕劻有隆裕太后護著，載灃奈何不了他。隆裕太后護著奕劻，據說是這麼回事：慈禧太后立嗣的時候，奕劻請在詔書中加兼祧（光緒）皇帝一語。慈禧不答應，她只想讓溥儀給同治嗣位。奕劻跪請再三，慈禧這才答應。於是溥儀是承繼同治並兼祧光緒。這個道理很簡單，如果沒有兼祧光緒，那隆裕太后就沒有名分，在宮裡什麼也不是，也做不成皇太后，命運是很悲慘的。因此，隆裕太后深感奕劻的大恩大德，當然不會讓載灃去扳倒奕劻（也有說兼祧之議是張之洞提出的）。

概括來說，經過這兩年的爭奪，以載灃為首的親貴派在中央朝廷中看起來是占了點優勢，但效果未必很好。一來載灃這個人做事並不是雷厲風行的那種，做人也比較軟弱，敷衍拖沓之風，比之慈禧太后時期，更是有過之而無不及；二來這多年的貪汙腐敗之體制積習，即使載灃想去整頓，也沒有這個能力和精力，也只能走一步看一步；三是隆裕太后又喜歡貪權戀財，經常對載灃多方為難，有時候還擺出太后的架子，將載灃找去數落一頓。對此，載灃也是表現軟弱，一再遷就。正如載濤說的，載灃「遇到事優柔寡斷，人都說他忠厚，實則忠厚即無用之別名」。

更要命的是，載灃雖然在朝廷中貌似取得控制，但地方上和軍隊中，袁世凱的勢力遠沒有被拔除，這也為袁世凱的東山再起提供了可能。而且，載灃任用親貴的做法也令很多漢族官僚感到反感和不公，正如美國學者恒慕義在《清代名人傳略》中指出的：「載灃幾乎毫不具備做攝政王的一切必要素質。他無力節制他的兄弟和其他王公顯貴，他被迫授予他們政府高位，而不考慮他們的能力。因此，他失去了許多有才幹的漢族官員的支持，否則這些漢族官員在一九一一年的革命爆發時本會站在他的這一邊。」就連載灃任用的那些少年親貴也各立門派，互相傾軋，譬如載洵與毓朗為一派，載濤和良弼為一派，彼此內耗不已。

一言以蔽之，載灃並不是主政的合適人選。在他的治理下，慈禧太后死後導致的威信真空進一步加劇，而清廷政權軟化的趨勢也使一切變得更加的嚴峻。載灃不是不想做攝政王，但他又何嘗不是無處可逃。

憲政困境

速開國會之願與皇族內閣之憤

一九〇八年八月，清廷在立憲派的鼓噪聲中，終於頒布了《欽定憲法大綱》以及《議院法選舉法要領》和《議院未開以前逐年籌備事宜清單》，並宣稱「上自朝廷，下至臣庶，均守欽定憲法，以期永遠率循，罔有逾越」。

清廷正式頒布憲法大綱、搞公開政治的做法，這在中國歷史上是頭一遭。按照《籌備事宜清單》，憲政的設計者們將預備立憲期限定為九年，並詳細開列了這九年的籌辦大事和時間表，如第一年（一九〇八年）籌辦諮議局、頒布城鎮鄉地方自治章程、國民普及教育、編訂重要法典等；第二年（一九〇九年）舉行諮議局選舉、頒布資政院章程、人口調查、設立各級審判廳等；第三年（一九一〇年）資政院開院、籌辦廳州縣地方自治、頒布文官考試制度等；第四年（一九一一年）續辦各級地方自治、頒布地方稅章程等；第五年（一九一二年）各級地方自治初具規模，頒布國家稅制章程等（後面就不說了）。等到第九年，也就是西元一九一六年，清廷將宣布憲法與皇室大典、頒布議院法、頒布上下議院議員選舉法並舉行選舉等。

從規劃和時間表來看，要辦的這些事情基本都是大事情，對於一個向現代國家轉型的舊中國來說，其難度可想而知。客觀地說，新政和預備立憲的各項措施在辛亥革命前還是取得了一定成效，這也說明清廷在某種程度上已經突破了沿襲千年的「祖制」（不僅是清朝，而是從秦漢以來的傳統專制制度），正在自覺或不自覺地朝著現代國家推進。特別到了預備立憲，更是深刻地觸動傳統政治體制中最保守最核心的成分——專制皇權。在這個結構性變化即將來臨的時候，任何的魯莽和冒進都將給中國的未來帶來災難。但是，正如一九〇九年日本首相桂太郎冷眼旁觀的：「立憲和國會等制度是好的，但需要很長時間的準備，中國現在走得太快，一定會出問題的。」

按照一九〇八年的籌備立憲路線圖，清廷要進行九年的預備工作後方能召開國會，頒布憲法。但是，一旦民眾的力量被發動起來，其進程和結果便不是改革的設計者所能控制和預料的了。誠然，清廷在一九〇九和一九一〇年設立了諮議局和資政院，但立憲派認為諮議局受制於督撫，而資政院為非驢非馬之議會，因而大都希望能在兩三年內便召開國會。一九一〇年資政院在討論「速開國會案」時，議員們全體贊成並起身歡呼，足以見其心情之迫切。

從一九〇七年秋天起，各地立憲派便紛紛上書清廷，要求速開國會。而在一九〇九年十月各省諮議局第一次開會時，江蘇諮議局議長張謇通電各省諮議局，建議組織國會請願同志會。經過一個多月的多方聯絡，各省代表於十二月十八日陸續抵達上海，開會商議請願速開國會之事。一九一〇年一月，各省請願代表團代表到北京後，向都察院呈遞了由直隸諮議局議員孫洪伊領銜的「速開國會」請願書，「期以一年之內召開國會，則天下幸甚」！

都察院的大人們對此類干涉朝政的帖子向來十分反感，因而沒有為他們代奏。代表們失望之餘，便開始遍謁朝臣，尋求支持。他們首先去求見的是首席軍機奕劻和其他軍機大臣。奕劻一向圓滑，他對請願代表說：「我亦國民一分子，自必幫忙。」那桐也表示贊成。在經過他們的爭取後，鹿傳霖和戴鴻慈也表示理解。但在訪問一些皇族親貴的時候，肅親王善耆、貝子溥倫和鎮國公載澤則避而不見，而貝勒載濤和毓朗則表示將「竭力相助」，總算是讓代表們感到些許安慰。

與此同時，各省督撫也紛紛致電清廷，請求「俯從輿論，速開國會」。隨後，御史江春霖（也是資政院議員）特意上摺「奏請縮短國會年限」。不僅如此，連旗民也加入請願隊伍，他們「公推代表，赴都察院呈請代奏速開國會」。在這種情況下，都察院只好將這些請願書一同上奏。

不過，令代表們失望的是，一月三十日清廷發布上諭對請願速開國會之事作了答覆。上諭中雖然對代表們的愛國熱忱「深表嘉悅」，而且保證「憲政必立，議院必開，所慎籌者，緩急先後之序耳」，但還是以「國家幅員遼闊，國民智識不一，遽開議院，反致紛擾不安」為藉口，拒絕了代表們的請願要求。

對於這個結果，各省請願代表們並不感到吃驚——如果請願一次就能成功，那就不叫中國的朝廷了。於是，他們經過商議後，決定再次發動請願，而且要擴大請願代表的範圍，並廣泛徵集請願簽名，以壯聲勢。同時，請願代表們還制定了章程並成立了「國會請願同志會」，北京設立總部，各省各埠設立支部，隱然已有政黨之雛形。

一九一〇年六月初，經過「國會請願同志會」的努力，各省代表們再度進京，發動第二次請願。這次請願代表擴大到一百五十人，除了各省諮議局議員外，還包括了各省商會、學會及華僑代表等。而且，令人鼓舞的是，這次請願還徵集到三十萬人的簽名，其規模遠遠超過第一次。

六月十六日，進京請願代表再次來到都察院，呈遞了十份請願書。雖然十份請願書各有側重不同，到結論只有一個，那就是「速開國會才是弭亂救亡之策」。請願代表們還警告說，如果不速開國會，「漢唐元明末造之禍，必將復見於今日」，與其等「大難已作同遭玉石俱焚之慘，何不及今力持大體，俯順民情，速開國會，以弭亂於無形乎」？

這次都察院沒有為難，而是立刻代奏朝廷。請願書上去後，朝中大臣開始分化，有人力主「嚴旨震嚇」，以免代表們「嘵嘵不休」；有人則認為「民心不可失，民怨不可積，須婉言對付，免生枝節」。據說載灃看到請求立憲的簽名者已經有三十萬之多時，也曾忍不住拍案大呼：「人民請願如此之多，倘再不准，未免大失民心！」

但是，這些大員們討論下來，覺得還是不能輕易服軟；萬一這先例一開，以後這些老百姓都群起效尤，朝廷的威嚴何在，豈不是留下極大的麻煩。於是，這次朝廷發布的上諭口氣更加嚴厲，「毋得再行瀆請」！

第二次大請願失敗後，代表仍未氣餒，他們通電各省：「務必再作第三次請願之舉，矢以百折不撓之心，持以萬夫莫拔之力，三續、四續，乃至十續，或可有望成功。」於是，他們便展開了規模更大的第三次國會請願活動。「國會請願同志會」經過討論形成三個決定：一是請願代表範圍繼續擴大：正式請願時，各府、廳、州、縣都派代表一至二人到京，近省至少一百人以上，遠省至少五十人以上；二是分發簽名冊，並約定各省徵集至少上百萬的簽名；三是交叉請願：代表團向資政院請願，各省諮議局及各團體同時向資政院請願，各省諮議局及各團體再向各省督撫請願。

一九一〇年七月一日，留日學生千餘人在東京錦輝館舉行集會，聲援請願代表團，並表示要積極參加第三次國民大請願（看來留日學生支持立憲的也為數不少）。隨後，南洋、美洲和日本等地的華僑也紛紛致電支持請願活動，並相繼派出代表到北京以示支持。當時的各大報紙、雜誌也大造輿論，大力鼓吹速開國會的好處。一時間，「請願召開國會」成為當時最熱門的話題，全國各地也都形成了一股請願速開國會的熱潮。

一九一〇年八月十五日，國會請願團召開會議，決定各省各團體代表在農曆八月前必須到達北京，九月上書資政院，請開國會。另外，國會請願團向各省諮議局致電建議，國會召開之前不承認新租稅，各省諮議局開年會只討論一個議案，那就是速開國會案，目的不達到，各諮議局即行解散。不久，各代表便陸續抵達北京，連一向閉塞落後的甘肅也派出代表前往北京參與請願。更有甚者，山西代表到達北京時，在京的山西籍官員全體驅車乘轎，前往正陽門車站迎接本省代表，一時熱鬧非凡，轟動京師。

十月七日，請願代表團向資政院整隊出發時，奉天在京學生牛廣生、趙振清等十七人突然來到，他們交給請願代表一封信，表示「國家瓜分在即，非速開國會不能挽救，今第三次請願勢不能再如前之和平」。隨即牛廣生和趙振清兩人要「拔刀剖腹，以明心跡」，經過請願代表苦勸，兩人趁人不備，各從自己腿上和胳膊上割肉一塊，塗抹鮮血於請願書上，並高呼「中國萬歲」、「代表諸君萬歲！」隨後忍痛踉蹌而去。代表們亦淚流滿面，為之感動。十月二十二日，在民選議員的強烈要求下，資政院通過了速開國會案，隨後具摺上奏。

與前兩次請願不同的是，立憲派這次廣泛發動了社會各階層的民眾，並進行了聲勢浩大的請願簽名和遊行活動。十月五日，直隸各界人士一千多人在全國學界請願會會長溫世霖等人率領下，列隊前往直隸總督署請願，迫使直隸總督陳夔龍允為代奏；十日後，河南各界人士三千多人在開封游梁祠舉行請願簽名活動，隨後列隊到河南巡撫衙門請願，巡撫寶棻親自出來接見並答應代奏朝廷；十月二十三日，山西太原民眾一千多人集會，簽名支持請願活動，並前往巡撫衙門請願；同日，山西諮議局和國會請願同志會組織召開了上萬人的請願大會，當場簽名的就有五千多人，隨後列隊遊行到巡撫衙門請願。

十月三十日，福建各界人士五千多人遊行到總督衙門請願，閩浙總督松壽接受了請願書；同日，四川國會請願同志會召開請願大會，到會者六千多人，並在諮議局議長蒲殿俊的率領下，大家列隊前往總督衙門請願，總督趙爾巽答應代為轉奏。在各省請願同志會的組織下，其他各省如湖北、湖南、江西、貴州等地的簽名請願活動都在如火如荼地開展中。特別是東北三省，請願活動開展尤為熱烈，當時奉天各地集會人數均在萬人以上，簽名者近三十萬。

諮議局這邊的請願活動也很順利，各省諮議局基本上都通過了呈請速開國會的議案，並組織好進京請願代表。在民眾的請願熱潮下，各省督撫也受其感染。十月二十五日，由東三省總督錫良領銜，湖廣總督瑞澂、兩廣總督袁樹勳等十八個督撫及將軍都統聯名上奏，請求立即組織責任內閣，明年召開國會，以免人心沸騰。

各省實力派官員的表態，對立憲派發動的國會請願活動是極其有力的支持。在此情況下，清廷不得不做出讓步。一九一〇年十一月四日，攝政王載灃宣布將原定為九年的期限提前三年，改於宣統五年（一九一三年）召開議院。對此，江浙等省的立憲派則覺得朝廷已經讓步，不宜再行追逼。但部分請願人士感到不滿，他們認為沒有必要再等三年，特別是東三省的請願代表，更是堅決要求速開國會；十二月二日，奉天省城學生數十人前往省諮議局面見議長和副議長，當場割股刺指寫血書，要求進行第四次請願活動。

但是，清廷不願意再行更改，隨後下令遣散請願代表，並強行將東三省代表押解回籍，還將直隸代表溫世霖找了個藉口發配新疆充軍，以殺雞儆猴。與此同時，清廷則命各省舉行歡慶活動，以表示對朝廷「五年立憲」決策的擁護。於是各地在官方的組織下，張燈結綵，軍樂隊開道，群眾和學生手提紅燈，高唱愛國歌，三呼萬歲，「慶祝國會」四個大字則隨處可見，一派欣欣向榮的景象。

不管怎麼說，在這場運動中，那些雪片般的請願書，蜂擁至京的請願代表，數百萬的民眾簽名，還有那些割臂、割股寫血書的壯舉，這一切的一切，都表明了這個古老帝國的民眾正在用全部的熱情和心血致力於促進一種大變革的發生。從

一九一一年，校閱新建陸軍的大臣合影（左三為載洵，左五為載濤），皇族的親貴們把持了軍隊的高級職位。

這點來看，第三次國民大請願運動不僅可以與英國的大憲章運動相媲美，即使與後來的五四運動相比也毫不遜色。

但事情很快又突轉急下。按照修訂後的預備立憲規劃，宣統三年（一九一一年）最重要的事情便是組建責任內閣。一九一一年五月八日，清廷裁撤舊內閣和軍機處，設立責任內閣。在新發布的內閣官制章程中，對新內閣的組織結構和職權作了明確規定：內閣由國務大臣組成，國務大臣包括內閣總理大臣一人，協理大臣一至二人，各部大臣共十人（外務、民政、度支、學務、陸軍、海軍、司法、農工商、郵傳和理藩院十部）。應該說，這種構架和當年袁世凱力爭的責任內閣基本相似，在推進中國專制政治結構的轉型還是具有很大進步意義的。

但是，載灃任用滿族親貴的禍端也在這次內閣名單上徹底暴露。當時的內閣名單如下：總理大臣奕劻（宗室），協理大臣那桐（滿）和徐世昌（漢），外務大臣梁敦彥（漢），民政大臣肅親王善耆（宗室），度支大臣載澤（宗室），學務大臣唐景崇（漢），陸軍大臣蔭昌（滿），海軍大臣載洵（宗室），司法大臣紹昌（覺羅），農工商大臣溥倫（宗室），郵傳大臣盛宣懷（漢），理藩大臣壽耆（宗室）。

內閣總共十三人，滿族即占到九人，其中皇族七人，漢族竟然只有四人，舉國都為之譁然。立憲派本有兩個要求，一個是速開國會，一個是責任內閣，但速開國會的要求被打了折扣，而皇族內閣就更是讓那些立憲派至為的失望。因為在這個極為敏感的問題上，清廷在不經意間犯下的巨大錯誤，這等於是證明了革命黨人反清排滿和實行種族革命主張的正確性，這等於是在給革命黨人加分的愚蠢之舉。

梁啟超在第三次請願之前，說「現今之政治組織不改，不及三年，國必大亂，以至於亡，而宣統八年（一九一六年）召集國會為將來歷史上必無之事」。對於「皇族內閣」的出現，梁啟超更是憤懣至極，謂將來世界字典上決無復以「宣統五年（一九一三年）四字連屬成一名詞者」，「誠能並力以推翻此惡政府而改造一良政府，則一切可迎刃而解」。

一貫主張改良的梁啟超都這麼說了，那清朝剩下的日子可就指日可待了。但話說回來，清廷「五年立憲」也未免太速，回顧清廷覆滅後的近百年歷史，中國要想實現真正的憲政民主，即使路線圖劃定為五十年，也不為過。但最為可笑可嘆的是，當時的人竟然連五年都等不了。由此，清末憲政的失敗和未來的憲政民主之路，其艱難可想而知。在過度狂熱的情緒下，中國選擇了更為艱難的一條路，這難道就是歷史的選擇抑或是中國人的宿命？

保路運動

鐵路國有政策引起的強烈反彈

中國歷史上的第一條鐵路，是英國人在上海修建的淞滬鐵路，於一八七六年七月建成通車。當時建造方為討好地方當局，這條鐵路的火車頭分別命名為「天朝」號和「先鋒」號，但這並不能打消那些清朝官吏們的疑慮。特別那冒著黑煙的蒸汽機車和發出巨大響聲的汽笛，立刻把那些封建士大夫們嚇得半死，他們以破壞祖宗成法為由，多方交涉，要求火車停運；而火車經過之處，那些農民也叫苦連天，他們看到這從來沒有見過的龐然大物橫穿田地，騷擾自己的家園乃至祖墳。當火車開過來的時候，這些愚民們更是被嚇得抱頭鼠竄。所有這一切，都是他們所難以容忍的。

淞滬鐵路通車後的第二個月，發生了一個事故：一個兵丁和火車搶道被撞死，這下把沿途士紳和愚民們的怒火全點燃了。在清朝官員和地方士紳的煽動下，沿途的民眾們衝進淞滬鐵路辦事處，搗毀了英國人的鐵路公司。騷亂既起，清廷也不能坐視不理，便高價將鐵路買下後全部拆除，最後將那些鐵軌等全部拋進了吳淞口外的江海之中。

「要想富，先修路」，甲午戰爭之後，國人民智漸開，也漸漸明白這「大鐵牛」原來也有很多的好處，而清廷也看到了鐵路在國防上的戰略意義，「拆毀鐵路是抵禦列強入侵」的觀念很快轉變為「修建鐵路是治內禦外之急務」的共識。

在清廷政策引導和鼓勵下，國內隨後便掀起了建設鐵路的高潮。最開始的時候，清廷制定的政策是「合股官辦」。但由於當時民間資本和官方資金一時難以募集，而西方的財團則盯上了中國鐵路投資的黃金機會，因而當時修建數條鐵路的資金主要來自於外國資本。但是，外國資本在修建鐵路的同時也控制了鐵路的管理權、用人權、稽核權和購料權等。更為嚴重的是，這些鐵路的借款合約往往規定，中方必須以全路產業作為抵押，如果到期不能還本付息，外方將把鐵路占為己有。

正因為「合股官辦」的模式存在路權喪失的種種弊端，清廷後來便也傾向於鼓勵民間集資，國人獨立建造鐵路的方式。特別在庚子之役後，「從洋人手中收回路權，由中國商紳集資，通過中國人自己的力量來建設鐵路」，幾乎成為全國上下的共識。一九〇四年，隨著經濟上的民族主義思潮的勃興，「拒外債、廢成約、收路自辦」成為全國士紳的鮮明口號，收回礦權和路權也成了國民的自覺運動，特別是知識界和工商界都為之大力鼓吹。

由此，中國人「不借洋債、自行築路」便也成為熱潮，各地商辦的鐵路公司也陸續成立，如廣東潮汕鐵路公司、湖南全省支路總公司、川漢鐵路有限公司等。但是，鐵路建設是一項週期較長的大投資，商辦鐵路往往修築多年仍未見成效，或者後路未修，前路已壞。資金不足是商辦鐵路的最大問題，譬如廣東籌集股本一千四百萬兩，相當於廣東境內粵漢鐵路投資的一半；湖南籌集五百萬兩，不到粵漢鐵路湖南境內投資的五分之一；四川籌集一千六百萬兩，只相當於川漢鐵路西段（成都至宜昌）投資的六分之一。有人預測，如果當時的集資和建造速度，川漢鐵路至少需要近一百年才能通車。

另外，這幾個省為了集股，又設立米捐、房捐，甚至抽收租股（按畝收租股）、鹽股、茶股、土藥（鴉片）股，小戶、貧農也在所難免，徒增負擔。而鐵路公司職員的侵蝕挪用，更是常事。最為諷刺的是，四川在一九〇三年成立了鐵路公司，尚未修一寸鐵路，幾年下來卻已支出一千多萬兩（其中還包括被經管人員所貪汙挪用的兩百萬兩），帳目堆積如山，無法算清（四川在一九四九年前仍無鐵路）。如此商辦下去，粵漢、川漢鐵路通車不知要等到何年何月。

與此相對應的，借助外資修建的鐵路則大都資金充足，建設速度也快，如京漢鐵路、滬寧鐵路和汴洛鐵路三條長線陸續竣工，這和「奏辦多年，多無起色」的那些商辦鐵路形成了鮮明的

首條由中國人設計建造的京張鐵路通車了，這是通車典禮上的南口茶會專車。但四川的鐵路直到建國前仍舊遙遙無期。

對比。由於當時國內極度缺乏鐵路建設和管理人才，因而在鐵路修建過程中外方派出這方面人才，這似乎也不為過，談不上有意控制中國路權。就這點而言，民族主義固然激越動聽，但在效果未必上佳。

在這種民族主義糾葛的背景下，清廷的決策就陷入了兩難境界：繼續商辦政策，則於鐵路修建的迫切要求和國家的長遠發展不利；但要舉借外債，實行鐵路幹線由國家建設的政策，雖然能夠以較快的速度完成鐵路建設，但卻必然遭到國內民眾的強烈反對，觸發強烈的民族主義情緒。

新上任的郵傳部尚書盛宣懷偏偏在一個不恰當的時間推出了一個稍欠妥當的政策，那就是在皇族內閣成立後的第二天，宣布了「鐵路幹線國有」政策。按照這個國務院第一號令，宣統三年（一九一一年）前所有集股商辦的幹線，必須由國家收回。

盛宣懷早年跟隨李鴻章辦理洋務，曾經辦理過輪船招商局、電報局和織布局等，一度還被張之洞聘請經理漢冶萍公司。後來，盛宣懷受命督辦鐵路總公司，也算是經濟建設的行家。後來，袁世凱勢力起來以後，他因與袁不和，其權力大都被奪。一九〇六年，鐵路總公司先後被唐紹儀和梁士詒主管，盛宣懷很是失意。直到後來袁世凱被趕下臺，盛宣懷才得以復出，出任郵傳部尚書。盛宣懷上臺初始，便決定執行乾路國有政策，首當其衝的便是粵漢、川漢鐵路，並重新起用了前不久因照相問題被免職的端方為督辦大臣。

從道理上來說，鐵路乃國民經濟之命脈，民間修建和管理的確有不妥之處。盛部長經營鐵路建設多年，其想法不能說不對，只是做法也未免心急了點。他在宣布政策不到半個月，便與英、法、德、美四國銀行團簽訂了巨額借款修路合約。

如果就合約本身而言，無論是利率、抵押條件還是經營管理權等方面來說，對中國方面都是相對有利的，譬如借款年利息為五釐，貸款期限為四十年，這在當時應屬於低利率的；以往的鐵路借款合約往往要以鐵路管理權或鐵路所有權作為抵押，這次則是以百貨雜類與鹽釐捐為抵押品，風險性要低得多；鐵路建造與管理的全部權力也歸中方所有，聘請的外國總工程師須聽命於中方督辦大臣。另外，合約還明確規定要優先使用中國工業產品與原材料，譬如鐵軌就必須使用中國漢陽鐵工廠自行製造的產品。

在這次的借款修路合約談判中，盛宣懷與四國銀行團代表磋商數月，雙方會談近二十次，可謂是煞費苦心，也確實為中方爭取到很多之前未曾有過的權益。但是，在合約談判成功後，正在興頭上的盛宣懷卻犯了一個嚴重的錯誤，他明知此政策勢必引起反對，卻在上諭中宣稱「如有不顧大局，故意擾亂路政，煽惑抵抗，即照違制論。」盛宣懷的決定，對當時民情洶湧而政府威信喪失殆盡的情況完全考慮不足。

果然，消息傳出後，湖南、湖北、廣東等地千人集會，要求朝廷收回上諭，並聲稱：「如有外人強事修築，則立即集全力抵抗，釀成巨禍亦在所不顧。」（和如今招引外資投資內地的熱情度對比，中國人的觀念在百年間已是判若兩人）。不過，在湖南巡撫楊文鼎和湖廣總督瑞澂或軟或硬的手段下，加上保路會內部的分化，兩湖的保路運動也漸趨消沉。廣東的保路會雖然得以開展活動，但也未掀起大的波瀾。

但此時的四川卻風雲突變，掀起了更為猛烈的保路風潮。一九一一年五月十六日，川省鐵路公司緊急召開第一次股東大會，決定向四川總督王人文請願。王總督見群情洶湧，只得答應代為上奏，請求暫緩接收。不料奏章上去後，反遭到朝廷的斥責，說川路公司「虧倒鉅款，殃民誤國」，連王人文也被申飭。

當時的川省鐵路董事會實際上是由四川立憲派領袖蒲殿俊等人控制，他們請願速開國會的要求被朝廷拒絕，而這次對於盛宣懷的「鐵路國有」政策更是極為的憤慨。按當時郵傳部的辦法，湖南湖北的路股照本發還，廣東路股發六成，其餘四成給無利股票，四川路股則只退還現存的七百餘萬兩。

對此辦法，川路股東拒不同意。六月十七日，川漢鐵路股東、諮議局議員和各界代表成立「保路同志會」，要求將股本照數發還。對此，盛宣懷聲稱政府不能把從全國老百姓聚集到國庫的錢，用於補償民辦鐵路公司由於自己經營不善所造成的虧損（有近三百萬兩是因為經管人員在上海從事橡膠股票投機時虧空殆盡，事實上，川漢鐵路公司當時已經基本破產。用其內部人的話來說，是「以索還用款為歸宿，以反對國有為手段」）。如果要將已用之款和虧損之數照數發還，就必須要以川省財產為抵押再借外債，雙方無法達成妥協。

話說回來，盛宣懷拒絕由政府支付川路公司原先虧空的部分股資，雖然說有一定道理。但是，政治決策不能斤斤計較於經濟利益，而更應該著眼於政治上的大局。可惜的是，盛宣懷的表現更像一個商人。就在雙方爭論不休的時候，盛宣懷和端方失去了耐心，八月中旬，他們派人強行接收了川漢鐵路宜昌至萬縣段工程。

消息傳開後，川民怒不可遏。在保路同志會的組織下，成都開始出現停課、罷市，百業停閉，交易全無。為了保證鬥爭的合法性，街頭出現一道奇景，市民、商人和紳士們頂著光緒皇帝的牌位，供以香火，旁邊則用大字寫著光緒皇帝曾經頒布的上諭「川路仍歸商辦」，大家走上街頭，群情洶湧。很快，成都的罷課罷市之風傳到了四川各地後，發展成全省規模的抗糧抗捐，部分地區甚至發生搗毀巡警局的事件，局勢已在一步步走向失控。

清廷得知後極為震怒，將川督王人文罷免，調素有「屠夫」之名的趙爾豐即刻入川。但是，面對朝廷「嚴厲彈壓、毋任囂張」的朝旨和先帝亡靈的木牌，趙爾豐也是左右為難，進退失據。在一片茫然失措中，四川局勢並無絲毫的好轉，而此時的朝廷也已經對此失去耐心，督辦川漢鐵路大臣端方被命帶兵前往四川。

嚴令之下，趙爾豐則於九月七日在成都設法誘拘了保路運動的主要領導人物蒲殿俊、羅倫、張瀾等十餘人，查封了保路同志會和川路公司及相關的報刊，以試圖平息事態。不久，趙爾豐令貼出告示，命令「即速開市，守分營生，如若聚眾入署，格殺勿論」。

不料「格殺勿論」的恐嚇居然沒有生效，當天便有上千人手捧光緒皇帝的靈牌，將總督衙門團團圍住，要求釋放蒲殿俊等人。當時的總督衙門已成風口浪尖，激越的呼喊聲和人群的陣陣湧動，令荷槍實彈的總督衛隊都為之緊張得發抖冒汗。

此時的趙爾豐正在後堂，他也是焦慮萬分，但又束手無策。在掂量了許久之後，趙爾豐斷然下令：「開槍！」一時間，督署門口槍聲大作，請願人群一片驚慌和尖叫，頓時陷入混亂和血泊之中。隨後，趙爾豐又令馬隊出擊，徹底驅散人群，當時被踐踏者無計其數。

這就是震驚中外的「成都血案」。在這個血案裡，共有五十多名無辜百姓被槍殺或者踐踏而死，其中年紀最大的七十三歲，最小的只有十五歲。事後，這些死難者被誣為「亂黨」，卻發給恤銀，這些人等於是白死的。

血案之後，同盟會員龍鳴劍等人裁取木板上百塊，上書「趙爾豐先捕蒲、羅諸公，後剿四川各地，同志速起自救」等字，包上油紙後分投江中，用這種極具創造力的方式將消息傳遍四川，人稱「水電報」。各地的保路同志會聞訊後紛紛展開行動，成都附近的同志軍（以哥老會為主）甚至次日即進攻成都。七、八天後，各地逼近成都的起義軍達一、二十萬之眾，將成都圍了個水泄不通。趙爾豐既要防內又要攻外，顧此失彼，狼狽不堪，陷入了人民的汪洋大海之中，只得急切通電求援。

面對四川的危局，清廷對趙爾豐也失去了信心，隨後便決定飭派鄂、湘等六省援軍赴川。同時，清廷還催令端方迅速啟程西上，並起用曾任川督的岑春煊入川會同辦理剿撫事宜。但是，其他的官員對控制四川危局和清廷也同樣失去了信心。後來被責令入川的端方和岑春煊都延宕不前，不願去蹚四川這趟渾水。趙爾豐無奈之下，將蒲殿俊等人全部釋放，但也不足以挽回敗局。

九月二十五日，同盟會員吳玉章等人奪取榮縣宣布獨立；十月十日，武昌起義爆發，正式拉開了辛亥革命的大幕，十月二十六日，清廷將「誤國首惡」盛宣懷即行革職，永不敘用；十一月二十八日，被清廷委任為署理四川總督的端方在入川途中被殺；十二月二十二日，成都血案的製造者趙爾豐被成都軍政府正法。

王朝的末期，歷史總是充滿了諷刺，就像熊市裡利好也會被當成利空來炒作。事實上，保路運動是一種經濟民族主義與愛國道義乃至地方利益集團私利的一個混雜物，這種抗爭並不能簡單地理解為愛國主義。

可笑的是，盛宣懷的「鐵路國有」政策本無大錯，卻由此引發保路運動，進而導致清王朝的覆滅，這大概也是一件始料未及的事情。民國建立後，孫中山也曾計畫向外國借款進行他的「鐵路大計畫」（甚至打算給予洋人全部築路權與經營權），這時卻沒有人來斥責孫先生的這項「賣國」計畫。

更為可笑的是，就在清朝覆滅不過一年多後，民國交通部便再次提出將商辦鐵路收為國有的政策。儘管交通部所提出的基本辦法與清廷政策幾乎如出一轍，但這次地方士紳們卻不再高呼「路亡國亡」的口號，他們此刻似乎已經有了自知之明並答應按照前清的補償方案進行。可惜的是，民國政府並沒有足夠的資金來換取商辦鐵路股民們手中的股票，他們當時採取的是折給債票等形式，實際上是用一些無法兌現的空頭支票從股民們的手中收回了路權。而到了後來，由於民國政府如走馬燈般的更換，歸還股民資金的問題也就一再拖延，最後乾脆就不了了之。

有時候，歷史真的是讓人啼笑皆非、哭笑不得，當年那些激憤的參與保路運動的川民們，如果他們知道在未來的四十年中四川都不會有鐵路，不知會作何感想？

武昌起義

革命開始與即將落幕的大清王朝

一九一一年九月十四日，武昌楚望樓十號來了一批年輕人，這便是當時武漢的兩個革命團體共進會和文學社的主要成員。由於當時四川保路運動已經是風起雲湧，革命形勢大有席捲全國之勢，這兩派人在接觸了幾次後，便決定召開聯席會議，進行積極合作。

共進會是當時同盟會分化而來的週邊組織。當時由於同盟會東京總部鬧分裂，而孫中山、黃興等人則以南洋為基礎，專事西南起義又屢不得手。對此，一些長江中游數省的同盟會員湖北劉公、湖南焦達峰、江西鄧文翬等人便認為，同盟會不重視在長江流域的起義，因而倡議另行組織一個革命團體，這便是一九〇七年八月在日本東京成立的共進會。共進會制定紅底十八星軍旗，自稱為同盟會的「行動隊」，準備在長江中游伺機起事。

一九〇八年冬，共進會員孫武和焦達峰等人先後返回國內，並於次年在武漢和長沙分別設立共進會湖北分會和湖南分會，積極發動會黨，組織革命力量。與此同時，江西共進會也在原有的反清小團體易知社的基礎上，由鄧文翬的主持下祕密發展。在一九〇九至一九一〇年間，孫武等人發現會黨紀律散漫，不受控制，依靠他們舉事難以成功，於是便將聯絡的重點轉向了新軍。

事實上，在當時的新軍中已經有個類似的革命團體，這便是文學社。文學社其實和文學根本搭不上邊，它是由同盟會員在新軍士兵中發展出來的一個革命組織，原名群治學社，後來改為振武學社，由於活動被發現，最後改名為文學社，以掩人耳目。文學社以蔣翊武、劉復基等人為骨幹力量，他們在湖北新軍中發展了三千多人，比共進會還有多一倍。這兩個組織發展的力量已經占到了湖北新軍的近三分之一，革命條件非常有利。

由於四川的局勢並無好轉的跡象，清廷令端方督率鄂軍迅速入川，而部分湖北新軍也準備調防漢陽、漢口和市外他縣。在此情況下，一九一一年九月二十四日，共進會和文學社在武昌胭脂巷再度舉行聯席會議，決定推舉蔣翊武為軍事總指揮，孫武為軍務部長，在十月六日（也就是農曆中秋節）那天發動起義。

會議過後，「八月十五殺韃子」的消息在當地不脛而走，當地一份小報甚至公然宣稱革命黨要在中秋起事。消息傳開後，湖廣總督瑞澂十分驚恐，他深知革命黨勢力早已深入新軍隊伍，於是便以調防為名，將他認為有問題的新軍分調各處，以拆散革命黨在部隊中的組織關係。特別在中秋前的幾天，瑞澂更是緊張不安，他特意召集文官知縣以上、武官隊長以上參加防務會議，要求軍隊提前過中秋節，並於節日期間實行戒嚴，士兵不得外出，子彈一律入庫。

八月十五日的中秋節，桂花飄香，皎月懸空。武昌城內，不但沒有想像中的喧囂和暴動，反是格外的寧靜與安詳。原來，湖南革命黨人焦達峰九月二十八日發來電報，聲稱準備不足，請求延緩十日起義。而由於軍隊調防，起義指揮系統等也需要臨時調整，於是孫武等人便決定將起義日期推遲到十日十六日。

在過完了極度緊張的中秋節後，湖廣總督瑞澂剛把懸起的心放下，但幾天後漢口租界的一聲爆炸，立刻又掀起了波瀾。原來，十月九日下午，孫武等人在租界寶善里安裝炸彈、籌畫準備工作時，有人不慎將紙煙火屑彈入火藥中引發爆炸，屋內頓時烈火熊熊、濃煙滾滾。孫武臉部當下被燒成重傷，被趕緊送往醫院救治。正忙亂間，俄租界巡捕聞訊趕來，將尚未撤離的劉同等人抓獲，並查抄了室內為起義準備的旗幟、文告和革命黨人花名冊等重要文件。隨後，俄租界巡警便將劉同等人和查獲物品一同移交給清方。

這可是個大案子。瑞澂一聲令下，武漢全城戒嚴，軍警四出，按照花名冊搜捕革命黨人。在這危急時刻，被調防岳州的蔣翊武匆匆趕回了武昌，並召集劉復基、彭楚藩等人在武昌小朝街八十五號開了一個緊急會議。會上，大家一致同意立即舉行起義。當天下午，蔣翊武便簽發起義命令，令當晚十二點以南湖炮隊鳴炮為號，城內外同時舉義。

但不幸的是，由於城內戒備森嚴，命令並沒有及時的送到南湖炮隊。這樣，午夜十二點到了，大家仰望星空，但都沒有等到期待已久的那一聲炮響。在大家焦急等待的時候，軍警們已經搜查到小朝街八十五號，蔣翊武僥倖逃脫，而劉復基、彭楚藩、楊宏勝等十來個人被堵了個嚴嚴實實。抓到這些革命黨後，瑞澂下令連夜突審，劉復基、彭楚藩、楊宏勝三人在淩晨便被害於督署東轅門。

十月十日上午，軍警們依舊在大街小巷四處搜查，革命黨人的據點相繼被抄，又有三十多名革命黨人陸續被捕。而這時的湖廣總督瑞澂自以為大案告破，局勢已定，他得意地電告朝廷請功，說：「傳革命黨有撲攻督署之謠，瑞澂不為所動，一意鎮定處之。張彪、鐵忠等各員，無不忠誠奮發，俾得弭患於初萌，定亂於俄頃。」

不過，瑞澂也未免高興得太早了。就在當晚，城內突然一聲槍響，頓時劃破了原本寧靜的夜晚。槍聲來自於城內紫陽橋南的工程第八營。在得知劉復基等領導人遇害、革命黨人相繼被抓的消息後，第八營的起義召集人熊秉坤心急如焚，最後決定不再等待那南湖的炮聲，而是約集同營的革命士兵當晚立即起事，不再拖延。

就這樣，在革命黨領導人缺位和指揮系統完全被破壞的情況下，那些革命士兵主動站了出來，並承擔了發動起義的責任。就在當晚七點多的時候，工程營中的排長陶啟勝查棚時發現士兵金兆龍臂纏白巾，手持步槍，似有枕戈待旦之勢。於是陶排長便懷疑其圖謀不軌，意圖造反，上前要繳金兆龍的槍。金兆龍在與其揪鬥時大呼：「同志動手！」於是同棚的士兵程定國趕來相助，並用槍擊傷陶排長的腰部。這便是武昌起義的第一槍，也是辛亥革命的第一槍。這一槍，宣告大清王朝的即將落幕。從偶然性決定歷史的角度來說，陶排長可能萬萬沒有想到，這兩百六十多年的清王朝居然被他這個小排長的貿然行動給葬送了。

陶排長被擊傷後負痛逃走就不說了。槍聲一響，熊秉坤等人立刻趕到，於是便當機立斷，宣布起義。在他的召集下，革命士兵迅速行動，督隊官阮榮發、右隊官黃坤榮和排長張文瀾等人見勢不妙，慌忙出營阻攔，士兵們嚷嚷道：「各位長官，跟我們一塊革命罷，同去同去！」阮、黃等人還沒有摸清形勢，居然大聲喝阻，可憐話還沒有說完，槍彈已鑽入他們胸膛。於是士兵衝出營外，凡阻擋的一律請他吃槍子。

到了楚望台軍械所那邊，還有數十個旗兵攔阻。不料軍械所裡也有革命士兵，他們聽到動靜後，裡應外合，一陣排槍便將旗兵們打得無影無蹤。於是士兵們打開軍械所，迅速分發武器彈藥。當時趕到楚望台的革命士兵大約有四百多人，由於熊秉坤軍階太低（相當於副班長），難以指揮服眾，所幸他胸懷全局，欣然順應了士兵要求，公推隊官（相當於連長）吳兆麟來充當臨時總指揮。吳兆麟原本是日知會會員，日知會被摧毀後便沒有參加任何革命組織，但也算是老革命。而且，吳兆麟做事幹練，有一定的指揮能力，他受命後一邊加強楚望台一帶的警戒，一邊派人與城內外其他革命部隊聯繫，以便統一行動。

夜漸深沉，但形勢發展卻向著革命黨人的這一邊發展。幾乎在陶排長被挨一槍的同時，武昌城外的塘角也突然燃起了熊熊大火。原來，和熊秉坤等一樣，駐守在城外塘角的混成協輜重營士兵也相約當晚發動起義。晚上七點後，革命士兵李鵬升等人用洋油燈點燃了堆積的馬草，宣布起義。

熊熊的大火，清脆的槍聲，駐守武昌的新軍各兵營立刻沸騰了，革命士兵們紛紛衝出自己的營房，他們本能地向槍械所、炮臺、制高點衝去。當時的十九標（相當於團）、三十標離最早發難的工程營最近，革命士兵分別由代表蔡濟民、彭紀麟率領，直奔楚望台。臨近的測繪學堂學員聽到槍聲後也迅速整隊奔赴楚望台，加上駐紮左旗營房的第三十一標和第四十一標的部分士兵，楚望台已經成為當時革命的制高點。

而在城外的塘角那邊，大火燃起之後，輜重營、工程隊和炮隊十一營的士兵紛紛回應，他們迅速進城攻占了鳳凰山高地，而另外一些士兵則前往楚望台接應。同時，城南的南湖炮隊第八標宣布起義，他們在工程營的接應下順利進城，隨即在楚望台和蛇山等高處布置炮陣。南湖炮隊舉義以後，附近的第三十二標和馬隊第八標也回應革命，他們也紛紛行動，彙集到楚望台、蛇山、鳳凰山等地，集體行動。

新軍士兵的起義可不同孫中山和黃興那些人組織的會黨及學生起事，他們都是軍事專業人士，一旦動起來可就是非同小可了。當時陸續參加起義的革命軍已經達到近四千人，而清軍的兵力也不過五千人。更重要的是，革命軍都集中了兵力，而真正和革命軍對抗的只有守衛督署及其附近的第八鎮司令部約兩千清兵。因此，無論是人數上還是士氣上，革命軍都占據優勢。

當晚十一點後，革命軍在蛇山炮兵的有力支援下，向總督署連續發起了三次猛烈的進攻，終於在凌晨兩點攻占了第八鎮司令部。瑞澂見勢不妙，慌忙帶領衛隊逃往江上的「楚豫」艦，而鄂軍提督、第八鎮統制張彪見大勢已去，只得率領殘兵敗將撤往漢口劉家廟。

當清晨的第一縷日光灑落在昔日威武的督署轅門時，這裡已經成為了革命士兵的占領地。在這天上午，那位自詡「不動聲色」的總督大人和「忠誠奮發」的統制大人早已逃之夭夭，而剩下的那些布政使、提法使、武昌知府等大小官員，都很面無表情地逃離了他們職守的衙門，並無一人反抗或者殉節。這對於大清王朝來說，是何等的悲涼啊！

當日上午十一點，在雄踞武昌城的蛇山之巔，飄起了一面紅底十八星的大旗，它宣告了一個舊官府的死亡，也同時宣告了一個新政權的成立。

但是，由於當時起義的領導人大都遇害或者下落不明，參加革命的士兵又缺乏威望，由誰來出面組織新政府便成了最緊迫的問題。他們首先找來的是湖北諮議局的議員們，並準備公推議長湯化龍作為軍政府都督。湯化龍雖然表示贊成革命，但卻自稱非軍人，以「不知用兵」的藉口加以推脫。大家想來想去，便想到了一個人。

這便是湖北新軍中地位僅次於統制（師長）張彪的協統（旅長）黎元洪。說來有趣，黎元洪原本是海軍出身，他一八八三年畢業於天津北洋水師學堂，一八九四年隨同「廣甲」艦參加了中日黃海大戰，艦毀後黎元洪落水獲救。戰爭結束後，北洋海軍的軍官一律被斥革，後來黎元洪投奔了張之洞，參與修建炮臺和訓練新軍，並曾三次赴日考察軍事，後任陸軍第二十一混成協統領。黎元洪本是舊派軍官，在編練新軍中多次鎮壓革命活動，並曾親手殺害起義士兵。武昌起義時，他自知情況不妙，躲到了幕友劉文吉家中。

正當黎元洪驚魂未定的時候，門口突然傳來一陣喧嘩，革命士兵找來了。情急之下，黎元洪躲進了床底，但最終還是被拽了出來。在吳兆麟等人的簇擁下，黎元洪無可奈何地來到諮議局。但他得知革命士兵要他當軍政府都督的時候，他驚慌地連道：「莫害我！莫害我！」死活不肯在安民告示上簽字。革命士兵一怒之下，自己拿筆代黎元洪簽上了他的大名。於是，

張之洞管理下的湖北兵工廠。湖北是清末新政的佼佼者，卻成為了革命的發源地。

「黎都督」之名在武昌城不脛而走。

十二日，漢口和漢陽先後光復，武漢三鎮全部落入革命軍之手。在革命形勢一片大好的情況下，黎元洪的態度突然來個一百八十度大轉彎，突然表示：「自此以後，我便是軍政府之一人，願與諸君共生死。」而諮議局的湯化龍等人異常活躍，他們和黎元洪頻頻商議，對軍政府的組合問題進行了精心設立。在十七日「祭天大典」宣布後的軍政府名單中，除了孫武出任軍務部長，其他六部均為黎元洪的部屬和湯化龍的親信。革命士兵的起義成果被他們輕易的掠奪了。

歷史上的事，本來都是偶然中有必然，必然中有偶然，但歸根結底，卻是偶然性發生作用。時下的觀點，大多數認為辛亥革命因武昌起義而起，然而武昌起義何嘗不是一種極大的偶然。就好比當時享有盛譽的偉人孫中山，此刻的他身在美國，直到三天後才得知武昌起義的消息，當時還並沒有十分嚴肅地對待此次舉義呢。

龍旗落下

東南互保的影響與中華民國的誕生

王樹增先生曾在其著作《1901》裡說，庚子年「當帝國的整個北方都已經混亂到不可收拾的地步的時候，帝國的南方卻是另外一番寧靜和平的景象，彷彿中華帝國此時為南北兩個不同的國家」。

庚子年的事件本屬荒唐，唯獨南方的「東南互保」尚屬清醒之舉。當義和團在北方鬧得不可開交、慈禧太后屢出昏招的時候，接近一半的地方大員公開指責朝廷聖旨「謬誤」並堅決表示不予執行，這樣的事情在幾千年的中國歷史上，絕對是史無前例的一次大意外。

南方各省的那些督撫們，大都是飽受傳統儒家文化薰陶的士大夫，他們早已從心眼裡斷然否認了北京當權派們對義和團的稱頌。其實這也算不上什麼高明，只不過從側面證明了當時的北京那些當權派們實在是過於的昏聵和糊塗。

庚子年六月，慈禧太后發布宣戰詔書後，通電全國，要求地方籌款調兵，勤王抗敵，共渡難關。這時，時任大清電報局督辦的盛宣懷，他由於職務關係，最先看到了朝廷指示南方各省大員「召集義民」的命令。令人吃驚的是，盛宣懷竟然把朝廷的電報給扣押了下來，隨後立即給被貶到廣東做總督的李鴻章發了電報。

盛宣懷給李鴻章的電報裡說：「千萬祕密。廿三署文，勒限各使出京，至今無信，各國咸來問訊。以一敵眾，理屈勢窮。俄已據榆關，日本萬餘人已出廣島，英法德亦必發兵。瓦解即在目前，已無挽救之法。初十以後，朝政皆為拳匪把持，文告恐有非兩宮所出者，將來必如咸豐十一年故事，乃能了事。今為疆臣計，各省集義團禦侮，必同歸於盡。欲全東南以保宗社，諸大帥須以權宜應之，以定各國之心，仍不背廿四旨，各督撫聯絡一氣，以保疆土。乞裁示，速定辦法。」

盛宣懷電報的大概意思，是說朝政可能被人把持，所出的文告未必真實，南方各省督撫最好權衡一二，力圖保住各自的疆土安定。李鴻章在接到電報後沉思再三，最後毅然復電說：「此亂命也，粵不奉詔。」

「亂命」，是李鴻章精心選擇的一個政治術語，把朝廷之「旨」定為不真實的「偽詔亂命」，這就不能算反叛。南方的其他官員顯然還沒有如此大膽，敢於這樣不加掩飾地與朝廷分庭抗禮。

自古以來，帝國的官場絕不允許抗旨，朝廷之令即使再荒謬不堪，也必須不折不扣地完成。當時李鴻章雖然被排擠到了廣東做總督，但在地方上仍舊有很大威望。清廷通令抗敵，東南各督撫們摸不準方向，李鴻章這個表態大大激勵了南方其他的官員們，決心將南方的半壁江山聯合在一起，抗旨自保。雖然在後來的很長時期裡，這些大臣被痛斥為「出賣民族利益的無恥之徒」，但不可否認的是，在庚子年的巨禍中，我們這個古老帝國半壁江山的穩定，這些人是有貢獻的。

預言家並不僅僅是李鴻章一人。《庚子國變記》中記載：「兩廣總督李鴻章、兩江總督劉坤一、湖廣總督張之洞、四川總督奎俊、閩浙總督許應騤、福州將軍善聯、巡閱長江李秉衡、江蘇巡撫鹿傳霖、安徽巡撫王之春、湖北巡撫于蔭霖、湖南巡撫俞廉三、廣東巡撫德壽合奏，言：『亂民不可用，邪術不可信，兵端不可開。』其言至痛切。山東巡撫袁世凱，亦極言朝廷縱亂民，至舉國以聽之，譬若奉驕子，禍不忍言矣。」東南督撫們的觀點和李鴻章一致：北京的當權派們必敗無疑。具有諷刺意義的是，在北方義和團農民造反的同時，南方的士大夫們也用他們獨特的方式造了一回反。

事實是，倘若東南各省不抗命，江南的半壁江山恐怕也要陷於戰火之中。當時各列強對南方覬覦已久，北京事亂之時，英國已經揚言要占領江陰炮臺、江南造船廠和整個吳淞地區。兩江總督劉坤一得報後，急忙請求美

兩江總督劉坤一。

湖廣總督張之洞。

國人從中斡旋，並調兵遣將以示堅決抵抗，英國人這才知難而退。

湖廣總督張之洞也不敢怠慢，他一再堅持拒絕英國進入長江。張之洞告訴英國人：「湖北已添重兵，並要求各州縣禁止傳播謠言，並全力捉拿匪徒，如果敢有故意生事的，立即正法，所有的外國商人和傳教士，當地政府一定盡力保護。」

張之洞還說：「長江以內，無論上下游，有我與劉坤一（兩江總督）兩人，一定全力行使保護之責，請英國放心。如果英國軍艦強行進入長江，民間反而會驚擾生事。再說，其他各國也像英國一樣的話，恐怕對英國不利。況且，吳淞口外英國軍艦最多，英艦要是不進長江的話，其他國家也沒有道理進入。」

張之洞的「以夷制夷」之法，運用得相當純熟，而這個事件其實只是「東南互保」的發端。所謂「互保」，簡單說就是：南方督撫絕不支援義和團滅洋之舉動，不奉北京政府對各國的宣戰之詔，並且努力保護洋人在華的安全和利益。作為交換，洋人不得在南方各省進行軍事活動和其他過激行為。

六月二十六日，在劉坤一、張之洞等人的支持下，由盛宣懷從中牽線策劃，上海道余聯沅與各國駐滬領事商定了「保護東南章程九款」：

一、上海租界歸各國共同保護，長江及蘇杭內地均歸各督撫保護，兩不相擾，以保全中外商民人命產業為主。

二、上海租界共同保護章程，已另立條款。

三、長江及蘇杭內地各國商民教士產業，均歸南洋大臣劉、兩湖總督張，允認真切實保護，並移知各省督撫及嚴飭各該文武官員一律認真保證。現已出示禁止謠言，嚴拿匪徒。

四、長江內地中國兵力已足使地方安靜，各口岸已有的外國兵輪者仍照常停泊，惟須約束人等水手不可登岸。

五、各國以後如不待中國督撫商允，竟至多派兵輪駛入長江等處，以致百姓懷疑，藉端啟釁，毀壞洋商教士的人命產業，事後中國不認賠償。

六、吳淞及長江各炮臺，各國兵輪不可近台停泊，及緊對炮臺之處，兵輪水手不可在炮臺附近地方操練，彼此免致誤犯。

七、上海製造局、火藥局一帶，各國允兵勿往游弋駐泊，及派洋兵巡捕前往，以期各不相擾。此軍火專為防剿長江內地土匪，保護中外商民之用，設有督巡提用，各國毋庸驚疑。

八、內地如有各國洋教士及遊歷洋人，遇偏僻未經設防地方，切勿冒險前往。

九、凡租界內一切設法防護之事，均須安靜辦理，切勿張惶，以搖人心。

這便是歷史上通常說的「東南互保」。簡而言之，「東南互保」的主要內容便是：規定上海租界歸各國共同保護，長江及蘇杭內地均歸各省督撫保護；東南各地方政府不奉行宣戰詔令，列強也不得在東南地區啟釁。

東南督撫們的舉措，也得到了兩廣總督李鴻章、山東巡撫袁世凱等人的支持。據稱，東南各省督撫甚至暗中約定，如果北京失守，兩宮不測，他們將推選李鴻章做總統以支撐危局（孫中山先生也曾提出同樣的建議）。只是，後來北京雖然淪陷，但慈禧太后逃至西安，權威尚在，這個提議也就壽終正寢。儘管如此，「東南互保」對清廷來說無疑是一種變相獨立，這也反映了當時清廷岌岌可危的地位和中央政權不斷軟化的趨勢。

在一九〇八年慈禧太后去世、攝政王載灃上臺後，清廷的威信更是急劇下滑，「外重內輕」的格局得到進一步強化。為了加強對各省軍隊的控制，載灃將軍權收歸軍諮處，由其三兄弟掌握，但此舉導致一個嚴重的後果，那就是在削弱地方督撫權力的同時，也削弱了督撫對各省新軍的控制。

武昌起義後，清末二十五萬新軍中至少有三分之一參加了反清革命。清廷編練新軍本意是保衛政權，不料新軍竟然反戈一擊，加速了清王朝的覆滅。這看起來有點黑色幽默，卻道破了歷史的真諦，所謂「槍桿子裡出政權」，誠哉斯言。

一九一一年十月二十二日，正當湖北的革命軍在和清軍激戰正酣的時候，湖南新軍起義回應。在革命黨焦達峰等人的策劃下，湖南新軍第四十九標率先發難，幾乎沒有受到像樣一點的抵抗，便已經占領了巡撫衙門。且說這些革命士兵尚未到達巡撫衙門，便遠遠看到院內豎了根大旗杆，旗杆上飄著個大白旗，走進一看，上面寫著「大漢」兩字。原來，巡撫余誠格早已逃之夭夭，特樹一旗表示誠意。於是，湖南的革命除放了三聲信號槍外，便已是兵不血刃，順利光復了長沙。革命成功後，湖南便推焦達峰為都督，陳作新為副都督，建立了湖南軍政府。

就在湖南起義的同一天，陝西西安的革命黨也宣告舉事。當時西安將軍文瑞和護理巡撫錢能訓自知新軍不可靠，便準備將其調出西安，以分散其兵力。不料消息走漏，革命黨反先行一步，逼得文瑞投井自殺，錢能訓舉槍自傷。當時發難的指揮，分別是管帶張鳳翽和張益謙，兩人都是日本士官學校畢業生，又加入了同盟會，由此一呼百應，自然革命成功。西安光復以後，張鳳翽和張益謙兩人便被推為正副兩統領。

陝西革命黨起事的後一日，也即是十月二十三日，江西九江新軍便宣告獨立，將九江知府朴良趕走，公推標統馬毓寶為都督。這九江一獨立，省城南昌便受波及，不過一週，革命黨人便衝進南昌，把巡撫衙門占了，原巡撫馮汝騤又羞又憤，竟然吞金自殺，成為漢人官僚中為清朝殉節的第一人，實在是可悲可嘆。

就在九江獨立後的第二天，革命黨人又將新任廣州將軍鳳山給炸死。看來，這廣州將軍的位置真不吉祥，前任將軍孚琦被革命黨刺殺於街上，而鳳山這次乘船南下接任，剛剛登岸進城，還沒來得及施展官威，便聽「轟」的一聲，鳳山連人帶轎，一起被炸得粉碎。據說，當時有一名叫陳軍雄的革命黨同時炸死，其餘人等見已得手，便迅速散去。那廣東一向就是革命形勢一片大好，兩廣總督張鳴岐也知朝不保夕，只得於十一月九日接受地方士紳「和平獨立」的要求，不料當眾人推舉他做都督的時候，他假意接受，隨後便逃到了租界。沒奈何，只得將革命黨胡漢民從香港請來做廣東都督。胡漢民一來，革命黨人便也蜂擁而至，朱執信、廖仲愷、陳炯明等全部齊聚廣州，連伍廷芳也做了外交部長。

陝西革命後，鄰省的山西革命黨也躍躍欲試。山西巡撫陸鍾琦和新軍協統譚振德心中恐慌，正待設防，革命黨已經發動起義。十月二十九日，山西新軍發難，迅速攻占了巡撫衙門，並將巡撫陸鍾琦與協統譚振德當場擊斃，太原宣告光復。隨後，山西各界代表在諮議局開會，公推標統閻錫山為山西都督，竟然成就了老閻近三十年的山西土皇帝。

接下來宣布革命的是雲南。十月三十日，一貫傾向革命的新軍協統蔡鍔和革命黨人唐繼堯等人經過多次密謀後發動起義，隨後同總督李經羲和十九鎮統制鍾麟同的清兵展開激戰，最終將鍾麟同擊斃並俘獲了李經羲，昆明光復。雲南獨立後，蔡鍔當上了雲南軍知府的都督。

再說那浙江巡撫增韞見各省紛紛獨立，心裡也是愁灼萬分，每日都要召開官紳會議討論，偏偏那些紳士每日以「獨立」為請，增韞聽了連連搖頭，紳士們見狀也只好默默退走。大家想，浙江本來就是革命黨活動頻繁之地，光復會、同盟會都在四處活動，他們見武昌首義成功，自己哪能無動於衷？

當時便有陳其美等人在左右策劃，要到杭州和上海同時舉事，把場面鬧騰大點。不料尚未準備妥當，上海的革命黨便率先發難，浙江的革命黨一聽，黨人不甘落於人後，便於次日組織了敢死隊揣了炸彈，摸近巡撫衙門後，便闖入大門扔炸彈。這炸彈一響，革命黨便紛紛衝進署門，那巡撫的衛隊竟然不敢抵抗，個個目瞪口呆，急得巡撫增韞只得往馬廄裡藏身。不巧革命黨眼明手快，給逮了個正著。可憐增巡撫被一把抓住，所幸沒有要他的命，只是拖到福建會館幽禁了事。至於杭州將軍德濟，開始尚且不肯服軟，兩邊正要開炮相鬥，幸有當地紳士潛入清營，好說歹說，才兩下談和，免得生靈塗炭。於是德濟、增韞等人被禮送處境，杭州便告光復。隨後，浙江成立軍政府，推立憲派首領湯壽潛為都督。

本來杭州上海兩地的起義都是由陳其美來組織，不料十一月三日閘北巡警率先發難，宣告閘北光復。隨即商團武裝又在南市起事，上海道台劉燕翼和知縣田寶榮被夾在中間，只得倉皇逃往租界保命要緊。隨後，陳其美率領革命黨攻打最後一個堡壘江南製造局，那總辦張士衍尚在裡邊負隅頑抗，一時久攻不下，陳其美發躁，便隻身前往勸降，不料反被其扣下。直到次日凌晨，在援軍和局內工人的配合下，製造局被攻克，張總辦逃之夭夭，陳其美重新獲釋。十一月四日，上海宣告光復，陳其美當上了上海都督。

就在上海舉義的同一天，貴州革命黨人也率兵攻打貴陽城。早在數日前，諮議局的議員們便勸告巡撫沈瑜慶反正，沈巡撫不聽。十一月三日，革命軍打進城來，沈瑜慶見大勢已去，只得拱手交出政權，宣布下臺。最開始的時候，貴州是由當地的自治學社革命黨控制，後來因為派系相爭，雲南的唐繼堯率滇軍進入，遂由唐繼堯當了貴州都督。

武昌首義不到一個月，各省便紛紛響應，那些尚未光復的巡撫也如熱鍋上的螞蟻，坐立不安，最後有兩個省的巡撫一狠心，也宣布獨立，參加革命，這便是廣西與安徽兩省。那廣西巡撫沈秉堃見梧州已經先行獨立，也知事不可為，只得接受革命黨和立憲派的建議，宣布獨立，咸與革命，至少沈秉堃還落了個都督幹幹，可惜沒多久便被副都督、革命黨人陸榮廷給擠走了。

安徽的革命相對複雜一點。開始的時候革命黨在安慶密謀起事，後來因為指揮不當，起義竟然無疾而終，是當時革命中比較少見的。但安徽其他地方沒有消停，合肥、蕪湖等地相繼宣告獨立。安徽巡撫朱家寶見此情況，只得在省城安慶也宣布獨立，並自任都督。不料此舉遭到了革命黨人的強烈反對，他們不准朱巡撫自行革命，於是便在十一月十一日宣布重新獨立，並以王天培為都督。後來朱家寶有煽動巡防營鬧事，奪回軍政大權。革命黨人大憤，向九江軍政府求援。於是李烈鈞便派兵進入安慶收拾殘局，最後由革命黨人孫毓筠出任安徽都督。

江蘇巡撫程德全的反正是最為搞笑的。十一月四日晚，起義成功的革命黨派出五十人的小分隊前往蘇州策反新軍，次日新軍和革命黨便進入蘇州，占領了各大衙門，要求程德全宣布獨立。一向謹小慎微的程德全倒還算鎮定，說：「值此無可奈何之際，此舉未始不贊成。」便順應了革命。為表示革命的誠意，程德全特命人用大竹竿將巡撫衙門大堂上的簷片挑去幾片。在大瓦片哐噹落地聲中，江蘇也宣布進入了革命陣營，程德全昨天還是大清的江蘇巡撫，一眨眼便成立江蘇軍知府的都督。

在龍旗頻頻落地中，也有反抗頗為激烈的，譬如在福建。福建本來革命基礎尚好，當時革命黨人彭壽松從日本回來後，爭取到福建新軍協統許崇智等人的支持，於是便決定在十一月十二日起義。十一月八日，福建諮議局議員勸告閩浙總督松壽交出政權，但松壽腦子不開化，偏要頑抗到底。受此刺激，革命黨當天晚上便發動起義，那松壽也組織了旗兵拼死抵抗，雙方竟然激戰了一個晚上。最後，革命黨和新軍擊潰旗兵，松壽見大勢已去，吞金自殺，福州將軍被擊斃。於是，福建便也落入了革命黨人的手中。

引發眾多革命的四川，倒反晚於其他省份獨立。十一月二十二日，重慶首先宣布獨立，隨後其他各府、州、縣才陸續獨立，唯獨剩下個省城成都被革命包圍著。十一月二十六日，新授四川總督的端方在入川途中被他帶領的湖北新軍士兵所殺。端方本是滿人中最為開明且有才幹的官員，並無惡行，值此反滿風潮，也是可憐被冤殺，白白糟蹋了一個棟樑之才。趙爾豐在端方被殺的次日宣布反正，並以蒲殿俊為都督，而他本人未及逃走，後被革命軍正法。

如此一來，南方各省便都已宣告獨立。隨之而來的，長江上的十多隻海軍軍艦，也在革命黨的策劃下，投了革命軍。有意思的是，南方革命省份飄揚的旗幟卻大不相同，湖北、湖南、江西打的是十八星旗，廣東、廣西、雲南和福建飄的卻是青天白日旗。至於江蘇、浙江、安徽等地，用的卻是光復會的五色旗。而陳炯明在惠州舉義時，手裡拿的居然是古老的「井」字旗。至於那些反正的省份，也用不著那麼複雜，他們只管掛出一面白布算是順風旗，頂多在旗上寫上「大漢」或者「興漢」幾個大字。

北方的情況也不容樂觀。就連那慶親王奕劻的兒女親家、山東巡撫孫寶琦，居然也宣布獨立，這可真是讓清廷十分傷心。好在後來孫寶琦良心發現，他在袁世凱軍力的支持下，又宣布取消了這一獨立鬧劇。東三省也不太平，吉林、黑龍江也弄了保安會，奉天也雜入革命軍，並以革命黨藍天尉為都督。

所幸疾風識勁草，板蕩見忠臣。兩江總督張人駿、將軍鐵良及辮帥張勳忠於清室，儘管南京城孤兵少，四面楚歌，還在頑強和革命軍對抗，這讓清廷多少感到一時的安慰。但是，進攻南京的江浙聯軍卻也不屈不撓，寧軍總司令徐紹楨，鎮軍總司令林述慶，還有浙軍總司令朱瑞，蘇軍總司令劉之杰，會集三多兵力，向南京猛攻。辮帥張勳雖然說有幾分能耐，但革命軍實在攻得緊了，他只得帶著人馬開城逃走，於是南京便落入了革命黨的手中。

南京光復後，各省革命黨代表齊聚一堂，組建了南京臨時革命政府，並推選孫中山為第一任臨時大總統。一九一二年一月一日，孫中山於南京宣誓就職，宣告中華民國誕生。

但是，由於各種原因，南方的革命黨對北伐也缺乏信心，他們覺得北洋軍太強大了，如果袁世凱能夠反戈一擊，倒向共和，豈不是可以避免過多的流血犧牲，而早日實現推翻清朝的目標？孫中山就任臨時大總統後也表示願虛位以待，讓袁世凱早定大計，「以慰四萬萬人之渴望」。

袁世凱在得到南方革命黨以支持共和為條件並推選他為民國總統的保證後，他便在私下裡唆使北洋軍將領段祺瑞等將領聯名電奏：「共和國體，原已致君於堯舜，拯民於水火。乃因二三公迭次阻撓，以致恩旨不頒，萬民受困。現在全局威迫，四面楚歌，京津兩地，暗殺制動黨林立，稍疏防範，禍變即生。三年以來皇族之敗壞大局罪實難數。時至今日，皇上欲求之一安富尊榮之典，四萬萬人欲求一生活之路而不見許，瑞等不忍宇內有此敗類也，謹率全體將士入京，與王公剖陳利害，揮淚登車，昧死上達！」

電報的最後一句可謂是殺氣騰騰，這北洋軍要是回師北京，這清廷上下還有活路？袁世凱要的就是這效果，等到他把這電報往上一交，除了那不懂事的宣統小皇帝還在宮裡無憂無慮地玩耍外，其餘皇族親貴一片驚恐，個個目瞪口呆。無可奈何之下，隆裕太后即使眼淚汪汪，也只能選擇退位保命之舉了。

千秋萬代終是夢，俱往矣，換了人間。清朝兩百六十八年，入關後從攝政王多爾袞定都燕京開基，最後也是以攝政王結束，莫非也是天數所致。

後記

我從大學歷史系畢業的時候，從來沒有想到自己會成為一名歷史作家；三年前，我研究所畢業的時候，也同樣沒有想到會從事這個職業。不過，在這樣的網路時代，生活的改變總是很快，從二〇〇七年底後的不到兩年內，我已經出版了《晚清帝國回憶錄》、《女人當國》等五部歷史作品，並走上了職業寫作的道路。

在很長一段時期內，歷史學一直被兩種流派所壟斷，一種是廟堂史學（歷史教科書、公共輿論中不可挑戰的歷史觀等），一種是學報史學（歷史學界的學術圈子等）。二〇〇六年前後，隨著閻崇年、易中天、紀連海、王立群等專家學者陸續登上央視《百家講壇》，並一炮打響後，國內掀起了一股「通俗說史、全民讀史」的熱潮。令人欣慰的是，歷史學在走過了漫長的冬季後，終於再次成為萬眾矚目的焦點，這的確是件可喜可賀的好事。

與此同時，以網路社群、論壇和部落客為傳播媒介的網路歷史寫作熱潮也悄然興起。以十年砍柴、當年明月、赫連勃勃大王、曹三公子等知名歷史寫手為代表。這些作者首先將自己的作品在網路上推出，在獲得了極高的網路點擊率後出版並成功進入當年暢銷書的行列。他們的作品，在圖書市場上甚至獲得了一般作家難以企及的成功。在這些寫手的成功啟示下，更多的網路歷史寫手也加入到這個行列，並掀起了一股「草根說史」的熱潮，目前每年都有很多作品獲得出版並得到市場認可。

二〇〇八年，應重慶出版社的邀請，筆者擔任了《草根說史》叢書的主編，並由此接觸到很多非常優秀的歷史寫手，在很大程度上，他們甚至可以稱為民間的歷史研究者。應該說，歷史研究和寫作並不是歷史研究者的專利，從史學發展的歷史來看，非專業的歷史寫手們經過自己的鑽研，同樣可以寫出扎實而有新意的歷史佳作。對於一個網路化、多元化的時代來說，這是一個值得鼓勵的好現象。

不過，民間的歷史寫作如果要持續發展，寫手們還須克服急功近利、輕薄膚淺和盲目炒作，在廟堂史學和學報史學之外尋找第三種史學文化的存在。網路歷史寫作的新浪潮，是草根、普及、民眾歷史寫作與專家、正統、學術研究撰述的接合和呼應。在這樣一個日新月異的網路新時代，誰占領了網路，誰就將獲得更大的影響力。那麼，草根的歷史寫手或者說民間的研究者，這些業餘者教派，是否能夠改寫中國傳統的歷史書寫，他們中間會不會湧現《三國演義》、《萬曆十五年》這樣的優秀作品呢？我們拭目以待。

金滿樓

最後的帝國：
大清龍旗飄落與民國崛起的始末

作　　者　金滿樓

發 行 人　林敬彬
主　　編　楊安瑜
編　　輯　賴珊杉、李睿薇
封面設計　蔡致傑
編輯協力　陳于雯、高家宏

出　　版　大旗出版社
發　　行　大都會文化事業有限公司
11051 台北市信義區基隆路一段 432 號 4 樓之 9
讀者服務專線：（02）27235216
讀者服務傳真：（02）27235220
電子郵件信箱：metro@ms21.hinet.net
網　　址：www.metrobook.com.tw

郵政劃撥　14050529 大都會文化事業有限公司
出版日期　2021 年 08 月初版一刷
定　　價　420 元
ISBN　978-986-06020-3-6
書　　號　History-138

Metropolitan Culture Enterprise Co., Ltd.
4F-9, Double Hero Bldg., 432, Keelung Rd., Sec. 1,
Taipei 11051, Taiwan
Tel:+886-2-2723-5216　Fax:+886-2-2723-5220
E-mail:metro@ms21.hinet.net
Web-site:www.metrobook.com.tw

國家圖書館出版品預行編目（CIP）資料

最後的帝國：大清龍旗飄落與民國崛起的始末/金滿樓著.
-- 初版. -- 臺北市：大旗出版：大都會文化發行,
2021.08；384 面；17×23 公分. -- (History-138)
ISBN 978-986-06020-3-6(平裝)

1. 晚清史

627.6　　110007679

大都會文化

大都會文化　讀者服務卡

書名：**最後的帝國：**大清龍旗飄落與民國崛起的始末

謝謝您選擇了這本書！期待您的支持與建議，讓我們能有更多聯繫與互動的機會。

A. 您在何時購得本書：　　年　　月　　日

B. 您在何處購得本書：　　書店，位於　　（市、縣）

C. 您從哪裡得知本書的消息：

1. □書店　2. □報章雜誌　3. □電臺活動　4. □網路資訊

5. □書籤宣傳品等　6. □親友介紹　7. □書評　8. □其他

D. 您購買本書的動機：（可複選）

1. □對主題或內容感興趣　2. □工作需要　3. □生活需要

4. □自我進修　5. □內容為流行熱門話題　6. □其他

E. 您最喜歡本書的：（可複選）

1. □內容題材　2. □字體大小　3. □翻譯文筆　4. □封面　5. □編排方式　6. □其他

F. 您認為本書的封面：1. □非常出色　2. □普通　3. □毫不起眼　4. □其他

G. 您認為本書的編排：1. □非常出色　2. □普通　3. □毫不起眼　4. □其他

H. 您通常以哪些方式購書：（可複選）

1. □逛書店　2. □書展　3. □劃撥郵購　4. □團體訂購　5. □網路購書　6. □其他

I. 您希望我們出版哪類書籍：（可複選）

1. □旅遊　2. □流行文化　3. □生活休閒　4. □美容保養　5. □散文小品

6. □科學新知　7. □藝術音樂　8. □致富理財　9. □工商企管　10. □科幻推理

11. □史地類　12. □勵志傳記　13. □電影小說　14. □語言學習（____ 語）

15. □幽默諧趣　16. □其他

J. 您對本書（系）的建議：

____

K. 您對本出版社的建議：

____

讀者小檔案

姓名：____________ 性別：□男　□女　生日：____年____月____日

年齡：□ 20 歲以下 □ 21～30 歲 □ 31～40 歲 □ 41～50 歲 □ 51 歲以上

職業：1. □學生 2. □軍公教 3. □大眾傳播 4. □服務業 5. □金融業 6. □製造業

7. □資訊業 8. □自由業 9. □家管 10. □退休 11. □其他

學歷：□國小或以下 □國中 □高中／高職 □大學／大專 □研究所以上

通訊地址：______________________________

電話：（H）____________（O）____________ 傳真：____________

行動電話：____________ E-Mail：____________

◎謝謝您購買本書，歡迎您上大都會文化網站（www.metrobook.com.tw）登錄會員，或至Facebook（www.facebook.com/metrobook2）為我們按個讚，您將不定期收到最新的圖書訊息與電子報。

最後的帝國

大清龍旗飄落與民國崛起的始末

金滿樓 著

大旗出版
BANNER PUBLISHING

大旗出版
BANNER PUBLISHING